A
PRÁTICA DA
PESQUISA
2ª edição

CB056313

CLAUDIO DE MOURA CASTRO

A
PRÁTICA DA
PESQUISA
2ª edição

© 2006 Claudio de Moura Castro
Todos os direitos reservados. Nenhuma parte desta publicação
poderá ser reproduzida ou transmitida de qualquer modo
ou por qualquer outro meio, eletrônico ou mecânico, incluindo fotocópia,
gravação ou qualquer outro tipo de sistema de armazenamento e transmissão
de informação, sem prévia autorização, por escrito, da Pearson Education do Brasil.

Gerente editorial: Roger Trimer
Editora sênior: Sabrina Cairo
Editora de desenvolvimento: Josie Rogero
Editora de texto: Tatiana Vieira Allegro
Revisão: Sandra Brazil e Thelma Babaoka
Elaboração dos ícones: Helen Potter
Figura da p. 153: Eduardo Borges
Capa: Alexandre Mieda
Editoração eletrônica: Figurativa Arte e Projeto Editorial

Dados Internacionais de Catalogação na Publicação (CIP)
(Câmara Brasileira do Livro, SP, Brasil)

Castro, Claudio de Moura

A prática da pesquisa / Claudio de Moura Castro. -- 2. ed. -- São Paulo: Pearson Prentice Hall, 2006.

ISBN 978-85-7605-085-8

1. Pesquisa 2. Pesquisa - Metodologia I. Título.

06-3459   CDD-001.42

Índices para catálogo sistemático:

1. Metodologia da pesquisa   001.42
2. Pesquisa : Metodologia   001.42

9ª reimpressão – abril 2014
Direitos exclusivos para a língua portuguesa cedidos à
Pearson Education do Brasil Ltda.,
uma empresa do grupo Pearson Education
Rua Nelson Francisco, 26
CEP 02712-100 – São Paulo – SP – Brasil
Fone: 11 2178-8686 – Fax: 11 2178-8688
e-mail: vendas@pearson.com

"Tudo o que consegui fazer na ciência é fruto de muita meditação, paciência e diligência."

Charles Darwin

SUMÁRIO

Prefácio ix
Prefácio da segunda edição xi
Carta aos jovens xv

Capítulo 1

O poder, os limites e os abusos da ciência 1
- Rigor e lógica: necessários, mas não só na ciência 2
- A natureza da ciência 5
- Ciência: processo sujo e resultado limpo 25

Capítulo 2

As regras do jogo: a metodologia científica 30
- Os muitos discursos sobre método 31
- A metodologia como arma de destruição 36
- O método no mundo mais viscoso das ciências sociais 49
- O que o coração não sente, os olhos não vêem 54
- Ciência: poder e vulnerabilidade 56

Capítulo 3

A escolha do tema e o risco de um erro fatal 60
- Os critérios para escolha do tema 60
- Uma taxonomia dos tipos de pesquisas 63

Capítulo 4

Memórias de um orientador de teses 75
- O que é uma tese? 75
- As derrapagens crônicas dos autores de teses 80
- A teoria da baleia e a orientação de teses 84
- O orientador como guia espiritual e consultor sentimental 90
- Dos direitos e deveres do orientador 90

Capítulo 5

O diálogo do método com o objeto de estudo 92
- O engenho e a parcimônia 92
- A fertilidade lógica e os becos sem saída 95
- O assunto e a técnica: o que vem primeiro? 97
- Uso da técnica sofisticada ou uso sofisticado da técnica? 98
- Isolacionismo e provincialismo intelectual: as pesquisas sem passado 101

- Realismo e ambição: o risco do desconhecido 103

Capítulo 6

Da sutil arte de lidar com as informações 106
- Pesquisar sem números: a pesquisa qualitativa 106
- Sobre a arte de pesquisar com números 115
- De onde virão os números? 132
- Desinformação e fraude 144

Capítulo 7

A logística da pesquisa 159
- Orçamentos e custos 159
- Quem prepara os cronogramas? 160
- A duração da pesquisa: sacrificar prazo ou conteúdo? 160
- Das maneiras naturais de se dispor mal do tempo: excesso de dados e escassez de análise 161

Capítulo 8

O impacto do resultado da pesquisa 165
- Quem lê textos com que não concorda? 165
- Quem lê uma pesquisa chata? 167
- Se a pesquisa é boa, devemos acreditar nela? 168
- Pesquisa dirigida ou solta no mundo? 168
- Água mole em pedra dura... 172
- Os desencontros entre produtores e consumidores de pesquisas 173

Capítulo 9

Um roteiro de pesquisa 177
- Primeira etapa: "O que estou querendo descobrir?" 177
- Segunda etapa: A determinação dos objetivos do projeto 178
- Terceira etapa: A apreciação do impacto da pesquisa 179
- Quarta etapa: A escolha das variáveis empíricas 179
- Quinta etapa: Quanto vale a precisão e qual é o custo do erro? 180
- Sexta etapa: A intimidade com o tema da pesquisa 180
- Sétima etapa: A determinação dos obstáculos mais sérios na pesquisa 181
- Oitava etapa: A escolha dos métodos 182
- Nona etapa: A preparação de uma descrição detalhada dos métodos de análise 182
- Décima etapa: A coleta dos dados 183
- Décima primeira etapa: A análise dos dados 183
- Décima segunda etapa: A redação do relatório de pesquisa 184

PREFÁCIO

É com súbita honra e redobrado prazer que escrevo sobre esta narrativa orientada para o desvendamento da prática da pesquisa escrita por Claudio de Moura Castro.

A honra inesperada vem da minha distância das questões epistemológicas, metodológicas e filosóficas discutidas com inigualável clareza e proficiência no texto; o prazer redobrado reitera o que todos os leitores de Claudio de Moura Castro conhecem de sobra: seu compromisso com a clareza, seu gosto pelo argumento bem construído, sua preocupação com o ensino e a pesquisa de qualidade, seu compromisso com as práticas e os valores igualitários e liberais e, *last but not least*, seu sereno destemor em entrar em temáticas e questões que nas mãos de certos metodólogos e epistemólogos transformam-se — graças à crença segundo a qual assuntos complexos demandam escritas complicadas — em textos fechados, narrativas aborrecidamente ininteligíveis.

O que mais me chama atenção no texto que o leitor está prestes a ler é a sua tranquila simplicidade. Uma simplicidade que, num plano profundo, refaz a postura que caracteriza a perspectiva científica, tendo a ver com aquela maneira de olhar a realidade cotidiana — essa paisagem bem classificada, batida e até mesmo destrutiva, perigosa, desafiadora ou tomada como eterna — com os olhos lavados e a cabeça limpa, perguntando, como só fazem bem as crianças e os cientistas, os 'comos', os 'porquês' e os 'se' que permitem reordená-la para que seja mais bem compreendida, mais bem manipulada e, eventualmente, transformada para melhor. Para além dos desígnios dos deuses, da natureza e de nossas raízes históricas e valores morais.

Como um pesquisador que passou pelas questões discutidas neste livro — como fazer bem uma pesquisa, qual a natureza da ciência, o que é método, como ser objetivo quando se trata do estudo de nossos próprios costumes, como enlaçar dados e teorias e como escrever um relatório de trabalho —, fiquei impressionado com a amplitude dos problemas tratados (de dados qualitativos a cifras, índices e números) e com a maneira atraente com que Claudio os apresenta e discute, sem deixar de realizar considerações históricas críticas, o que permite situar as questões e os nomes a elas relacionados em termos da evolução da ciência e de suas metodologias e técnicas.

Salta aos olhos do leitor a ligeireza do cronista ao aplicar e exemplificar as teorias e os métodos que discute a problemas diários, o que torna a leitura estimulante, inteligente e, acima de tudo, clara e, repito, sedutora.

Com esta reedição, revista e ampliada, Claudio de Moura Castro demonstra que as regras para produzir uma boa pesquisa estão ao nosso alcance. Este livro é a prova conclusiva de que o saber científico pode ser difundido e disseminado em alto nível. E alto nível aqui significa não só conhecimento abstrato, desenhado para poucos, mas vontade de democratizar o que se sabe.

Roberto DaMatta
Professor emérito da Universidade de Notre Dame, Estados Unidos
e professor titular da PUC do Rio de Janeiro

PREFÁCIO DA SEGUNDA EDIÇÃO

Há um quarto de século escrevi *A prática da pesquisa*. No seu tempo, teve sucesso. Foi muito usado em mestrados de diversas áreas e alguns cursos de graduação também o adotaram.

Mas faz muito tempo que não é mais reimpresso. Nem sei o que aconteceu com a editora que publicou a primeira edição. O livro sumiu das livrarias e até dos sebos (felizmente, jamais o vi sendo vendido a quilo!). Evaporou-se da minha memória. Nem sequer tinha um exemplar guardado.

Foi uma grande surpresa quando a Pearson perguntou-me se queria fazer uma nova edição. Já não me lembrava do que havia escrito e tampouco tinha algum palpite sobre a atualidade do texto. Consegui de um amigo uma fotocópia e, temeroso, fui lê-la.

Como esperava o pior, a primeira reação foi de alívio. Praticamente tudo o que havia escrito ainda poderia ser lido com proveito por um principiante ou por um pesquisador interessado em algum ponto específico. Havia trechos obsoletos, mas nada de embaraçoso.

Aceitei o convite da Pearson e comecei a fazer as revisões. No processo de remexer, fui enfiando novas idéias, novas reflexões, novas explicações. O livro acabou ficando muito maior do que antes, apesar de eu ter lançado amplos pedaços na lixeira. Ao fim e ao cabo, é quase um livro novo. Nem sei se teria gastado menos tempo se houvesse recomeçado do zero. A única coisa que posso dizer é que está melhor do que antes.

A primeira edição do livro foi o resultado de sete anos de experiência como professor de cursos sobre métodos de pesquisa para alunos de mestrado em economia e educação. Durante esse período, pouco me satisfazia o conteúdo de cursos semelhantes oferecidos por outros professores. Tampouco mostrava-me satisfeito com o que acontecia em meus próprios cursos. A cada período letivo que terminava, perguntava a meus alunos e a mim mesmo o que deveria ser um curso desse tipo, se é que se justificava sua existência. No início de cada ano, tentava sucessivamente novas orientações. No começo, enveredei pela epistemologia da ciência. Mais tarde, cheguei a focalizar quase exclusivamente o uso das técnicas estatísticas em ciências sociais. Algumas vezes, experimentei utilizar simplesmente o método do 'aprenda fazendo'.

Na verdade, toda essa experiência teve muito mais o efeito de abalar e desfazer convicções do que propriamente apontar o que se poderia aconselhar como uma direção mais acertada a ser seguida em cursos dessa natureza. Foi meu continuado trabalho como orientador de teses que levou ao que creio ser um denominador comum das últimas versões que tiveram meus cursos na matéria.

Mesmo após essa evolução, ainda há quem julgue este livro com ceticismo. Comentando a respeito, escreve um crítico (e amigo):

> Acho-o uma espécie de manual de escotismo (à semelhança daqueles dos sobrinhos do Pato Donald) aplicado à pesquisa, ensinando a dar nós e a desfazê-los, armar barracas, cavar fossa, convencionar pistas. Vejo-o assim como esses veteranos do escotismo, com as canelas de fora. Mas você não está só no bandeirantismo — Wright Mills e Barzun já trajaram igual uniforme.

Cabe naturalmente ao leitor decidir-se a respeito dos méritos do escotismo na pesquisa.

Ao longo de minha experiência, convenci-me da importância de principiar meus cursos pela discussão de dois conceitos aparentemente óbvios e triviais: a natureza do processo científico e o que vem a ser pesquisa. Por isso, dedico a esses assuntos os dois capítulos iniciais do livro. Mais ainda, costumava recomendar, ao início do curso, duas leituras complementares pouco usuais nas bibliografias normalmente indicadas aos alunos. Uma delas é um ensaio escrito no século XIX por T.H. Huxley[1] tentando explicar a operários o que é o método científico. Outra é uma ficção científica, *O enigma de Andrômeda*, escrita por Michael Crichton.[2] Muito mais do que os insossos textos introdutórios atualmente disponíveis, essas duas obras ilustram as idéias que busco transmitir e permanecem tão atuais como estavam antes de secar a tinta de sua impressão.

As questões relativas ao uso da linguagem são examinadas também no segundo capítulo, tomando como ponto de partida uma perspectiva neopositivista e sua aplicação no campo da pesquisa em ciências sociais.

A escolha do tema — suas dificuldades, a forma por que repercute na relevância dos resultados finais e as implicações metodológicas que envolve — é discutida muito detalhadamente no Capítulo 3, visto tratar-se do problema que mais perplexidade traz para os pesquisadores principiantes.

Os capítulos seguintes estão voltados para a discussão das estratégias a serem adotadas na abordagem do tema. Discutem-se as questões relacionadas com as propriedades estatísticas dos dados, a amostragem, os estilos alternativos de análise e os limites dos tratamentos quantitativos e qualitativos. Um aspecto particularmente enfatizado é o da escolha dos métodos estatísticos indicados para cada situação. No Capítulo 8 apresento uma discussão sobre o assunto embaraçoso do impacto da pesquisa sobre o mundo real. Isso porque alguns pesquisadores têm idéias utópicas a respeito, enquanto outros nem sequer se perguntam o que acontecerá com o resultado do seu esforço.

No Capítulo 9 tento delinear um roteiro prático das fases mais importantes de uma pesquisa. Com a cautela que esses receituários devem merecer, uma listagem dessas etapas, à guisa de *checklist*, pode facilitar o planejamento da pesquisa.

Ao terminar o manuscrito, volto a perguntar-me que credenciais teria para escrever um manual de como fazer pesquisa. Por que eu? Certamente, meus conhecimentos de epistemologia da ciência são rudimentares. Não sou professor de estatística; não li muitos autores que escrevem sobre o assunto. Minha visão não é a do especialista em método ou do filósofo da ciência. Essa não é minha praia.

Escrevo sobre pesquisa porque faço pesquisas. Falo daquilo que nunca deixei de fazer durante muitas décadas. Falo de minha experiência de chefiar grupos de pesquisas por muitos anos, de ler propostas, de avaliar *papers* submetidos à publicação, de participar de conselhos editoriais de periódicos científicos e de orientar teses. Mas, sobretudo, conta a experiência de perpetrar minhas próprias pesquisas. Falo do que aprendi nesse processo, muito mais do que dos livros de metodologia que li.

Obviamente, não adianta elogiar o livro para o leitor que o tem diante do nariz. Não há 'marketing' que consiga convencê-lo a não fechar o livro peremptoriamente se os benefícios percebidos não superarem o sacrifício da leitura.

Devo agradecer a meus pacientes e laboriosos leitores pelo incontável número de sugestões e críticas oferecidas. Obviamente, de nenhum modo eles são responsáveis pelas limitações e debilidades que certamente ainda subsistem no trabalho. Contudo, são totalmente culpados pelo

---

1 Thomas Henry Huxley, "The method of scientific investigation". In: Samuel Rapport e Helen Wright (orgs.), *Science method and meaning*. Nova York: Washington Square Press, 1964.
2 Michael Crichton, *O enigma de Andrômeda*. Tradução de Fábio Fernandes. Rio de Janeiro: Rocco, 1998.

seu tamanho e extensão. Agradeço a Werner Baer, da Universidade de Illinois, bem como a Clóvis Cavalcanti, da Fundação Joaquim Nabuco, pela leitura das primeiras versões. Hamilton Nonato e Annibal Villela do Ipea-Inpes, embora céticos em relação a obras do gênero, deram assim mesmo boas sugestões. Richard Sharpe, da Fundação Ford, comentou uma das versões subseqüentes. Simon Schwartzman, então na Fundação Getulio Vargas, contribuiu com excelentes sugestões. Dionísio D. Carneiro leu uma das penúltimas versões e é co-responsável por substancial engorda do texto. Sérgio Fernandes, do Iesae-FGV, empenhou-se com afinco em suprir minhas deficiências em matéria de positivismo lógico; na opinião dele, o sucesso de tal esforço foi apenas moderado. Meus alunos, vítimas naturais de todos esses experimentos, ademais de sua função passiva (nem sempre) de cobaia, proporcionaram o indispensável ambiente de interação que reputo extremamente frutuoso. Na segunda edição, Ana Maria Rezende Pinto, que como aluna havia já sofrido com a primeira, teve a suprema paciência de ler tudo e oferecer valiosos comentários. Minha irmã, Eliana Moura Castro, leu também a versão antiga, achando-a chata e difícil. Por sua culpa, devotei bastante tempo para melhorar o texto. Devo agradecer à minha secretaria, Junia Pertence dos Santos, pelo trabalho de remendar as incontáveis versões que se sucederam. Quando fracassava minha paciência, a dela ainda tinha muito combustível.

Claudio de Moura Castro
Belo Horizonte, janeiro de 2006

Ao longo do livro, o leitor vai encontrar quatro tipos de ícones na margem esquerda do texto. Eles estão lá para facilitar a leitura. Vejamos seus significados:

 identifica um ponto importante, uma definição chave, o assunto principal que está sendo dito no texto.

 aponta um resumo do que foi dito anteriormente; é uma recapitulação dos assuntos já mencionados.

 denota um exemplo, uma aplicação do princípio que está sendo discutido.

 indica um exercício de aplicação, visando testar e reforçar o conceito ou a teoria apresentados anteriormente.

CARTA AOS JOVENS[3]

O que desejaria eu aos jovens de minha pátria consagrados à ciência?

Antes de tudo — constância. Nunca posso falar sem emoção sobre essa importante condição para o trabalho científico. Constância, constância e constância! Desde o início de seus trabalhos habituem-se a uma rigorosa constância na acumulação do conhecimento.

Aprendam o abecê da ciência antes de tentar galgar seu cume. Nunca acreditem no que se segue sem assimilar o que vem antes. Nunca tentem dissimular sua falta de conhecimento, ainda que com suposições e hipóteses audaciosas. Como se alegra nossa vista com o jogo de cores dessa bolha de sabão — no entanto ela, inevitavelmente, arrebenta e nada fica além da confusão.

Acostumem-se à discrição e à paciência. Aprendam o trabalho árduo da ciência. Estudem, comparem, acumulem fatos.

Ao contrário das asas perfeitas dos pássaros, a ciência nunca conseguirá alçar vôo nem sustentar-se no espaço. Fatos — essa é a atmosfera do cientista. Sem eles, nunca poderemos voar. Sem eles, nossa teoria não passa de um esforço vazio.

No entanto, estudem, experimentem, observem, esforcem-se para não abandonar os fatos à superfície. Não se transformem em arquivistas de fatos. Tentem penetrar no mistério de sua origem e, com perseverança, procurem as leis que os governam.

Em segundo lugar — sejam modestos. Nunca pensem que sabem tudo. E não se tenham em alta conta; possam ter sempre a coragem de dizer: sou ignorante.

Não deixem que o orgulho os domine. Por causa dele poderão obstinar-se quando for necessário concordar; por causa dele renunciarão ao conselho saudável e ao auxílio amigo; por causa dele perderão a medida da objetividade.

No grupo que me foi dado dirigir, todos formavam uma mesma atmosfera. Estávamos todos atrelados a uma única tarefa e cada um agia segundo sua capacidade e possibilidades. Dificilmente era possível distinguir você próprio do restante do grupo. Mas dessa nossa comunidade tirávamos proveito.

Em terceiro lugar, a paixão. Lembrem-se de que a ciência exige que as pessoas se dediquem a ela durante toda a vida. E, se tivessem duas vidas, ainda assim não seria suficiente. A ciência demanda dos indivíduos grande atenção e forte paixão. Sejam apaixonados por sua ciência e por suas pesquisas.

Nossa pátria abre um vasto horizonte para os cientistas e é preciso reconhecer — a ciência generosamente nos introduz na vida de nosso país. Prossigam com o máximo de generosidade!

O que dizer sobre a situação de nossos jovens cientistas? Eis que aqui tudo é claro. A vocês muito foi dado, mas de vocês muito se exige. E para os jovens, assim como para nós, a questão de honra é ser digno de uma esperança maior, aquela que é depositada na ciência de nossa pátria.

Ivan Pavlov (1849-1936),
médico e cientista russo

---

3 Tradução do original em russo por Annibal Villela.

CAPÍTULO 1

O PODER, OS LIMITES E OS ABUSOS DA CIÊNCIA

Vivemos em um período em que a ciência desfruta de um prestígio jamais igualado. Observamos a reaparição da astrologia, a rejeição das teorias de Darwin, a magia, as religiões místicas ou fundamentalistas, bem como a tentativa de retorno a uma vida mais simples, mas isso tudo não passa de nostálgicas e tímidas reações diante de um mundo onde a ciência e a técnica são cada vez mais freqüentemente chamadas a determinar o curso de nossas vidas.

Nas ciências naturais — e na tecnologia que delas se deriva — o processo de convivência do homem com elas já foi aceitavelmente estabelecido. Contudo, nas ciências sociais persistem muitas questões em aberto, provocando um sem-número de perplexidades e mal-entendidos.

Em um ensaio voltado para a pesquisa nas ciências sociais, devemos começar mapeando os termos dessa convivência da investigação científica com o funcionamento da sociedade. O papel da pesquisa e das ciências sociais em um processo político e de mudança social é particularmente delicado e sujeito a falsas interpretações.

 Neste capítulo, tentaremos inicialmente demonstrar que *rigor e lógica não demarcam ou caracterizam por si sós o pensamento científico, já que são condições necessárias em qualquer discurso inteligente*. As discussões teológicas (como na *Suma teológica,* de São Tomás de Aquino) ou as Bulas Papais são rigorosas, mas discutem assuntos religiosos ou éticos que passam longe da ciência. Discutiremos aqui as fronteiras da ciência, seus objetivos, seus axiomas básicos de ação, suas exigências mínimas, sua estrutura teórica, sua linguagem rombuda e suas lealdades últimas.

 Um ponto crucial da questão é que os chamados enunciados científicos, dados seus mecanismos de validação e a circunspeção com que são feitos, adquirem grande força política e exercem grande impacto em controvérsias sobre temas sociais. Ou seja, a ciência impõe respeito e traz credibilidade a qualquer assunto. Daí o grande interesse de poder rotular como científicas certas proposições a fim de que adquiram maior peso. Ademais, as roupagens imponentes da ciência são, às vezes, usadas para esconder trivialidades. Ou importantes juízos de valor são disfarçados em ciência positiva. Em suma, o peso político da ciência traz consigo a tentação de fazer passar por ciência o que não o é. Basta ver o número de anúncios comerciais que justificam a qualidade dos produtos pelas 'provas científicas'. No Capítulo 8 deste livro, exploraremos o impacto do resultado de pesquisas sobre os mecanismos de tomada de decisão da sociedade.

Rigor e lógica: necessários, mas não só na ciência

O método científico impõe exigências invioláveis de rigor no uso da língua. O significado das palavras tem que ser claro, preciso e com suas fronteiras bem demarcadas. As regras da lógica deverão ser obedecidas a qualquer custo. A genealogia de cada enunciado tem que ficar clara: Foi observado? Foi medido? Como foi medido? Quem disse? Quais as credenciais técnicas de quem disse? Além disso, o estilo de apresentação dos resultados deve ser preciso e direto. A adjetivação deve ser circunspeta.

Freqüentemente, essas características são consideradas um critério de demarcação daquilo que é científico. Parece-nos que há um erro de graves conseqüências nessa crença. Tudo isso, a lógica escorreita, o rigor na expressão das idéias, é certamente condição necessária no processo científico. Contudo, longe está de ser condição suficiente para caracterizar esse processo como ciência.

A lógica escorreita é condição indispensável em qualquer discurso inteligente. De fato, a identificação de rigor com ciência deprecia injustamente uma série de atividades do espírito humano que não são ciência e coloca sobre a ciência um peso ou uma responsabilidade com que ela não está preparada para arcar. Se ciência fosse sinônimo de pensamento rigoroso, segue que, não sendo ciência, não seria pensamento rigoroso. Isto leva à depreciação do discurso inteligente sobre temas importantes e a uma tentativa de estender a vigência da atividade científica em áreas que estão muito além de suas possibilidades reais. Por exemplo, filosofia não é ciência e nem por isso se pode permitir ser menos rigorosa na lógica. Tampouco é menos importante como atividade da razão e do espírito.

Em seu período áureo, o escolasticismo marcou o rigor lógico e o pensamento escorreito levados até um exagero descabido, tomando como objetos de estudo temas da teologia e do dogma cristãos. A *Suma teológica* não é um documento científico, mas possivelmente é uma das maiores exibições de virtuosismo lógico sobre um tema mais escorregadio do que as questões sociais de hoje. A ridícula e conhecida discussão acerca do número de anjos que cabem na cabeça de um alfinete nem é ciência nem lança luzes sobre grandes controvérsias teológicas. Contudo, não peca pela falta de rigor lógico.

Lamentavelmente, às vezes usa-se como critério de demarcação entre ciência e não-ciência a presença ou não de uma lógica cuidada. Essa presença, contudo, não deve servir como critério, pois deve ser universal em qualquer tipo de discurso inteligente. Se discutimos nossas preferências por roupas, podemos falar de maneira descuidada. Se discutimos assuntos de política sem rigor e consistência no uso das palavras e no seu encadeamento, em pouco tempo ninguém entende mais nada. A troca de idéias vira bate-boca, em nada se avança, e nada se aprende. Mas em nenhum dos casos estamos fazendo ciência.

Vemos muitas discussões 'não científicas' em que juízos de valor mesclam-se com fatos. As palavras são usadas pelo seu efeito decorativo ou pelo seu impacto emocional. Seu significado transcende aquilo que nos traduz o dicionário. Fato e opinião se confundem.

Para escapar dessa situação invoca-se a ciência. Na ciência estaria a negação desse caos. De fato, a ciência nega ou impede esse tipo de promiscuidade lógica. Todavia, o método científico pode ser um remédio forte demais, matando a discussão. O método exige demasiado e proíbe demasiado. A serem seguidos seus cânones, terminaríamos muitas vezes com uma discussão insossa que nem sequer chega ao âmago da questão. A fiscalização ou o controle de qualidade do método pode nos deixar parados a meio do caminho. Mas do rigor da lógica não podemos escapar, mesmo não sendo ciência.

 Tomemos o exemplo de uma discussão perdida pela vacuidade dos termos usados. Quando a esquerda denuncia a 'mercantilização' do ensino, está obviamente fazendo uma crítica. Mas, como a palavra não foi definida de forma precisa, nada está sendo dito que possa ser demonstrado como falso ou verdadeiro. A 'mercantilização' é brandida como um tacape para golpear o ensino privado. Significaria transformar a educação em mercadoria.

Mas para oferecer educação é preciso remunerar professores e comprar serviços e produtos, tanto no ensino público como no privado. O sermão do padre e a missa também custam dinheiro, obtido por doações, rendas imobiliárias ou pela venda de serviços. Por exemplo, as missas de sétimo dia são cobradas. Serão as missas também mercadorias? Hóstia é mercadoria? Para tratar o assunto dentro dos cânones da ciência, seria necessário definir a 'mercantilização' de uma forma que possa ser verificada empiricamente. Ou seja, poderemos examinar uma coleção de enunciados e dizer: "Isso é mercadoria. Isso não é". Somente então poderíamos verificar se há a 'mercantilização' denunciada e se seria inapropriada ou condenável.

Faz sentido fazer essas perguntas, mas uma discussão séria nos levaria a detalhes de difícil observação e pouquíssimo impacto político. Por exemplo, Derek Bok, ex-presidente de Harvard, acha que o uso dos esportes universitários como estratégia de marketing institucional passou um pouco dos limites, levando à aceitação de alunos-atletas academicamente frágeis, prejudicando a qualidade do ensino.[1] O problema é que, transformando as acusações em proposições rigorosamente definidas, o assunto perde o impacto político. Ao se tornar ciência, deixa de funcionar como acusação de desígnios perversos do sistema e acaba por lidar com minudências de menor interesse.

Na prática, o assunto só interessa quando permite acusações. E quando o tratamos com rigor científico, as acusações possíveis não têm impacto político. Não produz discurso inflamado dizer que Harvard deveria aumentar em tantos pontos as exigências de desempenho acadêmico.

 A discussão de juízos de valor e de doutrina social está estritamente banida do discurso científico; sua inclusão tem que ser feita com uma cautela que limita severamente a fluência do texto. Contudo, o que é mais sério, o método científico pode não nos levar até uma resposta quando definitivamente temos que tornar prática uma decisão. Os entraves metodológicos podem deixar-nos muito aquém do ponto em que estaríamos preparados para optar por alguma alternativa.

 A controvérsia sobre planejamento demográfico pode ilustrar as questões dos juízos de valor. Pesquisas e levantamentos permitem estabelecer uma série de relações de associação ou mesmo hipóteses causais a respeito dos fenômenos demográficos. Podemos verificar se a queda da natalidade está ligada à urbanização ou às expectativas quanto ao número de filhos que sobreviverem à infância. Há uma série de perguntas desse tipo que, até certo ponto, podem ser respondidas pela investigação científica. Contudo, tomadas de posição com relação a uma política de controle de natalidade envolvem a consideração de um número muito maior de fatores. Há questões éticas, seja quanto aos métodos adotados, seja quanto ao direito do Estado ou das famílias de estabelecerem o tamanho da unidade familiar. Há problemas de opções intergeração; problemas de distribuição e redistribuição de renda; considerações sobre o valor estratégico ou militar de uma grande população. Nenhuma dessas questões pode legitimamente ser tratada no discurso científico. São questões de doutrina, de ideologia, de juízos de valor, de opção entre diversos objetivos conflitantes, em que muitas das conseqüências desse ou daquele curso de ação não podem ser demonstradas como certas ou erradas pelo exame da realidade.

As pesquisas científicas nos fornecem elementos para essa discussão, reduzem a área de incerteza e desconhecimento, estabelecem inferências possíveis ou prováveis dessa ou daquela opção. Mas o método científico não abre espaço para decisões acerca de políticas de planejamento familiar no bojo de seu discurso. Não fornece o 'selo de qualidade' da ciência para o processo de escolher essa ou aquela política demográfica.

Todavia, e este é o ponto que queremos enfatizar, a questão do controle demográfico deve, ainda assim, ser tratada com o máximo de rigor no raciocínio, nas discussões doutrinárias e na especulação sobre resultados contingentes a essa ou aquela opção. Uma opinião bastante semelhante à nossa é mantida por Robert L. Abel:[2]

> Ainda hoje, quando o prestígio da ciência atingiu sua altura máxima, a maior parte dos problemas do mundo está sendo resolvida e grande parte do progresso está sendo obtida por métodos que envolvem a experiência, a razão, o diálogo e o consenso [...] A alternativa para a pesquisa científica básica não é apenas tradicionalismo, misticismo ou especulação: há também empirismo (isto é, experiência), discussão e decisões apoiadas na razão.

Mas insistimos: ainda que a razão e o uso da boa ciência ajudem no processo decisório, não o tornam 'científico', na acepção consagrada da palavra.

Há outra dimensão do problema que merece ser lembrada aqui. Se estamos propondo rigor no pensar e no falar, se insistimos numa lógica escorreita, poderíamos então perguntar como prepararíamos a sociedade para alcançar esses objetivos. Houve tempo em que o estudo da lógica formal, da teologia escolástica e da filosofia ofereceu a oportunidade para o desenvolvimento do raciocínio e o aguçamento da capacidade analítica. Todavia, hoje poderíamos sugerir que esse treinamento será mais bem realizado no estudo de alguma ciência. Karl Pearson, cientista destacado e um dos dois estatísticos mais importantes do século XX, defendia idéias semelhantes. Segundo ele:

> A classificação de fatos, o reconhecimento de sua seqüência e sua importância relativa é função da ciência. O hábito de formar um julgamento a partir desses fatos, não se deixando influenciar por sentimentos pessoais, é a característica do que pode ser denominado a mentalidade científica. O método científico para examinar fatos não é peculiar a uma categoria de fenômenos e a uma classe profissional; é aplicável aos problemas físicos tanto quanto aos sociais. Devemos cuidadosamente nos precaver contra a suposição de que a mentalidade científica é algo peculiar ao cientista profissional.
>
> A percepção do método e o hábito da investigação desapaixonada, que resulta do conhecimento da classificação científica ainda que de uma pequena gama de fatos naturais, oferece à mente um inestimável poder para lidar com outras classes de fatos quando a ocasião aparecer.
>
> A mente treinada no método científico é menos suscetível de ser levada pelo mero apelo das paixões ou pela excitação emocional cega. Acima de tudo, portanto, enfatizaria o lado educacional da ciência moderna e resumiria talvez minha posição nas seguintes palavras: a ciência moderna, ao treinar a mente para uma análise parcial dos fatos, é uma educação especialmente adaptada para promover um sólido espírito de cidadania.[3] (tradução livre)

Como bem enfatiza Pearson, não se trata de aprender 'rudimentos de ciências naturais ou sociais', mas sim de dominar razoavelmente alguma dessas ciências, seja ela qual for. *O aprendizado de uma ciência pode ser considerado como se fora uma calistênica intelectual, desenvolvendo aptidões que podem ser utilizadas numa grande variedade de circunstâncias e situações.*

 EXERCÍCIO DE APLICAÇÃO

Identificar três publicações curtas [sugestão: procurar em editoriais de jornais]:
- Um texto rigoroso e claro, mas que não é ciência por estar imbricado em valores ou por não buscar a demonstração de afirmativas por meio do teste empírico.
- Um texto que se pretende científico por não mesclar valores com outras afirmativas e por tentar demonstrar empiricamente suas proposições. Contudo, falha por alguma razão, não conseguindo seu propósito.
- Um texto que satisfaz a todas as exigências do método científico.

Apresentar as razões da escolha dos textos e mostrar onde estão as diferenças.

A natureza da ciência

> "O filósofo que não mede, apenas brinca, difere de uma criança apenas na natureza dos seus jogos."
>
> Karl Achard, 1782

Na seção anterior, tentamos mostrar que o apuro na lógica e o rigor no pensar não caracterizam por si sós o pensamento científico. São também condições absolutamente indispensáveis na discussão inteligente de problemas filosóficos, éticos ou sociais. Nesta seção, *discutiremos aquelas características que distinguem o pensamento científico de outras atividades intelectuais*. Trata-se de um assunto que nos levaria ao cerne da epistemologia da ciência. Conseqüentemente, o tratamento que poderemos oferecer aqui será bastante restrito, não fazendo justiça à complexidade das questões tratadas. Nossa apresentação visa prevenir ou advertir o leitor, mais do que conduzi-lo passo a passo ao longo dos diferentes capítulos da epistemologia da ciência. Incluímos no texto algumas referências que, consultadas, permitirão ao leitor conhecer mais intimamente o problema.

Na explicação de determinado conjunto de observações ou eventos, freqüentemente encontramos coexistindo mais de uma teoria, sem que seja possível demonstrar que alguma delas é definitivamente a mais adequada. Da mesma forma, na descrição da estrutura da ciência, encontramos também diferentes estilos ou teorias. Não é redundante ou especiosa a discussão da conveniência ou da adequação de cada um desses esquemas teóricos.[4] Todavia, na apresentação a seguir, passaremos por cima dessas controvérsias, tentando simplesmente alinhar uma série de características que diferenciam a ciência de outras atividades intelectuais. Seria possível caracterizar a ciência com um número menor de enunciados; contudo, preferimos optar por uma apresentação mais abrangente.

O que segue é mais uma morfologia do processo científico do que sua estrutura lógica ou sua epistemologia.

A ciência só lida com a realidade empiricamente observável

Antes de tentarmos caracterizar a ciência, seria didaticamente mais interessante discutir seu objeto de estudo, embora a rigor não haja uma precedência nítida do objeto de estudo sobre a natureza da ciência. A ciência é uma tentativa de descrever, interpretar e generalizar uma realidade observada. "Pretendendo-se que a ciência nos diga alguma coisa acerca do mundo ou que tenha interesse prático, ela deve conter, em algum ponto, elementos empíricos. Com efeito, é somente pela experiência que se colhe informação a respeito do mundo."[5]

Com essa ressalva inicial, ficam excluídas muitas indagações legítimas que não podem ser consideradas ciência. Ficam de fora a teologia, a metafísica, a ética e os contos de fada. Observe-se que esses campos não foram excluídos por falhas ou insuficiência em sua lógica. Não falta rigor lógico à boa teologia; uma lógica imperfeita seria fatal à metafísica, e os próprios contos de fada podem não contrariar qualquer princípio lógico (embora falhem no teste empírico). O lobo comer e regurgitar Chapeuzinho Vermelho não fere a lógica, embora contrarie tudo o que sabemos sobre lobos e chances de sobrevivência dentro do seu estômago. Em contraste, o professor de lógica Lewis Carroll contraria a lógica em *Alice no país das maravilhas* para dar encanto e surpresa a seu livro.

Um outro ponto importante é que *o pesquisador não é um mero colecionador de fatos ou eventos*. Mais ainda, não é necessário que se envolva direta ou pessoalmente na coleta ou na observação dos dados. Com efeito, o trabalho do cientista pode subsistir durante longos períodos sem a confirmação factual. A relatividade restrita de Einstein teve que esperar muitas décadas até que pudesse ser testada empiricamente. Aliás, o próprio Einstein jamais se envolveu diretamente em tais experimentos.

Mas é a possibilidade, ainda que remota, de que se materialize a observação dos fatos que dá o caráter científico à atividade do pesquisador. A arquitetura do pensamento econômico pode ser simples, complexa, gongórica ou despojada. Mas, em última análise, ela sobrevive ou perece pela sua melhor ou pior capacidade para descrever um mundo empiricamente observável.

Contra todos os seus colegas, Keynes preconizava um aumento dos gastos governamentais para combater a crise econômica desencadeada com a quebra das bolsas em 1929. Era uma teoria não testada e ridicularizada por muitos economistas. Contudo, o New Deal nos Estados Unidos e o aumento vertiginoso dos gastos governamentais com a Segunda Guerra Mundial extirparam a depressão, dando credibilidade às teorias keynesianas.

No processo científico, buscamos encontrar nos fatos e nos eventos alguma ordem, algum nexo interno que possa dar lugar a uma construção lógica, dando a eles sentido. Mas, em qualquer caso, é somente voltando a consultar os fatos que podemos dizer algo a respeito dos méritos de nosso esforço de teorização e, em última análise, testar nossa descrição da realidade.

Problemas éticos ou de juízo de valor, embora possam e devam ser discutidos inteligentemente, não correspondem a uma área legítima para a investigação científica. Os Dez Mandamentos não podem ser empiricamente testados. Sua validade não pode ser estabelecida em consulta com a realidade, coletando dados ou processando estatísticas. Poderíamos, para ser bizantinos, pensar em coligir estatísticas com relação a transgressões a algum mandamento. Na realidade, as estatísticas policiais não são muito diferentes disso. Contudo, não há estatística que nos permita dizer se o roubo está certo ou errado. E, justamente na ética, essa é a única resposta que nos interessa.

Admitindo que lidamos sempre com áreas em que, pelo menos conceitualmente, se poderia consultar a realidade, o que estaria a ciência tentando fazer? Simplesmente entender, dar sentido a essa realidade. E essa realidade só adquire sentido quando devidamente organizada segundo nossos objetivos. "Toda a teoria científica nada mais é do que uma tentativa de sistematizar nosso conhecimento das circunstâncias em que tais reconhecimentos ocorrerão."[6] *Obstinadamente buscamos ordem, buscamos recorrências, buscamos generalizações lógicas que nos permitam organizar os dados e organizar nossa visão do mundo.*

Na busca por essas regularidades — que quando bem sintetizadas podemos chamar de teorias —, temos imensa, quase total, liberdade de criação, como nos lembra Einstein. *Podemos livremente gerar idéias, conceitos, teorias e definições.* Não há peias nessa fase e tampouco se pode afirmar que os compêndios de metodologia tenham uma contribuição decisiva. As imposições e as regras vêm mais adiante. Que infrações lógicas não são permitidas, não é necessário enfatizar. Mas é importante destacar que *ficaremos presos a essas teorias que criamos. Não podemos abandoná-las ou contrariá-las ao meio de caminho.* Se definimos classe social ou inflação de uma forma, estamos proibidos de mudar tais definições ao meio do caminho — embora sempre possamos começar de novo, é claro.

Um entomologista pode classificar seus insetos pelo número de patas. Seria uma primeira e mais tosca maneira de organizar seus bichinhos. Mas, depois de fazê-lo, não pode juntar uma centopéia aos insetos que estão na categoria dos de seis patas.

Nosso objetivo último, como muitos insistem, é utilitário: *estaremos sempre desafiados a mostrar que nossas elegantíssimas teorias servem para alguma coisa. Não é premente esse desafio, mas é o teste último.* Há um certo paradoxo nesse particular. O pesquisador opera como se não tivesse outro objetivo que não o de decifrar a realidade. Mas seu sucesso, em última análise, será dado pela utilidade prática que algum dia possa ter essa sua maneira peculiar de decifrar o mundo real. Quando Einstein escreveu sua teoria da relatividade restrita, a utilidade de saber que a luz fazia curvas estava longe de ser demonstrada. Mas, ao longo das décadas, a arquitetura intelectual derivada de cogitações tão rarefeitas acabou por mostrar sua utilidade.

EXERCÍCIO DE APLICAÇÃO

Identificar exemplos de:
- Teorias que tinham caráter científico mas que não se mostraram boas descrições da realidade após o teste empírico, sendo então abandonadas.
- Teorias que sobreviveram ao teste da realidade ao longo da história.
- Teorias válidas e que mudaram o curso da ciência.

Por outro lado, se é livre o campo para a criação das idéias, os fatos que se estabelecem como critério para sua verificação são inamovíveis. O dado empírico impõe sobre o pesquisador uma realidade sobre a qual não cabe concordar ou discordar, mas simples e passivamente aceitar. O cientista vive sob a ditadura do mundo real. Como nos diz Kaplan, "a *experiência é uma espécie de dado último porque nos apresenta, continuamente, um ultimato*".[7]

É curioso, portanto, *contrastar a liberdade de criar teorias com a escravidão aos dados resultantes da observação da realidade. O cientista inventa teorias, mas não inventa resultados. Os resultados se impõem a ele, goste ou não do que estejam dizendo*. Em alguns casos deixam-no exultante, pois permitem demonstrar que sua teoria está confirmada. Em outros, sem a menor cerimônia, os dados gerados em seu próprio laboratório assinam a sentença de morte de sua adorada teoria.

As emoções e persuasões dos cientistas são vitais para lhes dar o alento e a motivação para trabalhar. Mas não podem interferir nos resultados. *O cientista 'torce' para o time da sua teoria. Mas ele é também juiz e dele exige-se total imparcialidade ao contrastar a teoria com os fatos.*

Orientei uma tese de mestrado de uma ex-aluna de Piaget. Seu interesse era demonstrar que os testes de desenvolvimento cognitivo com crianças, inventados pelo mestre de Genebra, capturavam elementos que seriam mais independentes da origem social dos alunos do que os testes convencionais de inteligência usados pelas escolas do Rio de Janeiro. O problema é eminentemente tratável pelos métodos estatísticos tradicionais. Sob minha orientação, a autora aplicou em algumas turmas escolares os testes de Piaget e os testes da Secretaria de Educação. Em seguida, estimou a correlação de cada um desses testes com a origem social dos alunos. Acontece que encontrou uma associação mais estreita entre classe social e os testes de Piaget do que nos testes da Secretaria. Ou seja, o método de Piaget era mais sensível ao ambiente familiar do que o outro que ela tentava crucificar.

Contudo, seu comprometimento emocional com as idéias de Piaget eram muito fortes e ela não queria aceitar o que a sua própria pesquisa estava mostrando. Sentia-se, de alguma forma, traidora das idéias do grande mestre se mostrasse tais resultados. Chegamos a um impasse e o prazo final de apresentação de sua tese se esgotou. Ela preferiu perder seu mestrado a descrever os resultados estatísticos de suas pesquisas. A força da fé foi maior do que a força da ciência.

Encontrei-me, pouco depois, com Jacques Voneche, sucessor de Piaget, na Universidade de Genebra e relatei o fato. Ele se interessou pelo assunto e enviei-lhe a (quase) tese. Ironicamente, do ponto de vista da originalidade científica, os resultados encontrados eram mais importantes, pois contrariavam uma crença da época. Ou seja, a moça perdeu o mestrado, apesar de ter uma tese mais original do que se houvesse encontrado os resultados que esperava.

A narrativa a seguir ilustra as dificuldades de pensar nos trilhos do método científico.

EDUCAÇÃO BASEADA EM EVIDÊNCIA OU PALPITE?

"Os fatos não cessam de existir pelo fato de haverem sido ignorados."

Anônimo

A presente seção ilustra a falta de clareza que existe na maioria das pessoas entre uma teoria e os dados que permitem verificá-la. É preciso entender que os dados não substituem uma teoria e que sem teoria não vamos a nenhuma parte. É também preciso entender que 'opinião' e 'crença' não fazem parte de tal discurso. Ou temos respaldo para demonstrar que é assim ou não se pode dizer nada.

Em um ensaio para a revista *Veja*, publicado em 3 de agosto de 2005, mostrei algumas estatísticas sobre o desempenho de professores, sugerindo que fossem levadas a sério, pois contrariavam o senso comum. O ensaio provocou grande número de e-mails. Alguns entenderam e louvaram a idéia de que é preciso consultar o mundo real para ver se nossas teorias têm respaldo nele. Mas muitos entenderam que se tratava de uma batalha de opiniões, a minha contra as deles.

A discussão ilustra, de forma vívida, o contraste entre a visão científica de buscar a evidência no mundo real e uma percepção leiga da ciência ou do conhecimento que não precisa da observação para ser considerada verdadeira. Tomando tais reações contrárias como ponto de partida, preparei um segundo ensaio, retomando o tema, com ênfase no que é ciência e no papel da evidência em sua lógica. O texto a seguir é baseado na combinação dos dois ensaios.

Se consultarmos um médico bem formado, uma vez feito o diagnóstico, ele vai escolher a terapia com base na experiência vivida com pessoas que portavam a mesma síndrome e tomaram diferentes remédios. Será receitada aquela droga cujas estatísticas de sucesso são maiores do que as alternativas disponíveis. Decide a evidência, e não a palavra do luminar ou a tradição. É a medicina baseada na evidência, hoje aceita universalmente dentre os profissionais de primeira linha.

Seria de imaginar que, na sala de aula, o critério devesse ser o mesmo. A evidência do que deu mais certo orientaria a escolha do método de alfabetizar, do livro ou da forma de ensinar. Parece lógico, funciona na medicina. Mas, em um número preocupante de casos, o professor não busca a evidência acumulada para orientar sua sala de aula, apesar de sua vida haver sido salva pelo seu médico — que usou estatísticas, e não superstições, para escolher a terapia.

Por que será assim? Uma possível razão é que a evidência científica é incontrolável e pode revelar verdades desagradáveis.

Com o auxílio de João Batista de Oliveira, apresento a seguir algumas constatações constrangedoras e penosas. O Sistema Nacional de Avaliação de Educação Básica (Saeb) é uma prova tecnicamente bem-feita e impecavelmente aplicada. Mostra o nível de aprendizado dos alunos a ele submetidos. Tomando alunos da 4ª série do ensino fundamental e tabulando pelo perfil dos professores que tiveram, podemos calcular as médias para cada subgrupo. Essa média mostra quanto aprenderam os alunos que têm professores com esse ou aquele perfil de formação.

Os alunos de professores que cursaram o magistério ou a pedagogia têm notas piores do que os alunos de professores que têm diploma de ensino superior em outras carreiras. Verificamos também que aqueles que fizeram cursos de especialização têm alunos cujo rendimento também é inferior.

Aprende mais quem aprende com quem não é professor? Não sabemos ao certo. Se for verdade, por que não facilitamos aos que têm outros diplomas de curso superior o acesso ao magistério? Hoje não podem ensinar, a não ser que façam um curso longo e, aparentemente, inútil.

O Saeb apenas fornece pistas. É preciso aprofundar a análise com dados complementares. Temos muitas estatísticas, temos gente qualificada para analisá-las com a sofisticação requerida. Precisamos saber mais e com mais precisão.

O Saeb mostra outras pistas interessantes. Buscando-se aqueles fatores que mais aumentam o rendimento dos alunos, encontramos que professores contratados via CLT têm alunos com mais altos rendimentos. Por que são melhores mestres do que os estatutários e os contratados em regime precário? É o regime, ou eles têm alunos diferentes? Igualmente, os alunos dos professores que fizeram cursos de capacitação, abundantemente oferecidos pelo país afora, não têm notas melhores. Serão inúteis tais cursos?

O Saeb nem é diagnóstico preciso nem terapia, apenas um termômetro. Mostra a existência de um problema e dá pistas para sua identificação em estudos subseqüentes, com ferramentas mais elaboradas. Mas se acreditamos na educação baseada em evidência, não podemos ignorar o sinal de alarme, sugerindo que algo vai mal.

O aluno deve aprender no livro. Mas a primeira cartilha para avaliar os sistemas educativos é o Saeb. E, como está denunciando verdades particularmente desagradáveis, não podemos esperar que os prejudicados tomem iniciativas. Nada vai acontecer sem a intervenção de outras forças vivas da sociedade.

Aqui terminava o primeiro ensaio, defendendo a idéia de que as decisões em educação deveriam ser respaldadas pela evidência científica que possa existir na área. Portanto, as palavras encantadas dos gurus e as impressões pessoais deveriam ser confrontadas com o mundo real. No parágrafo abaixo, começa o segundo ensaio, reagindo aos e-mails gerados pelo primeiro.

Imaginemos que tenho uma teoria sobre nutrição e que esta desemboca na minha dieta para emagrecer. Se, pisando na balança, descubro que meu peso aumentou, posso até continuar insistindo na excelência da minha teoria e afirmando que a balança não interessa. Mas, na lógica da ciência, minha teoria está errada — salvo enguiço da balança.

No exemplo acima, as minhas teorias nutricionais são checadas pela balança — e destruídas por ela. O mesmo deve acontecer na educação e em qualquer outra área que pleiteie o status de ciência. Precisamos de teorias e interpretações, mas, se não têm correspondência com a observação da realidade, não sobrevivem. A realidade não substitui a teoria, mas fuzila sumariamente a teoria que não se conforma com ela.

Recebi muitos e-mails louvando a idéia de que era saudável olhar a evidência. Contudo, como sugerido pelos seus e-mails, um número alarmante de professores pensa diferente. Para eles:

(i) Não é olhando a evidência que se decide entre o certo e o errado. Esta pode ser olimpicamente ignorada, sendo um desaforo questionar as verdades reveladas.

(ii) O que está escrito no texto não é considerado. Portanto, tiram conclusões, assestam ataques e vituperam contra o que acham haver sido dito mas que, na realidade, não está escrito. O alvo principal das indignações é o que consideram ser as minhas 'opiniões' contra os professores.

Várias mensagens contradizem, mais ou menos assim, uma afirmativa que eu teria feito: "O Claudio acha que os professores sem diploma de professor são melhores do que os com diploma". Contrapõe que sua opinião é certa e a minha, errada.

Vejamos um e-mail representativo: "... fiquei indignada ao saber que alguém pode pensar que professores formados em pedagogia possam atuar menos em sala de aula em relação a outros formados em outras disciplinas. Quem conhece o processo ensino-aprendizagem das séries iniciais [...] jamais poderia fazer tal afirmação. A avaliação citada (do Saeb) não pode servir de parâmetro para qualquer julgamento sobre a qualidade da educação".

Contudo, rejeita-se o que eu não disse! Escrevi o seguinte: "[Nas tabulações do Saeb], os alunos de professores que cursaram o magistério ou a pedagogia têm notas piores do que os alunos de professores que têm diploma superior em outras carreiras". O trecho é a mera leitura de uma tabela. Portanto, não é minha 'opinião'. Digo em seguida: "Aprende mais quem aprende com quem não é professor? Não sabemos ao certo". Veja-se que a interpretação é apresentada na forma de uma pergunta, convidando a um esforço de entender o porquê de um resultado tão anti-intuitivo (o presente ensaio não é propriamente sobre educação, mas sobre como entender o mundo. Portanto, não entro aqui nas explicações cabíveis).

Os missivistas negam a idéia de que encontramos tais respostas mediante a observação do mundo real. Implicitamente, afirmam o inverso, isto é, desvendamos o mundo real filosofando, 'achando', dando palpites ou referindo-nos a uma observação pessoal. É como se o Saeb fosse uma teoria alternativa que pudéssemos escolher — quando, na verdade, é o teste da teoria. É como a balança que verifica o resultado das minhas teorias nutricionais — mas não as substitui. Aliás, será que essas mesmas pessoas gostariam de consultar-se com um médico que receita por palpite?

As mensagens conduzem a outra interpretação paralela, mas que tampouco é otimista: os missivistas não leram com atenção o ensaio. Responderam emocionalmente ao que pensam que o autor quis dizer. Só que o autor quis dizer exatamente o que escreveu, e não o que imaginam haver dito. Ou seja, nossos alunos estão aprendendo a ler com alguns professores que não são capazes, eles próprios, de decifrar com rigor um texto escrito.

Centrando nossa discussão no método científico e nos pecados cometidos contra ele, encontramos dois deslizes sérios. Em primeiro lugar, nega-se o papel da evidência factual como o teste necessário de qualquer teoria. Em segundo lugar, discute-se a partir do que não está escrito, ou seja, viola-se a regra metodológica sagrada de que as palavras e as proposições têm significados precisos. Não há ciência séria sem um acordo a respeito do que significam as palavras e do que está sendo dito.

O exemplo apresentado ilustra também o preço que a ciência tem que pagar ao ser tão exigente no seu método e tão peremptória nas suas conclusões. O preço é o alcance limitado do método científico para tratar muitos problemas relevantes, alguns dos quais exigem decisões de nossa parte.

Exploremos mais os exemplos citados. Apesar de a balança ter mostrado um aumento de peso, não fico sabendo por que isso aconteceu. Teria que usar métodos bem mais complexos para avançar na minha compreensão.

Os não-professores têm alunos com maiores notas. Isso ficamos sabendo. Mas é um resultado estranho, não satisfaz. Teríamos que avançar muito mais nas análises e dispor de informações mais completas para desvendar o enigma.

Em ambos os exemplos, o mundo real contraria as nossas expectativas, mas não oferece de mão beijada as respostas que buscamos. Ficamos proibidos de acreditar nas nossas teorias, pois foram diceradas pela evidência. Resta o desafio de aprofundar a análise, na esperança de que consigamos entender melhor a realidade. Em alguns casos isso é possível. Em outros, a ciência empaca antes que tenhamos respostas.

EXERCÍCIO DE APLICAÇÃO

Procurar em jornais notícias nas quais o que está sendo dito não foi demonstrado, embora isso fosse possível. [Exemplo: "A qualidade da educação é fraca."]

O processo científico tem mania de eficiência

A prática da investigação científica apresenta um sem-número de problemas que poderíamos classificar de logísticos. É preciso preocupar-se com a eficiência no processo científico. E a maneira peculiar da ciência de resolver esses problemas empresta-lhe uma de suas características mais marcantes. Gostaríamos de destacar, sob duas rubricas, esses problemas logísticos e mostrar como a maneira de resolvê-los demarca aquilo que chamamos de método científico: o problema de *arquivamento* e *acesso às informações* e o problema de *continuidade 'interinvestigador'* na evolução do trabalho de pesquisa.

Antes do desenvolvimento da linguagem escrita, os métodos de arquivamento e acesso aos dados ou às informações eram limitados à memória e o processo de transmissão era necessariamente verbal. A escrita, ao mesmo tempo em que explode as fronteiras das possibilidades de arquivamento, cria problemas cada vez mais sérios de acesso aos dados. Se temos uma despensa maior, custa mais achar os ingredientes de que precisamos. Uma coisa provoca a outra. Como há mais dados sendo guardados, fica mais difícil encontrá-los depois. Portanto, é preciso guardá-los de tal forma que possam ser encontrados quando precisarmos. Com o aumento assustador das informações a serem armazenadas, o problema se torna sério.

A ordenação lexicográfica — característica dos dicionários — é uma solução muito parcial e limitada, resolvendo os problemas dos bibliotecários, mas não o dos pesquisadores. Nos tempos de Diderot, pensava-se que, por ordem alfabética, poderíamos armazenar os conhecimentos científicos, construindo enciclopédias cada vez mais completas. Hoje sabemos que nem sequer em uma só disciplina científica isso é possível.

Com os clássicos gregos, como Aristóteles e outros, desenvolve-se a primeira fase da ciência, a classificação, a *taxonomia* dos fatos e eventos disponíveis à observação. Por exemplo, em vez de listarmos animais por ordem alfabética, são organizados pela taxonomia de Lineu, na qual critérios como a existência de espinha dorsal e circulação sangüínea são utilizados para classificá-los. Este tem sido chamado o estágio de história natural da ciência, em virtude de ter a biologia se desenvolvido durante muitos anos apoiada apenas em classificações.

A fase seguinte, que poderíamos chamar *analítica*, corresponde a um salto lógico em que, a partir desses fatos classificados, buscamos generalizações, recorrências, princípios, leis e fórmulas. Além de trazer à ciência o poder preditivo que ela não dispunha antes dessa fase analítica, corresponde a um imenso passo em direção à economia de meios, economia de informações, economia na formulação do princípio ou generalização científica. Daí dizer March que as leis são "regras recolhidas" enfatizando a "função econômica" da ciência.[8] Igualmente, Karl Pearson fala na *ciência como uma taquigrafia mental*.[9] A afirmativa de que o principal objetivo de uma lei científica é o 'econômico' poderia nos levar a infindáveis discussões metodológicas que fogem ao escopo deste livro, mas sugere a preocupação de ter *poucas explicações para explicar muito*.

Observações sobre a queda de corpos e a velocidade vertical que adquirem poderiam encher tabelas infindáveis. Soltamos um peso da torre de uma igreja e criamos uma tabela de quantos metros terá percorrido após um segundo, dois segundos, e assim por diante. Mas a fórmula da aceleração da gravidade desenvolvida a partir de Galileu permite jogar fora todos esses dados, ficando apenas com ela. Dado o tempo transcorrido, aplicamos a fórmula e sabemos quantos metros o objeto terá percorrido durante a queda. Com menor precisão, as curvas de demanda concebidas pelos economistas permitem fazer previsões das quantidades consumidas quando os preços variam. Baseados na teoria da oferta e da procura, os donos das fábricas de automóveis tentam estimar quantos carros venderão se aumentarem os preços em, digamos, dez por cento.

É esse o princípio da eficiência que preside as formulações científicas. Nesse segundo exemplo, é o princípio da economia aplicado a um problema econômico, mas o princípio é geral.

Conseqüentemente, interessa-nos explorar mais um pouco a preocupação econômica ou de eficiência com que se procede na investigação científica. *Uma definição é uma descrição mais curta e mais sumária de algum conceito.* Por exemplo, classe social é um conceito complexo e multidimensional. Mas, justamente por isso, é intratável em sua complexidade. Daí os sociólogos tenderem a definir classe social pelo prestígio da ocupação, os educadores pelo nível de educação dos pais e os publicitários tendem para a posse de bens de consumo durável na residência. A notação matemática obtém um grau ainda mais elevado de economia de expressão.

Ao nível mais simples das técnicas de investigação, a preocupação de eficiência não se faz menos presente. Na estatística, falamos de estimadores 'eficientes'. Toda a teoria da amostragem visa a obter o máximo de precisão na informação com um número mínimo de observações.

Poderíamos dizer que a premeditação nas técnicas de observação e de registro, a sistematicidade que deve caracterizar todo o processo de busca e, finalmente, a deliberação com que essa eficiência é necessariamente buscada em todas as fases do processo de investigação científica distinguem os métodos da ciência daqueles usados em outras áreas de nossas atividades. Olho as nuvens carregadas e concluo: 'acho' que vai chover. Já um meteorologista, diante das mesmas nuvens, afirma que choverá com uma probabilidade de 80 por cento — significando que, de cada cem dias em que as mesmas condições se repetiram, em oitenta choveu.

EXERCÍCIO DE APLICAÇÃO

Na vida real, as informações são organizadas por lógicas diferentes. As palavras em um dicionário, por ordem alfabética. Uma oficina mecânica organiza as ferramentas por função. A zoologia, por critérios como método de reprodução. Explicar a lógica de organização das seguintes categorias:

- livros em uma biblioteca;
- fatos econômicos (dica: há várias lógicas);
- sapatos em uma sapataria;
- insetos;
- fatos históricos.

Dentro do mesmo espírito de economia, *emerge uma vital preocupação com o encadeamento do trabalho de um pesquisador com aquele que o antecedeu no tema e com aquele que o sucederá.* O princípio da economia nos diz que o *esforço de cada um não deverá ser perdido e que as conclusões de cada experimento devem ser somadas a um fundo comum de conhecimentos.* O cientista solitário, trabalhando sozinho em algum laboratório isolado, só existe na imaginação dos leigos.

Nas ciências naturais, bem como nas ciências sociais, há pouco acordo sobre os méritos do trabalho em equipe. Será que o esforço do trabalho individual e artesanal pode ser convenientemente substituído pelo trabalho de um grupo? Mas é uma ingênua ilusão pensar que aquele pesquisador trancado em seu gabinete por anos a fio está trabalhando sozinho. Se seu trabalho tem qualquer relevância, é praticamente certo ele estar a par de tudo que se faz no mundo em campos próximos ao de seu interesse. Da mesma forma, seria um profissional muito raro se seus colegas de especialização pelo mundo afora não soubessem, pelo menos em linhas gerais, o que ele está fazendo.

Esse acoplamento do trabalho de um pesquisador com seus pares cria, inevitavelmente, *a necessidade imperativa de estabelecer uma língua franca*. Não estamos falando de saber se a comunicação será escrita em inglês ou português, mas sim de que, no processo de pesquisa, haja uma equivalência na semântica da língua e uma padronização dos procedimentos de observação e comunicação dos resultados. Essa necessidade ocorre em questões triviais de padronizações de unidade de medida (por exemplo, cientistas norte-americanos e ingleses há muito tempo usam o sistema métrico, como nós, brasileiros, apesar de seus países ainda lidarem com o sistema inglês). Mas exigem-se também descrições suficientemente pormenorizadas dos experimentos realizados. Dois estudos sobre o impacto da classe social no desempenho dos alunos não serão comparáveis se as definições de classe social não forem rigorosamente as mesmas. Portanto, se um mostrar um resultado diferente do outro, ficamos impedidos de tirar conclusões.

Pessoas pouco familiarizadas com o mundo da ciência, quando pensam na descoberta científica, vêem a imagem de Arquimedes saltando da banheira e gritando "Eureka, Eureka!" Para os leigos, as descobertas se dão em um estampido: Bang, está descoberto! Mas os cientistas sabem que a realidade é evasiva, que brinca de esconde-esconde com o pesquisador. Ora se revela, ora se disfarça. Ora mostra uma coisa, ora mostra seu oposto.

Tal ingenuidade dos leigos revela-se na leitura de notícias sobre nutrição. Sai uma pesquisa dizendo que brócolis baixa o colesterol. Esgotam-se os estoques de brócolis nos supermercados. Logo vem outra publicação dizendo que comer brócolis não adianta nada. Apodrecem os brócolis nas prateleiras. O erro é que essas notícias são comunicações entre pesquisadores, não conclusões para mudar os padrões de alimentação.

Em contraste, quando começam a se repetir pesquisas mostrando os efeitos benéficos da aveia — ou de qualquer outro alimento —, então, é hora de comer aveia. *O que conta é a cumulatividade dos resultados*, todos ou quase todos mostrando a mesma coisa. Em retrospecto, o primeiro estudo torna-se um marco na ciência, mas só depois de confirmado pelas dezenas de outros estudos que se seguem.

EXERCÍCIO DE APLICAÇÃO

Tomar um livro-texto qualquer e examinar várias teorias, procurando identificar quanto tempo levaram para ser aceitas na ciência. Levar em consideração que teorias que abalam mais profundamente o que se acreditava antes levam mais tempo para se impor.

Uma proposição científica pode ser sugerida por um experimento. Porém, sua corroboração e conseqüente aceitação geral têm que esperar a convergência de resultados vindos de experimentos realizados por um número crescente de investigadores.

Mas, voltando ao tema anterior, se não houver uma especificação suficiente do experimento, não podemos comparar seu resultado com o de outros experimentos assemelhados, mostrando consistência ou contradição. Em geral, o detalhamento necessário para permitir comparações entre procedimentos é enorme e consome muita energia. Por exemplo, as dificuldades de definir analfabetismo funcional são consideráveis. Mas o esforço se justifica, pois de outra forma os resultados não se comparam e não saberemos em que pé estamos, se o nosso é alto ou baixo. A aparente prolixidade desse sistema de regras de comunicação resulta em uma economia de esforço coletivo de pesquisa. Ou seja, a complicação, nesse caso, é um fator de economia e eficiência, pois ao permitir a comparabilidade faz com que o resultado de um estudo contribua para melhor entender os resultados dos outros — antecedentes ou subseqüentes.

Pelas mesmas razões de eficiência e economicidade, poderemos justificar a miríade de pequenas regras de apresentação de publicações científicas. Se cada um quisesse usar de sua imaginação e criatividade para estruturar a parte formal de seus trabalhos, teríamos uma situação caótica na comunicação dos pesquisadores com seus pares. Tomemos um exemplo minúsculo: as notas de rodapé. Se de forma desordenada e assistemática uns citam autor, outros o título, outros a publicação, outros o editor da série ou o local de publicação, não seria possível nem verificar as fontes citadas nem aprofundar alguns pontos sugeridos por elas, perdendo-se, portanto, o esforço do autor ao organizar suas fontes. A referência tem que ser feita rigorosamente de acordo com os padrões utilizados pelas bibliotecas; de outra forma não será jamais encontrada. Se a bibliografia lista o autor pelo prenome, e a biblioteca ou a base de dados o tem pelo sobrenome, não é possível achar a referência.

EXERCÍCIO DE APLICAÇÃO

A Nasa teve um acidente dramático com uma de suas naves espaciais resultante de uma confusão entre o sistema métrico decimal e o sistema inglês. Procurar na Internet a notícia do acidente e explicitar suas causas.

Mas, mesmo que seja possível encontrar as informações, a padronização ajuda o leitor, pois ele já sabe onde e como vai encontrar os detalhes técnicos de que pode precisar. Ou seja, as convenções ajudam. Se o título está em itálico, sabemos que é um livro. Se está entre aspas, sabemos que é um artigo.

Nesta subseção, tentamos mostrar que a evolução da ciência caminha em direções apontadas por critérios de economicidade ou, poderíamos também dizer, de eficiência. Sobressaem as necessidades logísticas de se manejarem grandes quantidades de dados simultaneamente, por inúmeros pesquisadores, bem como a necessidade de se precaver contra a má-fé de um pesquisador ocasional.

Imaginemos um caso fictício de um autor cuja amostra pode não representar o universo por conter um viés. Ele poderia descrever o sistema de amostragem em um apêndice ou em uma nota de rodapé, que poucos leitores chegam a examinar com cuidado. Mas, pelas normas de publicações da maioria das revistas científicas, a descrição da amostragem tem que estar no corpo principal do artigo e no seu início. Ou seja, não dá para esconder. Obviamente, ele pode mentir, mas, se for descoberta sua falta com a verdade, é bem provável que sua carreira seja destruída para sempre.

 Portanto, exigências de padronização geram um conjunto de princípios ou regras de operação em que se nota o deliberado esforço de criar sistematicidade no trabalho e de evitar perdas resultantes de atritos em comunicação. É captando esse espírito que o pesquisador iniciante deverá ter a paciência necessária para respeitar as regras indispensáveis de comunicação dos resultados científicos.[10]

A linguagem da ciência tem mais precisão e menos riqueza

A linguagem própria da ciência, distante do nosso cotidiano como costuma ser, é uma de suas mais poderosas armas ou instrumentos de trabalho. Mas, infelizmente, é também o mais notório refúgio para aqueles que, na obscuridade, querem disfarçar sua ignorância, má-fé ou impressionar os incautos. Historicamente, toda ciência começa com uma indagação despretensiosa e desencontrada dos 'comos' e dos 'porquês' de algum fenômeno que desperta a curiosidade do homem. Em algum momento, essa investigação torna-se mais metódica. Recruta então pessoas mais persistentes e menos diletantes em seus esforços de indagação. Eventualmente, cria vida própria, distanciando-se do conhecimento leigo ou cotidiano.

Na medida em que uma área de investigação torna-se independente, seja da discussão leiga, seja de alguma outra ciência da qual ela derivou, é imediatamente sentida *a necessidade de proceder a certos reajustes na linguagem utilizada*. O sentido usual de certas palavras, tal como apresentado no dicionário, não tem a precisão requerida. Torna-se necessário redefini-las. *As palavras de uso comum são excessivamente vagas para o rigor lógico exigido no discurso científico*. É às vezes necessário privá-las de uma certa riqueza de conteúdo a fim de que se possa delimitar de forma aceitável seus significados.

Em economia, palavras como 'poupança' e 'investimento' adquirem sentido muito mais limitado do que aquele comumente atribuído a elas. Por exemplo, em economia só há poupança se essa se transforma em investimento — contrariando o sentido leigo de 'não gastar'. A palavra 'trabalho' tem significado muito preciso em economia e, ao mesmo tempo, outro significado diferente, mas igualmente preciso, na física.

A elaboração teórica em certos ramos do conhecimento pode levar-nos a novos conceitos que terão que ser batizados. Surgem, portanto, novas palavras. Se palavras como 'força' e 'velocidade' já existiam na física, 'elétron', 'méson' e 'próton' não têm qualquer contrapartida na linguagem comum. Na economia, expressões como 'relação insumo/produto', 'efeito-preço' e 'curvas de indiferença' tampouco têm contrapartida na linguagem usual.

Para obter o rigor necessário, o cientista tem que restringir o sentido das palavras que usa, tornando-as mais precisas e com fronteiras mais claras. De outro lado, o desenvolvimento teórico leva à criação de novos termos sem contrapartida na conversação cotidiana ou mesmo na observação.

No contexto da ciência, as definições também variam de acordo com a fase da investigação com a qual estamos lidando. Nas ciências sociais, quando elaboramos um conceito, permitimos a ele uma certa riqueza de conteúdo que não interessa eliminar imediatamente, pois tememos tomar definições prematuras que joguem fora dimensões importantes. Contudo, ao testar empiricamente a teoria, raramente conseguimos operacionalizar esses conceitos com a mesma riqueza que tinham ao nível da especulação teórica. *Quando chega a hora de contar e medir, quase sempre é necessário reduzir os significados que gostaríamos de permitir aos conceitos*.

Quando o psicólogo Binet dizia que "inteligência é o que meu teste mede" ele não estava sendo pedante ou pretensioso. Até hoje, do ponto de vista operacional, inteligência é o que medem os testes. De fato, há as inteligências que os testes não conseguem medir. Porém, ficam em clara desvantagem para usos práticos do conceito, pois muito menos se pode dizer sobre elas.

Na pesquisa educacional, 'educação' passa a ser 'escolaridade' e esta, em seguida, o número de anos de permanência na escola. Educação é muito mais do que isso, mas esses significados mais abrangentes e incomensuráveis não permitem o avanço da ciência quantitativa. É uma contingência inevitável, temos que viver com essa dualidade entre o que entendemos por um conceito e sua versão operacional.

É curioso contrastar a perda de significado e de riqueza de conteúdo das palavras que ocorre no processo científico com o processo inverso que se dá na poesia. Não somente o poeta usa as palavras fora de seu sentido usual, mas também as combina de forma semanticamente inesperada no diálogo cotidiano. Ele caminha na direção oposta à do cientista: em vez de exprimir apenas uma fração do significado que consta do dicionário, como se dá na ciência, suas palavras passam a exprimir idéias, sentimentos e emoções que não estão e não poderiam estar no dicionário. Quando o poeta Vinícius de Moraes diz "mas que [meu amor] seja eterno enquanto dure", essas palavras contêm em si muitíssimo mais do que o somatório de seus significados no dicionário. É a surpresa da contradição nos termos que concede a riqueza de significados lançados ao ar.

O contraste da estreiteza das definições científicas com a licença poética pode ajudar-nos a colocar em sua própria perspectiva os limites e os objetivos da ciência. Peada por sua linguagem, a ciência tem sua capacidade descritiva limitada a certas áreas ou a certas dimensões do conhecimento. A conseqüência é que, *acerca de muitos problemas, a ciência pode ter muito menos a dizer do que a poesia*. Esta autodisciplina semântica tem seu preço, mas também seus objetivos e suas compensações. É preciso levar ambos em consideração.

 EXERCÍCIO DE APLICAÇÃO

Identificar em uma poesia uma palavra que esteja sendo usada fora de seu significado de dicionário.

Identificar um termo científico cujo significado seja mais estreito do que em seu uso cotidiano. Reproduzir o texto em que está sendo usado e mostrar que sem esse sentido mais restrito não seria possível obter o rigor necessário.

Em um registro paralelo, quando tentamos entender os grandes empresários ou capitães de indústria, podemos fazer uma pesquisa sistemática, comparando perfis e trajetórias. Mas as biografias de empresários e as novelas de ficção sobre suas vidas podem ser fontes igualmente ou mais ricas para entendê-los. Ou seja, nem sempre a ciência oferece uma ferramenta claramente superior para entender o mundo que nos cerca.

Antes dos trágicos atentados de homens-bomba em Londres, ocorridos em julho de 2005, mais de um autor publicou romances de ficção descrevendo o aparecimento de radicais muçulmanos capazes de tais atos terroristas. Em questões tão tênues e evasivas, autores de ficção podem ser melhores cientistas sociais do que os profissionais do ramo.

Talvez, por faltar à literatura a credibilidade dada à ciência, não se deu muita atenção a esses livros. Parece ser uma característica estável da natureza humana respeitar mais aquilo que não entende do que o que entende. As pessoas se impressionam mais com aquilo que não alcançam compreender. Daí a tentação de os autores dizerem coisas que não são imediatamente compreensíveis. E é muito grande a tentação de fazê-lo por meio do jargão técnico. Bertrand Russell, em co-autoria com Whitehead, escreveu, no princípio do século XX, o *Principia mathematica*, um dos livros mais intransponíveis jamais escritos, mesmo para os especialistas em matemática e lógica. Comentou Russell, anos mais tarde, da sorte que lhe coubera ao escrever um livro tão difícil durante sua juventude. Dessa forma, pôde passar o resto da sua existência como filósofo, escrevendo coisas que todos entendessem.

Robert H. Thouless sumariou magistralmente os pontos principais da presente subseção no seguinte trecho:

> O uso de uma linguagem técnica que não seja compreensível a todos aqueles que não se deram ao trabalho de dominá-la é uma necessidade em qualquer ramo do conhecimento. É como se fosse um tipo de taquigrafia intelectual que permite dizer em uma sentença o que de outra maneira não poderia ser dito senão em muitas páginas. Contudo, quando encontramos o obscurantismo na discussão verbal, a melhor resposta é pedir ao oponente para explicar de maneira mais simples o que ele quer dizer. Se ele não for capaz de explicar-se em linguagem simples, ainda que lhe seja dada a oportunidade de fazê-lo em tempo suficiente, aí será razoável supor que ele não entendeu aquilo que está querendo dizer. Não se pode necessariamente afirmar que ele esteja usando termos técnicos por efeito de prestígio; é possível que ele seja incapaz de se expressar de qualquer outra maneira.[11]

A respeito do jargão técnico, cabe ainda lembrar que, a despeito de sua necessidade absoluta para o avanço da ciência, na maioria das vezes não é necessário para comunicar os resultados importantes a pessoas cultas mas não versadas naquele ramo do conhecimento. De fato, *considera-se um teste, não só da significância do resultado, mas da verdadeira compreensão do fenômeno por parte do autor, sua capacidade de comunicar de forma simples, direta e acessível a maioria de seus resultados finais.*

EXERCÍCIO DE APLICAÇÃO

Encontrar duas versões do mesmo pensamento, uma expressa rigorosamente no jargão técnico e a outra formulada para ser entendida por pessoas pouco versadas na área. [Sugestão: os livros-texto freqüentemente apresentam a mesma idéia formulada de ambas as maneiras.]

Anthony Paul Samuelson, o primeiro norte-americano a receber o Prêmio Nobel de economia (em 1970), costumava dizer que se não for possível explicar uma teoria econômica para sua própria mulher, provavelmente estaríamos diante de uma teoria irrelevante. A título de brincadeira, vale mencionar o que retrucavam seus colegas a respeito de sua tirada: diziam não se surpreender com a validade do teste para o próprio Samuelson, pois sua mulher tinha doutorado em matemática.

É curioso também citar o método didático usado pelo físico Gideon Carmi em seus cursos de física de primeiro ano de faculdade (em Israel). Ao início do curso, cada aluno deveria escolher um parente ou conhecido de seis anos de idade. Todos os dias, ao chegar da faculdade, deveria explicar para essa criança tudo o que havia aprendido de física naquele dia. Segundo Carmi, se o aluno não conseguisse traduzir para uma linguagem simples era porque não tinha entendido a idéia central do que aprendeu.[12]

Em suma, a ciência requer uma linguagem por vezes hermética e rombuda para seu desenvolvimento. Não é um capricho ou uma forma de refúgio intelectual, mas suas grandes idéias sempre podem ser traduzidas de forma a serem compreendidas por pessoas de outras áreas e sem o uso do jargão técnico.

Na observação científica é igualmente importante medir o erro

O pesquisador observa o mundo muitas vezes com o auxílio de instrumentos que prolongam ou amplificam a capacidade de seus sentidos — como o microscópio ou o telescópio. Mas não é o instrumento que diferencia a observação do pesquisador da observação não-científica. Com maior ou menor acuidade, todos nós observamos o mundo que nos cerca — além disso, telescópios e microscópios são hoje vendidos a preços módicos até em supermercados.

Por vezes olhamos o mundo com grande displicência, como quando observamos transeuntes à espera do sinal se abrir. Em outros casos, nos empenhamos mais na observação, como ao atravessar uma rua movimentada ou conferir um pagamento que temos a efetuar. Mas nos casos citados anteriormente, trata-se de observações que não seguem os protocolos da ciência.

A diferença principal entre a observação cotidiana e a científica está no máximo empenho em controlar as condições sob as quais elas são feitas. Não se trata apenas de afirmar que a observação leiga é imprecisa e a observação científica é exata ou acurada, mas sim de que o pesquisador não apenas busca fanaticamente a exatidão dos dados observados, mas busca com igual interesse *conhecer o grau de precisão obtido*. O processo científico se distingue, portanto, da observação cotidiana pela preocupação em controlar a qualidade do dado e dar atenção ao processo utilizado em sua obtenção.

Em outras palavras, tão importante quanto medir nosso objeto de estudo é medir a margem de erro da observação. Na ciência, a medida do erro recebe quase tanta atenção quanto a medida da variável observada. No processamento estatístico, tanto tempo é consumido no estabelecimento das relações entre as variáveis quanto na estimativa da confiança que merecem essas relações. Os grandes avanços da estatística no século XX são tanto na concepção de medidas para relações entre variáveis quanto na direção de estabelecer medidas de confiança nos resultados.

 EXERCÍCIO DE APLICAÇÃO

Encontrar exemplos de situações em que um erro estatístico não causa maiores problemas, bem como outras em que a margem de erro aceitável é muito estreita.

Em anos recentes, as medidas de erro se popularizaram com o aparecimento das pesquisas de intenção de votos. O que os cientistas sempre fizeram em seus gabinetes passou a ser assunto de manchete de jornal quando os pesquisadores falam da margem de erro de suas pesquisas. O 'empate técnico' entre dois candidatos é uma forma explícita de dizer que a margem de erro estimada é maior do que a diferença de indicações de votos entre os candidatos. Em outras palavras, a superioridade de A sobre B pode ser apenas devida ao acaso da amostragem.

A ciência controla cuidadosamente os métodos de observação

Outro aspecto importante do método científico é a *validação dos resultados*. Haverá uma pessoa a quem será confiada a tarefa de reportar os eventos observados. É necessário, portanto, tomar as devidas precauções para que fatores subjetivos, isto é, aqueles imanentes ao sujeito que observa, não sejam contrabandeados com a observação. Fala-se, portanto, na *repetitividade* ou *constância da observação científica*. A validade da observação seria contingente à validade de repeti-la com outro sujeito e ainda assim obter resultados equivalentes. "Uma observação científica poderia ser feita por qualquer outro observador colocado na mesma situação; a natureza não tem favoritos, mas dá-se promiscuamente."[13] Exagerando, o pior inimigo do pesquisador que reivindica a descoberta tem que encontrar os mesmos resultados se repetir os experimentos.

Mas, como nota o próprio Kaplan, muitas vezes não é possível repetir a observação. Nos experimentos de laboratório, essa dificuldade não existe, e a repetitividade tornou-se uma exigência corriqueira. Mas, na observação *ex post facto*, é muito comum a impossibilidade de repetir as circunstâncias que permitiram a observação. Nesse caso, temos que nos contentar com menos: *a intersubjetividade das observações*. Isto é, a ciência aposta que as subjetividades de diferentes pesquisadores levem a resultados mais ou menos equivalentes.

Se economistas profissionais formados em universidades de primeira linha julgam que uma política de estabilização está sendo razoavelmente conduzida, isso significa algo. Se pessoas com bagagem de competência profissional consagrada examinam um sem-número de aspectos da economia e chegam a diagnósticos convergentes, há boas razões para levar a sério o que estão dizendo. Para duvidar, será preciso argumentos técnicos bastante fortes. No jargão da ciência, há um consenso intersubjetivo. Ou seja, estão em jogo muitos fatores subjetivos, mas no conjunto há uma coincidência na avaliação que fazem os peritos no assunto.

Em contraste com tal coincidência, nas vésperas da desvalorização do Real, no primeiro mandato do presidente Fernando Henrique Cardoso, algumas das melhores cabeças da economia estavam no governo. Apesar de não terem maiores distâncias ideológicas, não se punham de acordo com relação a o que fazer nem com relação às teorias subjacentes e os diagnósticos. Simplesmente, não havia a intersubjetividade no pensamento deles. Estavam diante de questões e fatos novos e não sabiam interpretá-los. Nunca se havia conduzido um programa de estabilização naqueles moldes e pairavam dúvidas a cada ponto.

Sumariando, para que uma pesquisa ou indagação a respeito de um problema do mundo real possa ser considerada científica, ou de caráter científico, é necessário um limiar de controle sobre os métodos de observação. Na prática, isso requer métodos sistemáticos e estruturados de observação, bem como uma preocupação com a avaliação não apenas da variável, mas do erro contido em sua observação. É crucial explicitar o momento e o local exatos de onde fazer a observação, a fim de que possamos obter dados que permitam as análises necessárias e que verifiquem nossa teoria. Mas também existe a preocupação permanente de se precaver contra desvios ou vieses que possam ser introduzidos pela pessoa que observa.

EXERCÍCIO DE APLICAÇÃO

Em sua própria área de estudo, identificar assuntos em que há razoável consenso e outros em que a dispersão de julgamentos é muito grande. Tentar explicar por que isso acontece.

Na ciência, não há fato sem teoria nem teoria sem fato

Disse Poirot: "É verdade que enfoco tais problemas como uma ciência exata, com precisão matemática que, infelizmente, me parece cada vez mais rara na nova geração de detetives!"

"Não sei", disse Japp, "Muller, que é a pessoa que está neste caso, é um sujeito esperto. Você pode estar perfeitamente seguro de que ele não deixará de notar uma pegada, uma cinza de charuto ou uma migalha. Ele tem olhos que vêem tudo".

"*Mon ami*", diz Poirot, "estas mesmas características possui o pardal de Londres, nem por isso eu pediria a este passarinho que resolvesse o problema de Mr. Davenhein".

"Veja lá, Monsieur, o senhor não vai menosprezar o valor dos detalhes como indícios ou como pistas?"

"De forma alguma. Todas estas coisas são úteis em sua própria maneira. O perigo está em imputar-lhes importância indevida. A maior parte dos detalhes é insignificante; um ou dois são vitais. É no cérebro que se deve confiar. Os sentidos são enganosos. Devemos procurar a verdade dentro, e não fora."

Agatha Christie, *The disappearance of Mr. Davenhein* (tradução livre)[14]

Diretamente relacionada com o problema anterior está a questão da correspondência ou associação entre fato e teoria. Freqüentemente o pesquisador recebe a advertência: "Não me venha com teorias, quero apenas os fatos".

Naturalmente, todos têm o direito de usar as palavras com o significado que bem desejarem. Contudo, se a palavra — no caso 'teoria' — é usada para transmitir uma mensagem diferente daquela que convencionalmente se associa a ela na linguagem científica, então essa liberdade do uso será exercida à custa de uma quebra de comunicação.

Na prática científica, 'teoria' não é um termo reservado para formulações complexas, inacessíveis ou matematicamente formuladas. Ao contrário, refere-se aos princípios de organização, caracterização e discriminação dos dados ou eventos a serem coletados ou examinados. Renda nacional não é um dado puro, mas sim um conceito ou construto que resulta de teorias econômicas lentamente refinadas no correr dos últimos dois séculos. Um elevado grau de abstração está por detrás da definição de seus elementos. De fato, poupança e investimento são abstrações bastante distanciadas dos raciocínios cotidianos. Se falamos de renda nacional, já estamos falando de fatos que só existem porque há por detrás deles uma teoria.

Margenau nos lembra que *'bom senso' não passa de uma teoria antiga que, de tão conhecida, se incorporou aos esquemas cotidianos de raciocínio. Assim, não há opção entre teoria e bom senso, mas, sim, entre a teoria nova e a teoria velha.*[15]

Não há realmente a opção entre fatos e teorias. As teorias organizam e dão sentido aos fatos. Os fatos são a contraparte real da teoria, são o que a teoria tenta explicar. A teoria descreve os fatos de forma sintética. Para que seja reconhecida como algo que vale a pena reter, ela tem que ser contrastada com os fatos para ver se há a correspondência pretendida.

Não surpreende que existam maneiras alternativas de teorizar sobre a realidade. Podemos ver o mesmo fato de perspectivas diferentes. Examinando remunerações de operários braçais, um economista neoclássico pode enxergar neles indicadores de baixa produtividade. Um economista marxista vendo as mesmas tabelas vai falar na mais-valia extraída do trabalho. Essas diferenças de ponto de partida são influenciadas por valores pessoais, cuja legitimidade não cabe à ciência aceitar ou negar. É outro assunto.

Mas, mesmo sem falar em diferenças ideológicas, há outras diferenças. Certas construções analíticas são de aplicabilidade mais ampla, isto é, obtidas ao preço de um nível maior de abstração; conseqüentemente, perde-se em realismo. *Inversamente, realismo, precisão e operacionalidade geralmente só podem ser obtidos ao restringirmos imensamente sua generalidade*. O grau de abstração adequado a cada teoria dependerá principalmente de seus objetivos.

Nas ciências sociais, há um conjunto grande de formulações teóricas que devem ser entendidas como visando disciplinar o trabalho dos cientistas e emprestar-lhes um instrumental de raciocínio. Ainda que isso seja indispensável, é preciso não exigir demais desses tipos de formulações que, muitas vezes, não possuem uma contrapartida empírica que possa ser medida ou quantificada. Whitehead nos adverte contra "the fallacy of misplaced concreteness" (a falácia do concreto fora de lugar), que consiste em pressupor que são concretas as idéias cuja validade se restringe a campos ainda distanciados da observação direta.

Na economia, o princípio da utilidade e as curvas de indiferença são exemplos de tais conceitos abstratos. Não há medidas diretas de utilidade e ninguém traçou curvas de indiferença baseadas em bens de consumo 'de verdade'. Mesmos os conceitos utilíssimos e corriqueiros de oferta e de demanda não podem ser senão parcialmente quantificados. Não conhecemos empiricamente as curvas de demanda que todo professor de economia traça no quadro negro. Na melhor das hipóteses, temos algumas idéias sobre elas nas proximidades do ponto de equilíbrio.

Na física quântica, os teóricos da área são explícitos no seu desdém pela existência concreta e palpável de partículas subatômicas. Para eles, mésons, nêutrons e outras partículas são entes matemáticos que explicam o comportamento dos átomos. Essa é sua função principal. Sua existência física não é um assunto relevante para eles.

Embora as pesquisas a que este trabalho se refere estejam em um nível de abstração consideravelmente mais baixo, ainda aqui existem amplas opções para o grau de especificidade das formulações consideradas. Certas áreas do governo, por exemplo, necessitam de informações mais gerais, enquanto que para outras somente se justificam estudos muito específicos. Por exemplo, uma pesquisa sobre educação poderá examinar a alocação de recursos entre universidade e ciclo médio. Ou então, poderá orientar a localização de escolas dentro de um bairro. Pode ser exatamente este último resultado que o governo necessita.

Contudo, freqüentemente os pesquisadores são seduzidos pelos atrativos estéticos de uma orientação excessivamente abstrata, partindo dedutivamente de formulações teóricas que jamais gerarão respostas às perguntas com que se defrontam políticos e administradores. Por exemplo, uma pesquisa que mostra a influência da origem socioeconômica dos estudantes dificilmente produz qualquer informação que possa ser usada para melhorar as escolas. Isso porque não é possível mudar a classe social das famílias dos alunos.

Sumariando as idéias principais da presente seção, a ciência lida com o vaivém entre modelos teóricos e o contato com a realidade que estaria sendo descrita por eles. Não há ciência sem modelos nem há ciência sem o confronto com o mundo real — ainda que não seja imediato. Dentro desse entendimento geral, há teorias que são mais abstratas e mais distanciadas da observação. Seu objetivo é um ordenamento mais geral do nosso pensamento. Tais formulações têm sua razão de ser e podem ser indispensáveis. Outras teorias são apenas um pequeno salto na compreensão da nossa observação do mundo real. Mas podem ser muito úteis e práticas.

EXERCÍCIO DE APLICAÇÃO

Em seu campo de estudo, identificar proposições ou teorias que se situam em diferentes graus de distância da observação direta. Mostrar como algumas podem ser verificadas empiricamente, enquanto outras somente são validadas por meio de outras que se derivam delas.

A força da modéstia: as limitações do processo científico

Na presente seção buscamos recapitular alguns pontos mencionados anteriormente sobre as limitações da pesquisa científica. *Cabe enfatizar as limitações das ciências sociais e não solicitar dela o que não está em condições de oferecer.* Tampouco se pode sucumbir à tentação de usá-la para respaldar decisões de cunho político, em que juízos de valor são requeridos.

Todos os procedimentos e cuidados tomados no curso da verificação das proposições ditas científicas visam tornar seus resultados independentes dos pesquisadores envolvidos no processo. As conclusões, na medida em que são verdadeiramente científicas, impõem-se independentemente de quem as tira. São objetivas e despidas de opiniões ou preconceitos. *Os resultados impõem-se pela invulnerabilidade dos métodos de análise.* A rigor, uma vez montado o experimento, *os resultados não podem ser controlados ou influenciados pelo pesquisador.*

Portanto, não é surpresa se essa assepsia do processo resulte em imensa força para os resultados que podem ser considerados científicos. Se assegurarmos que houve respeito ao método, essas proposições impõem-se sobre quaisquer outras. De fato, *não podem ser refutadas, salvo por questionamento das técnicas ou métodos utilizados em sua obtenção.* Como conseqüência, o status da proposição 'científica' é uma garantia da invulnerabilidade, cobiçada por muitos.

Vale a pena insistir nesse ponto, de capital importância. Em ciência, definimos o problema que queremos examinar, decidimos os métodos e fontes de informação a serem usados. Decidimos os procedimentos. Daí em diante, não decidimos mais nada. *Não somos mais donos dos resultados. O processo anda em piloto automático, podendo nos levar aonde não queremos ir.*

Queremos demonstrar uma tese, para isso armamos todo o arcabouço do trabalho e dos métodos. Em geral, temos escolhas nessa fase. Feito isso, nada mais podemos. A tese pode ter uma colisão retumbante com os dados que nós mesmos escolhemos. E no *embate sobrevivem os dados, não a tese.* Recordemo-nos do exemplo anterior da aluna de Piaget que, sem querer, acabou demonstrando estar sua tese totalmente equivocada.

Nas ciências naturais, em que se origina a grande fé na ciência, os casos preto no branco são mais freqüentes, pois os critérios científicos são mais facilmente aplicáveis, e os próprios tópicos, menos candentes. Nas ciências sociais, por outro lado, encontrar a fronteira das proposições científicas torna-se crucial. Os critérios metodológicos são menos definitivos e mais difíceis de aplicar. A transição entre o rigor científico e o opinativo torna-se nebulosa. As ideologias se disfarçam e se escondem de forma mais insidiosa. Aqueles que tentam vestir suas opiniões com roupagem científica têm mais chances de não ter o embuste denunciado.

É motivo de preocupação quando órgãos públicos e semipúblicos tentam justificar suas ações e posições dando-lhes a aparência de conclusão científica — quando não o são. Igualmente preocupa que a pesquisa passe a ser um *deus ex machina* ou que se torne parte de uma liturgia obrigatória, justificando a ação do Estado.[16]

Detendo ampla fração de controle sob os fundos de pesquisa, o poder público freqüentemente recruta institutos de pesquisa, universidades e consultorias para realizar estudos sobre temas em que precisa ter uma política ou uma linha de ação. Isso está bem, pois é preciso tomar todos os cuidados cabíveis antes de tentar intervir. Contudo, no bojo de tais projetos podem esconder-se iniciativas pseudocientíficas ou, na melhor das hipóteses, pré-científicas.

EXERCÍCIO DE APLICAÇÃO

Encontrar exemplos de anúncios comerciais em que a ciência é evocada para dar credibilidade ao produto. Avaliar se há razões para crer no que diz o anúncio.

Encontrar exemplos de pesquisas usadas para referendar políticas propostas pelo governo — ou pela oposição — e avaliar os méritos científicos do artigo.

Esse pseudocientificismo tem diversas conseqüências negativas. Uma delas é a mobilização de recursos para a produção de infindáveis documentos cujo formato segue as normas usuais de apresentação de pesquisas, mas nos quais o conteúdo não passa de descrições óbvias e enfadonhas. Pode também representar uma forma de funcionários públicos aumentarem os rendimentos de seus amigos donos de consultorias ou institutos de pesquisa.

Em parte por ingenuidade ou desconhecimento dos limites da ciência, é hoje comum querer dar o caráter científico a algumas decisões às quais, infelizmente, o desenvolvimento atual das ciências sociais e os dados disponíveis não permitem que se façam afirmativas que preencham exigências metodológicas mínimas.

É muito comum que as regras para premiar trabalhos escritos ou pesquisas criem critérios quantitativos, com pontuações precisas para cada tipo de atributo que está sendo avaliado, seguidos de fórmulas de ponderação dos resultados. Quem obtiver o maior número de pontos ganha o prêmio. Tais critérios dão uma impressão de rigor e cientificismo, como se a escolha passasse a ser técnica. Mas, na verdade, estamos apenas colocando em tabelas as mesmas avaliações subjetivas. E as ponderações de cada critério de julgamento são totalmente arbitrárias, refletindo apenas a decisão de quem fez as regras do concurso. Não estamos querendo dizer que tais procedimentos sejam errados ou inúteis — embora isso possa acontecer em certos casos. Mas é preciso entender que subjetividades tabuladas e somadas continuam sendo subjetividades. Nada se criou de objetivo.

Mas alguns prejuízos podem resultar. Se nos critérios de avaliação de uma monografia científica 'originalidade' tem uma pontuação de 20 por cento, pode haver um trabalho extraordinariamente original que não ganhe o prêmio porque perdeu pontos na ortografia e na citação incorreta de fontes bibliográficas. Ou seja, por meio da linguagem, muitas vezes propositalmente obscura, ou fórmulas matemáticas escondem-se decisões, implicando juízos de valor e premissas doutrinárias.

Em última análise, é necessário conhecer os limites da ciência e não tentar ir além de seus recursos presentes. É preciso saber o que não pode ser objeto de pesquisas de cunho científico. É preciso não fazer passar por critério científico o que é apenas uma regra de decisão arbitrária.

Ciência: processo sujo e resultado limpo

O imaginário popular tem uma representação do cientista como alguém que veste um avental branco, acima do bem e do mal, distraído e capaz de gerar descobertas que mudam nossa vida cotidiana. Além disso, como insistimos no presente livro, o método científico é a bíblia do pesquisador, garantindo pureza de resultados no processo de fazer ciência.

Não estaríamos idealizando demais a ciência e os cientistas? Serão tão puros e desprendidos dos atritos, turbulências e vícios dos demais mortais? Onde estão as vaidades, os ódios, as picuinhas, os ranços? Quem ouve as intrigas e os caprichos em uma reunião departamental com professores universitários não verá muita correspondência com o que está dito no parágrafo anterior. Alguns cientistas e autores de ficção examinaram a *sociologia dos cientistas, mostrando serem eles humanos, frágeis e falíveis como todos.* Pena não ser possível explorar aqui tais temas, por mais fascinantes que sejam.

Como conciliamos as duas imagens? A explicação parece estar na presença dominante do método científico — descrito em mais detalhes no Capítulo 2 — exigindo imperativamente o cumprimento de suas exigências na apresentação final dos resultados. *A ciência passada a limpo é a que vai a público.* O produto final é uma ciência esfregada e bem-vestida. Eis o resultado que se apresenta para o mundo. De fato, essa 'ciência-produto' tem todas as características impostas pelo método científico. A dominância de normas comuns é um dos feitos mais admiráveis da comunidade dos cientistas.

Em 2005, a prestigiosa revista inglesa *Nature* nomeou os dez avanços mais importantes da ciência de todos os tempos. Curiosamente, um dos avanços citados é o método científico. Sem ele, dificilmente teríamos qualquer um dos outros nove.

A maior parte das brigas e discordâncias é civilizada. As explicações vão se sucedendo. Mais dados e melhores formulações teóricas permitem alijar algumas explicações mais ingênuas. Mas, em geral, não se resolvem os problemas da primeira vez. Vejamos um exemplo de geólogos discutindo a origem das formações rochosas no Parque Nacional do Itatiaia:

> Para a origem do maciço, cujas rochas desvelam extrema dureza, as interpretações são contraditórias. O primeiro a formular uma teoria, o norte-americano Orville Adelbert Derby, considerou em 1889 que os afloramentos nefelinos e graníticos tinham origem eruptiva, sendo o Itatiaia as raízes remanescentes de um enorme vulcão ou até vestígios de uma série de chaminés que vomitaram impetuosamente sua lava.
>
> Essa erupções vulcânicas foram descartadas em 1923. Para Alberto Leme as rochas são de

origem metamórfica. As forças que levaram ao surgimento e à dobra do gnaisse costeiro foram as mesmas que formaram a massa sienítica do maciço de Itatiaia.

As explanações de Derby e Leme foram refutadas por Alberto Ribeiro Lamego em 1936. Ele não encontrou nenhuma evidência de crateras vulcânicas. Lamego traduziu a gênese do Itatiaia por intermédio de uma gigantesca abóbada formada há milhões de anos, no tempo em que o magma estava fluido. As diversas diferenciações aconteceram junto com o resfriamento dos diversos minerais que se cristalizavam, fragmentando os tipos de rocha.

Ignescência e resfriamento abrupto, fogo e gelo. Para um explorador conhecedor da história da glaciação, a parte alta do Itatiaia é remanescente das grandes geleiras. Emmanuel de Martonne, num estudo geomorfológico, foi o primeiro cientista a considerar essa hipótese em 1944. Itatiaia pode ter sido o centro de uma glaciação local, freqüentes no Quaternário, e seu cume uma região de neve eterna.

Persiste, entretanto, uma dúvida entre os muitos geólogos e geomorfólogos que estudaram a área. A ausência de sulcos e traços morfológicos glaciais, aliada à falta de documentos florísticos, faunísticos e palinológicos não tem corroborado essa teoria. Apesar dessa lacuna, torna-se fácil considerar, diante do elevadíssimo grau de desgaste de rochas incrivelmente duras, que foram erodidas há muito tempo.[17]

Há também casos em que os pesquisadores simplesmente não sabem como proceder. Vejam-se as dificuldades para classificar uma planta:

Ninguém conseguia entender aquela planta junto à família das *Amaryllidaceae*, mesmo se tratando do único parentesco possível para essa planta. Pudera; pela sua formação, ela intrigava a todos. As *Amaryllidaceae*, na sua maioria, possuem bulbos subterrâneos. O da *imperatrice du Brésil* é aéreo. Resumindo, a Worsleya sofreu cinco classificações diferentes e durante mais de um século, de 1863 até 1984, 15 artigos científicos foram escritos tentando definir e explicar essa planta enigmática. Totalmente diferente dos gêneros que já existem, foi preciso criar um só para ela: o gênero monotípico Worsleya, considerado um dos gêneros mais primitivos das *Amaryllidaceae*. Essa planta, que ficara no seu habitat montanhoso, isolada num estágio muito primitivo da evolução do resto da família, evoluiu independentemente e cobrou o seu status singular ao ser classificada.[18]

Mas, embora a maior parte das controvérsias seja pacífica, há muita briga séria, com farpas atiradas entre adversários mortais. A roupa suja é lavada em público, as acusações se sucedem. *A cozinha da pesquisa — enquanto ela está sendo feita — não passaria em um exame fitossanitário.* Ali vale tudo. Chocam-se os egos gigantescos e as vaidades doentias. A crônica da ciência narra as batalhas entre inimigos mortais.

A controvérsia sobre a descoberta das origens do Nilo, em meados do século XIX, terminou com a morte misteriosa de um dos contendores. Sir Richard Burton dirigiu a expedição, mas, açoitado pela malária, não estava fisicamente presente quando seu assistente, Spekes, fez a descoberta e, mais adiante, reivindicou para si os méritos. Na véspera da acareação entre os dois, na Royal Geographic Society, o assistente aparece morto no campo onde caçava. Não se descobriu se foi assassinato, suicídio ou acidente.

Os embates mais comuns não geram sangue, mas nem por isso são menos estrondosos. Há um livro fascinante em que o autor tenta demonstrar que os grandes titãs da ciência eram motivados por suas lendárias disputas com adversários igualmente poderosos. Copérnico enfrenta a Igreja, Lavoisier enfrenta Priestley, Edson compete com Tesla. Crick e Watson apostam corrida com Linus

Pauling na descoberta do DNA. Newton enfrenta Leibnitz durante décadas. Seu ciúme mortal de Leibnitz parece incongruente com a majestade da mecânica clássica que brota do seu intelecto. *São as paixões humanas mais prosaicas que injetam energia no trabalho acadêmico — mesmo dos grandes gênios.*[19]

As controvérsias se arrastam, não cessam as alfinetadas e farpas arremessadas. É um mundo cão, próximo dos instintos de sobrevivência e de luta.

Mas é assim mesmo. *A ciência avança pelo entrechoque dos rivais, pelos autocontroles gerados pelo medo de mostrar um flanco mais vulnerável.* A comunidade científica reproduz, repete, contrasta o que vai sendo produzido e, lentamente, algumas idéias vão sobrevivendo diante de outras que perecem por não resistirem ao teste da realidade ou pela sua irrelevância. Ao longo do caminho, a paisagem de atritos e confrontações em nada se parece com a ciência asséptica e impessoal que tornaram esses mesmos cientistas conhecidos. Quem estuda a mecânica clássica de Newton não imagina as mesquinharias e perversidades que estiveram presentes em sua elaboração.

Mas, no fundo, essa é a essência da diferença. Os cientistas são humanos, exibindo todas as suas fragilidades e instintos perversos. *Durante seu trabalho, alguns se engalfinham com rivais, fazem intrigas, sujam-se com comportamentos imaturos, gastam tempo com questiúnculas. Mas são obrigados a mostrar seus resultados dentro dos cânones do método científico. E o que sobrevive são os produtos do seu trabalho. Os ruídos e escaramuças encontrados na produção desaparecem.* Muitos nem sequer são registrados. Só fica o produto.

Em que pesem os acidentes de percurso e os aspectos mais desagradáveis do cotidiano da geração da ciência, há uma regra que é respeitada ao longo do caminho. Trata-se do *princípio sagrado da honestidade pessoal no trato com os procedimentos da ciência. O cientista pode acusar injustamente seus rivais dos pecados mais vis e odientos. Mas ele não inventa dados, não esconde informações que ameaçam suas hipóteses, não falsifica estatísticas. Não copia o trabalho dos outros sem dar crédito.*

Como será discutido mais detalhadamente ao fim do Capítulo 5, isso é tão importante para a sobrevivência da ciência que pouquíssimos ousam violar esses princípios. Esse é o maior *tabu da ética da ciência*. Um descrédito generalizado na honestidade pessoal ao lidar com as informações seria fatal para a ciência, pois não é possível criar fiscais para ver se há lisura em procedimentos conduzidos no mais completo isolamento dos gabinetes e laboratórios. A honestidade pessoal é o calcanhar-de-aquiles da ciência.

Seja como for, persiste a *dicotomia entre o processo sujo e o resultado limpo*. Os resultados da ciência são limpos, desinfetados. Já o processo de gerar essa mesma ciência pode estar contaminado por todas as fraquezas humanas. *O divisor de águas entre os dois lados é o império do método científico, impedindo que as torpezas, as brigas e as rivalidades contaminem o produto final.*

EXERCÍCIO DE APLICAÇÃO

Identificar em alguma área de seu interesse uma controvérsia conhecida. Examinar o que está em jogo e as razões de persistir.

Identificar uma controvérsia que foi resolvida e hoje tornou-se área de consenso.

Figura 1.1   Poder, natureza e limites da ciência

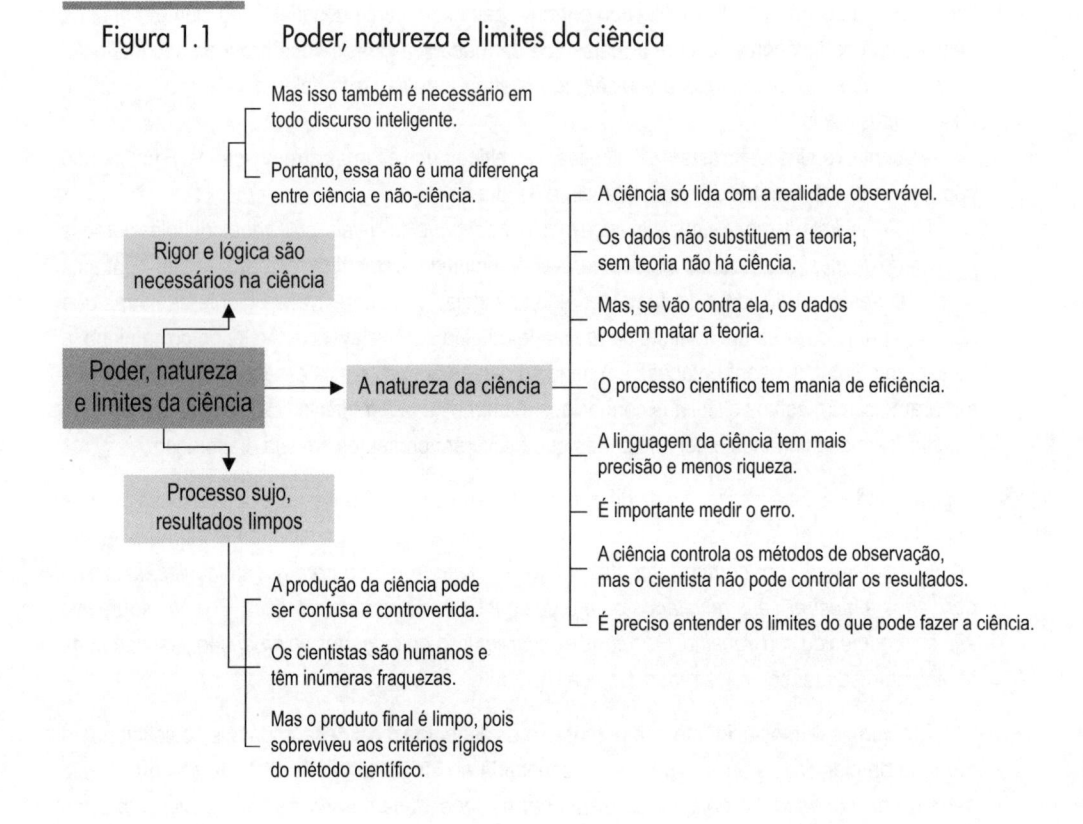

- Poder, natureza e limites da ciência
  - Rigor e lógica são necessários na ciência
    - Mas isso também é necessário em todo discurso inteligente.
    - Portanto, essa não é uma diferença entre ciência e não-ciência.
  - A natureza da ciência
    - A ciência só lida com a realidade observável.
    - Os dados não substituem a teoria; sem teoria não há ciência.
    - Mas, se vão contra ela, os dados podem matar a teoria.
    - O processo científico tem mania de eficiência.
    - A linguagem da ciência tem mais precisão e menos riqueza.
    - É importante medir o erro.
    - A ciência controla os métodos de observação, mas o cientista não pode controlar os resultados.
    - É preciso entender os limites do que pode fazer a ciência.
  - Processo sujo, resultados limpos
    - A produção da ciência pode ser confusa e controvertida.
    - Os cientistas são humanos e têm inúmeras fraquezas.
    - Mas o produto final é limpo, pois sobreviveu aos critérios rígidos do método científico.

Notas

1. Derek Bok, *Universities in the market place*. Princeton: Princeton Press, 2003, Capítulo III.
2. Robert L. Abel, "Some limitations of basic research in education". In: *Phi Delta Kappa*, out. 1967, p. 83.
3. Karl Pearson, *The grammar of science*. Londres: J.M. Dent, 1892. Pearson menciona "análise parcial dos fatos". Como esclarece o restante do texto, ele não está sugerindo ao leitor que examine apenas uma parte de algum problema que tenha em mãos. Seu argumento se refere à natureza do treinamento científico em que cada questão é logicamente fracionada em partes suficientemente pequenas para que possam ser exaustivamente analisadas e compreendidas. No seu entender, o sentido de unidade ou todo deve ser precedido por um estudo minucioso das partes; o hábito de proceder assim seria adquirido no estudo de alguma ciência.
4. Ver Henry Margenau, *Open vistas*. New Haven: Yale University Press, 1961, Capítulo 1.
5. Abraham Kaplan, *A conduta da pesquisa*. São Paulo: Herder/Edusp, 1969, p. 37.
6. Alfred North Whitehead, citado em A. Kaplan, ibid., p. 90.
7. Ibid., p. 38.
8. Citado em A. Kaplan, op. cit., p. 95.
9. Ibid., p. 95.
10. A esse respeito veja o trabalho do autor. *Estrutura e apresentação de publicações científicas*. São Paulo: McGraw-Hill, 1976, Capítulo III.
11. Robert H. Thouless, *How to think straight*. Nova York: Heart, 1939, p. 64.
12. Narrado ao autor pelo próprio professor Carmi.
13. A. Kaplan, op. cit., p. 132-133.
14. Agatha Christie, *The disappearance of Mr. Davenheim*. Nova York: Berkley Books, 2000.

15 H. Margenau, op. cit., p. 137.
16 No prefácio do dr. Almir de Castro ao livro *A docência e a investigação científica* (São Paulo: s/ed, 1962), da prof.ª Maria Aparecida Pourchet Campos, encontramos a seguinte observação: "Mas ninguém imagine que a autora, deslumbrada pelo tema, se deixe transportar para um plano irreal e incida naquele perigoso exagero de pretender que todo e qualquer ocupante de uma posição no magistério universitário esteja no dever impostergável de trazer sua contribuição ao acervo cultural da humanidade mediante algum achado importante, algum trabalho original, qualquer coisa, enfim, que possa ser considerada como nova aquisição de conhecimentos".
17 Gustavo Martinelli, *Campos de altitude*. Rio de Janeiro: Index, 1996, p. 77.
18 Ibid., p. 120.
19 Michael White, *Rivalidades produtivas*. Rio de Janeiro: Record, 2001.

CAPÍTULO 2
AS REGRAS DO JOGO: A METODOLOGIA CIENTÍFICA

> "A ciência é uma selva darwiniana na qual, dando-se tempo ao tempo, somente as teorias mais bem-sucedidas produzirão descendentes para a geração seguinte."
>
> Simon Blackburn

O presente capítulo talvez seja o mais difícil e mais árido deste livro. De fato, os leitores poderão saltá-lo inicialmente ou fazer uma leitura superficial, deixando sua leitura mais cuidadosa para adiante, quando se sentirem mais seguros. No entanto, as idéias aqui apresentadas são muito centrais na lógica da ciência. Aqui estão as regras do jogo usadas no tipo de pesquisa que geralmente é realizada em teses e artigos para revistas acadêmicas.

O capítulo trata, inicialmente, das características que tornam o conhecimento científico diferente do conhecimento leigo ou casual ou mesmo do pensamento filosófico ou teológico. O discurso científico é mais exigente. Aplica-se em situações mais restritas. Mas a contrapartida é seu poder superior e a confiança maior que recebem as conclusões a que chega. A sociedade concede uma força política na verdade proposta pela ciência. Legitimou-se, em grande medida, a crença de que ser 'científico' é um selo de confiança. A ciência torna-se um elemento de 'marketing' das idéias.

Paradoxalmente, esse é o grande perigo. Quanto mais a sociedade acredita na ciência, mais poderá ser vítima da má ciência ou da pseudociência. Portanto, maiores devem ser as preocupações em zelar pelo patrimônio da verdadeira ciência. De certa forma, esse é o papel do método científico, discutido adiante.

O grande divisor de águas nesse assunto é a liberdade de criação científica e o extremo rigor com que o resultado final será examinado. O pintor Joan Miró, falando de sua própria arte, parece haver expressado de forma magistral a mesma idéia: "Que as obras sejam concebidas com uma alma em fogo, mas realizadas com uma frieza clínica"[1] (tradução livre).

Como explicitaremos neste capítulo, os rigores do método científico aplicam-se necessariamente ao produto final, quando é apresentado para apreciação e crítica. Ao longo do caminho, o método científico é muito mais solto. Pode até ser visto como uma arte, um artesanato. É feito de inspiração. É feito das práticas que a experiência vai permitindo acumular. Daí as grandes variações de estilos pessoais, de estratégias de busca. Nessa fase, o pesquisador não presta contas a ninguém. Mas, obviamente, se fizer tolices, os resultados finais não passarão pelo crivo do método que ele mesmo deverá aplicar — quando nada, por temor de que outros menos condescendentes encontrem defeitos.

Os muitos discursos sobre método

Paradoxalmente, o método científico que trataria das regras disciplinares da ciência é um termo com significados bastante variados. O conteúdo dos cursos sobre método científico e métodos de pesquisa ilustra bastante bem essa variedade. Em alguns, método é estatística elementar, começando com média e desvio padrão, não indo muito além de rudimentos de teoria das probabilidades. Nesse caso, método se confunde com técnica, mas tampouco é muito claro o que seja uma técnica de pesquisa, pois tanto pode ser regras de procedimento como controle de qualidade do processo. No outro extremo, transmutando-se em discussão metodológica, encontramos questões recônditas de epistemologia, ininteligíveis até para cientistas que já deixaram contribuições importantes. Abraham Kaplan[2] cita como exemplos o problema das justificativas da indução a partir da experiência, a questão do determinismo / indeterminismo e as disputas teóricas sobre o condicional contrafactual (isto é, o que teria acontecido se isso ou aquilo tivesse ou não acontecido). Esses exemplos meramente ilustram a elasticidade do termo.

Muito apropriadamente, Kaplan entende por metodologia "o interesse por princípios e técnicas de alcance médio, chamados conseqüentemente de métodos [...] Métodos são técnicas suficientemente gerais para se tornarem comuns a todas as ciências ou a uma significativa parte delas".[3]

A metodologia é um ponto de encontro e de convergência — ou não — entre pesquisadores e filósofos. "O objetivo da metodologia é o de convidar a ciência a especular e o de convidar a filosofia a interessar-se pelos problemas práticos. Em resumo, o objetivo da metodologia é o de ajudar-nos a compreender, nos seus termos mais amplos, não os produtos da pesquisa, mas o próprio processo."[4]

Quando indagamos sobre o papel e a importância da metodologia na investigação científica, encontramos um grau igualmente elevado de divergência e controvérsia. De fato, não há qualquer correlação entre a qualidade da obra de um cientista e o número de livros e artigos sobre metodologia que ele leu. E ainda menos com os que escreveu.

Mas não há propriamente uma contradição nesse comentário. Tal como em muitas áreas do conhecimento e da atividade humana, também se aprende fazendo. A pureza metodológica é uma constante no trabalho de cientistas de competência reconhecida, quer tenham ou não lido tratados de metodologia. Portanto, é muito oportuna a afirmativa de que "a lógica, em suma, trata do que os cientistas fazem, quando o fazem bem na qualidade de cientistas".[5]

No mesmo teor um tanto evasivo, vemos Peirce, o pai do pragmatismo, afirmar que "a função da metodologia é desobstruir as vias da investigação".[6] Igualmente escapista é a afirmação do físico Bridgman de que "o cientista não tem outro método senão o de empenhar-se ao máximo".[7] Esse tipo de afirmativa está longe de estabelecer algo mais definido quanto à questão do método.

Preferimos discutir a questão a partir de uma dicotomia talvez um tanto simplista, mas adequada às nossas necessidades de clareza. À falta de melhor caracterização, poderíamos falar em *uma dimensão positiva e uma dimensão negativa do método*.[8] Noção equivalente é dada pela disjunção 'lógica da descoberta' e 'lógica reconstruída'. *A primeira refere-se ao processo de busca na ciência. A segunda, às exigências que deve satisfazer o produto final* — como mais bem explicado adiante.

A dimensão positiva é o método, como um mapa da estrada a ser trilhada no curso da pesquisa. A negativa é ver o método como um controle de qualidade do produto final, isto é, a pesquisa. São coisas diferentes e cada uma tem seu lugar.

A dimensão positiva do método científico refere-se àquelas instruções de como proceder, como pesquisar, por onde começar, qual a seqüência a seguir etc. O aspecto mais popularizado dessas questões é a indefectível controvérsia método indutivo *versus* método dedutivo — em palavras mais simples, começar olhando o mundo e, daí, criar teorias ou começar com teorias e verificar se o mundo é descrito por elas. É nessas instruções de como proceder na ciência que encontramos mais freqüentemente desacordo e controvérsia, não somente em relação às questões de técnica, mas também quanto à própria relevância da questão metodológica.

O pensamento de Aristóteles reinava invulnerável na Europa, a partir da sua exumação, por ocasião da abertura intelectual que marca a segunda fase da Idade Média. Na verdade, Aristóteles foi a matriz do pensamento teológico, em que Santo Tomás de Aquino é o centro de gravidade. Em que pese o avanço sobre o pensamento anterior e obscurantista da Idade Média, o pensamento aristotélico levava a um distanciamento da experiência. Diante da invenção do telescópio e da idéia de que a Terra girava em torno do Sol, nas épocas em que Galileu andava se esgrimindo com a Igreja, o pensamento aristotélico resistia. Não via a necessidade de espiar em telescópios para decidir quem girava em torno de quem.

Nessa perspectiva, o verdadeiro pai da ciência é Bacon, que criou escola ao afirmar que havia de se começar pelos fatos. Na verdade, podemos entender que a ciência moderna começa com Bacon e seu princípio de que a evidência empírica é o elemento decisivo. É ela que separa a ciência do restante, o que quer que seja. Com Bacon firma-se a idéia de que a ciência se faz por meio da observação da natureza. Pode-se dizer que não há hoje boa ciência que não siga essa cartilha.

Na verdade, podemos dizer que é um caso de paternidade controvertida. Veja-se a seguinte citação de Leonardo da Vinci, que viveu antes de Bacon: "Vós, investigadores, não deveis confiar em autores que, apenas pelo emprego da imaginação, se fazem intérpretes entre a natureza e o homem, mas somente naqueles que exercitaram seu intelecto com os resultados de experimentos".[9]

Trata-se da mesmíssima idéia. Mas, como Da Vinci viveu em um período e em um meio social em que a ciência patinava, não deixou escola. Sua citação aqui é uma curiosidade histórica e um reconhecimento ao mérito do gênio toscano. Pela sua influência na ciência subseqüente, o grande guru da ciência empírica foi mesmo Bacon.

René Descartes, com seu famoso *Discurso sobre o método*, afirma que começamos com proposições sobre as quais nossa inteligência garante que não há dúvida.[10] Tal como Bacon, Descartes parte de unidades tão pequenas quanto necessárias. Contudo, parte do outro lado, raciocinando dedutivamente, como um matemático.

Dizemos que Bacon é indutivo, pois parte da observação, e que Descartes é dedutivo, pois parte de raciocínios abstratos. Por longo tempo se discutiu se começamos deduzindo ou induzindo, se começamos com uma teoria ou se começamos olhando o mundo que nos cerca, tentando encontrar regularidades. Essa discussão facilmente torna-se estéril. Não há por que perder tempo com ela nos dias de hoje.

Consolidou-se o consenso de que há um vaivém entre os dois lados. Ilustrando tal solução intermediária, Nagel afirma que na pesquisa não começamos com fatos nem com deduções, mas sim com hipóteses, cuja função é dirigir nossa investigação a fim de dar ordem aos fatos. John Dewey nega os caminhos anteriores e afirma que temos que começar com uma pergunta. A partir dela é que se estruturam as explicações, as hipóteses e a natureza dos dados que as respondam.

Discutindo esse assunto, houve conflagrações inflamadas dentre grandes figuras da filosofia e da ciência. Para baixar a poeira, enfaticamente recomendamos ao leitor o ensaio de F.S.C. Northrop, "The initiation of inquiry".[11] Nesse ensaio, Northrop toma o partido de Dewey.

> A investigação somente tem lugar quando alguma coisa não satisfaz, quando as crenças tradicionais são inadequadas ou postas em dúvida, quando os fatos necessários para resolver as incertezas não são conhecidos e quando as possíveis hipóteses relevantes não são nem sequer imaginadas. O que temos no início da pesquisa não é mais do que um problema. É o problema, com suas características, tal como revelado pela análise que nos guiará inicialmente aos fatos relevantes e, então, uma vez conhecidos esses fatos, às hipóteses relevantes.

Embora haja mais controvérsia do que consenso no que estamos chamando de aspecto positivo da metodologia, isto é, a metodologia como um conjunto de regras de como proceder no curso da investigação, vale a pena insistir um pouco mais na posição de Northrop por representar atualmente certo grau de consenso dentre os autores dos textos sobre métodos de técnicas de pesquisa. Vejamos como ele caracteriza as fases da pesquisa:

> Primeiro vem a descoberta, pela análise, das raízes teóricas básicas do problema; em segundo lugar, a seleção do fenômeno mais simples exibindo os fatores envolvidos na dificuldade; em terceiro, a observação indutiva desses fatores relevantes; em quarto, a projeção das hipóteses relevantes sugeridas por esses fatos relevantes; em quinto, a dedução das conseqüências lógicas de cada hipótese, permitindo conseqüentemente que sejam postas em teste experimental; em sexto, esclarecimentos do problema inicial, à luz das hipóteses verificadas; em sétimo lugar, a generalização da solução encontrada por meio da busca das implicações lógicas dos novos conceitos e teorias com respeito a outros objetivos de estudo e outras aplicações.[12] (tradução livre)

Não entenda o leitor esses pontos como um guia para a pesquisa, tal como estão sumariados, mas meramente como ilustração do tipo de prescrição que encontraríamos em um texto sobre metodologia da ciência. Tampouco podemos ver aí uma tarefa para uma só pessoa, partindo do zero. Muito mais usual é o pesquisador tomar o bonde andando, isto é, embarcar em um processo em que muitas das etapas mencionadas anteriormente já foram feitas e refeitas muitas vezes. Cabe a ele mais uma rodada, mais um teste, mais um refinamento da teoria ou do tratamento dos dados.

Uma das dificuldades recorrentes com essas instruções de como proceder resulta da grande variedade de estilos pessoais de investigação. Alguns são mais dedutivos, outros são mais indutivos, alguns têm dias indutivos e dias dedutivos.

Antes de tudo, ninguém começa do zero. Um pesquisador com um mínimo de credenciais já chega a um problema depois de ter lido as teorias explicando fenômenos parecidos — ou os próprios em que está interessado. Além disso, já conhece os dados que estão por aí e que foram usados em pesquisas afins. Portanto, um pesquisador 'dedutivo' não desconhece os dados existentes, pois já viu coisa parecida.

E um pesquisador 'indutivo' já leu os livros e os artigos em que se apresentam as teorias pertinentes. O dedutivo brinca com as teorias e depois vai atrás dos dados. O indutivo vai observar, vai conversar, vai xeretar os dados, deixando que o mundo real vá sugerindo os rumos que tomará suas formulações teóricas. Mas é ilusório imaginar que são os dados somente que vão inspirar sua teoria, pois ele já conhece todas as teorias circunvizinhas.

O autor do presente livro tende a ser mais indutivo do que dedutivo. Exemplifico: faz pouco tempo, assistia a um concerto da Orquestra Sinfônica Nacional. No curso de uma peça mais enfadonha, a atenção escapuliu e comecei a olhar para os músicos. Notei que não havia um só negro em toda a orquestra. Por que seria? Eis a pergunta típica do pesquisador de estilo mais indutivo. Voltei para casa matutando. A resposta era mais ou menos óbvia e não requeria pesquisa mais aprofundada: o ensino público de música só é oferecido no nível superior. E, como os instrumentistas têm que começar antes dos 10 anos, somente jovens de classe média podem pagar professores particulares.

Vejamos outro exemplo da minha própria experiência; no caso, mais dedutivo do que indutivo. No início de minha carreira de pesquisador, examinava uma farta literatura sobre os resultados econômicos de anos de estudos adicionais. Nos países mais avançados, as taxas de retorno ao investimento em educação eram pelo menos tão elevadas quanto aquelas observadas para o capital físico (fábricas, estradas etc.). A pergunta de índole mais dedutiva a guiar meu trabalho foi se isso também seria observado em países mais pobres, como o Brasil. Nasceu daí minha tese de doutoramento. Mas é pertinente observar que, ao testar sua hipótese, o pesquisador vai a campo e começa a descobrir outras coisas interessantes que não poderia antecipar.

Em resumo, a *ciência caminha na gangorra entre a indução e a dedução*. É um vaivém constante. Portanto, não é demais voltar à advertência de que *não há ciência sem explicações que estruturam o que vai sendo observado e não há ciência sem a volta ao mundo real observado*.

Em cada fase da investigação, *o método se impõe sobre o pesquisador*. Na prática, cada um se dedica a certas fases em que suas preferências e idiossincrasias melhor se adaptam ao problema. Quem lida confortavelmente com regressões multivariadas (um método estatístico no qual uma variável é associada a um conjunto de variáveis explicativas) acaba se concentrando nelas. Outros preferirão discutir em mais profundidade o que os dados poderiam estar mostrando. Já escrevi mais de um artigo em co-autoria com um estatístico superlativamente qualificado para análises multivariadas de desempenho educacional. Não poderia competir com ele no uso das ferramentas estatísticas. Não obstante, tenho mais jeito para fazer as pontes entre os resultados obtidos e a literatura técnica na área. Nossos talentos se complementam. Enfim, trata-se de uma situação em que os pesquisadores escolhem aqueles problemas que melhor se encaixam em seus talentos. De fato, as inclinações pessoais podem se revelar nessas escolhas e ser legitimamente aceitas no processo científico. Contudo, há um limite severo. *Não é possível escolher método e tema de pesquisa simultaneamente*. Escolhido o método com o qual nos sentimos mais à vontade, fica dramaticamente limitada a escolha de temas.

Piaget, treinado em biologia, observava o comportamento de seus filhos. A partir do que viu, construiu um edifício teórico até hoje admirado. Foi indutivo. Mais ainda, não usou regressões múltiplas nem aplicou centenas de questionários. Mas outros pesquisadores tomaram algumas de suas teorias e lhes deram tratamentos quantitativos, aumentando a confiança em suas idéias.

O que não é aceitável é escolher um tema e tratá-lo de forma metodologicamente inadequada. Por exemplo, há uma forte tendência em certos ramos das ciências sociais brasileiras a desdenhar dos métodos quantitativos, sejam ou não os temas escolhidos suscetíveis de tratamento estatístico. Se forem, azar da pesquisa, cujos resultados ficarão comprometidos pelo uso do método equivocado.

Há um sólido *princípio científico que nos manda extrair da informação tudo o que ela pode nos dar*. Se o assunto se presta a um tratamento quantitativo, permanecer no qualitativo é um erro fatal. Um exemplo clássico é o desempenho acadêmico dos alunos. Habilidades como compreensão de leitura e de conceitos de ciências naturais podem ser medidas por testes de escolha múltipla e os resultados, tratados estatisticamente com grande elegância e confiabilidade. Qualquer discussão sobre desempenho escolar nessas áreas que recuse a via quantitativa é pobre e não merece qualquer atenção ou respeito. Não é mais questão de gosto ou afinidade do pesquisador. Simplesmente, no caso desse problema em particular, o tratamento quantitativo esmaga e alija quaisquer tentativas de tirar conclusões a partir de análises qualitativas. Mas, se falamos de medir espírito cívico ou altruísmo, os testes quantitativos são frágeis, deixando espaço para observação de cunho mais qualitativo.

Repetindo, somos livres para escolher o método com o qual nos sentimos mais confortáveis. Podemos também escolher o problema com que vamos trabalhar, mas não podemos escolher os dois ao mesmo tempo. Em boa medida, o problema impõe o método. Se quisermos ficar no método de nossa preferência, pode ser preciso mudar de problema.

Antes de interromper a discussão do método em sua dimensão positiva (a lógica da descoberta), vale mencionar a existência e a ebulição de muitas controvérsias metodológicas. Já mencionamos as controvérsias metodológicas clássicas, como os caminhos de Bacon *versus* os de Descartes. Há a visão kantiana que questiona a existência do mundo real. Kuhn fala da quebra dos paradigmas, pondo por terra enormes edifícios científicos. Ao propor suas revoluções de paradigmas, abre-se uma grande frente de discussão com Lakatos e Latour. Nada disso é irrelevante. Nada disso é detalhe.

Mas cumpre aqui olhar tais assuntos da perspectiva de um pesquisador comum e corrente, cujo trabalho não requer terremotos metodológicos. O presente livro não está voltado para contribuir para a elucidação dessas controvérsias — e tampouco seu autor seria capaz de dar alguma ajuda significativa nessa direção. Estamos aqui nos dirigindo às pessoas que se encontrarão com a pesquisa ao longo de suas vidas. Pode ser como consumidores, tentando dar sentido ao que lêem. Pode ser como produtores, como marinheiros de primeira, segunda ou terceira viagem. Nesse cotidiano, as controvérsias mencionadas no parágrafo anterior são praticamente irrelevantes.

Para a pesquisa que fazemos, basta entender que há um conjunto de procedimentos ao longo do caminho (a lógica da descoberta) e um conjunto de regras que se constituem no controle de qualidade do produto final (a lógica reconstruída). Ambas são fáceis de ser entendidas. A primeira tem muita latitude e flexibilidade. A segunda é muito mais impositiva.

Para o iniciante, há também que entender as características básicas do que chamamos de pesquisa e de ciência. Em primeiro lugar, *é central à ciência o esforço de entender e formular princípios, leis, generalizações. Descrever, descrever e somente descrever, nunca passando disso, contém tanta ciência quanto um catálogo telefônico*. A ciência economiza descrições, substituindo-as por regras, princípios e leis. Em segundo lugar, *a ciência lida com uma realidade observável*. Se não consultamos o mundo real para ver se nossas formulações explicam bem a natureza ou o comportamento humano, não estamos fazendo ciência. Pode ser filosofia, algo respeitável, ou pode ser pseudociência, que não passa de fraude.

Terminamos com uma conclusão singela. *Para a pesquisa que fazemos não é preciso chafurdar na epistemologia da ciência.*

EXERCÍCIO DE APLICAÇÃO

Durante uma visita à biblioteca, examinar os livros voltados para a pesquisa e seus métodos. Pelo índice, avaliar se ensinam ferramentas para conduzir a pesquisa (dimensão positiva) ou se tratam dos problemas de controlar a qualidade dos resultados (dimensão negativa ou destrutiva do método). Nos livros que tratam de ambos, selecionar os capítulos correspondentes a cada fase.

A metodologia como arma de destruição

Discutimos anteriormente o método como um guia para o pesquisador. Adiante, apresentamos a outra face do método: *um instrumento de destruição da ciência, um carrasco que não perdoa deslizes e busca obsessivamente encontrar erros na pesquisa.*

A dimensão negativa do método científico

De acordo com suas inclinações pessoais, os pesquisadores serão mais ou menos céticos quanto à possibilidade de fornecer instruções detalhadas para a condução da pesquisa por meio de livros e cursos. Ou seja, o lado positivo do método é assunto de muito desacordo. Contudo, há outra dimensão do método científico, de caráter muito mais imperativo. É o que estamos chamando de dimensão negativa da ciência: é o lado do método que nos diz *o que não podemos fazer e o que somos obrigados a fazer para que os resultados tenham validade.*

De fato, *a grande força e poder das conclusões científicas resulta de terem passado por todos os testes de tortura lógica, testes de procedimento e testes empíricos.* Ao contrário da noção leiga, *proposição científica não é aquela que se demonstra verdadeira, mas aquela que resistiu, até o momento, às nossas tentativas de derrubá-la* e, mais ainda, ao teste ácido das tentativas, com os mesmos objetivos, feitas por nossos adversários e críticos.

Para nosso prestígio como pesquisadores pode ser necessário que nos antecipemos à crítica e encontremos 'furos' ou falhas em nossas próprias teorias. Contudo, para o progresso da ciência, isso não é estritamente necessário, porque o método científico (negativo) oferece aos nossos críticos o mesmo instrumental poderoso para destruir nossas teorias, se elas não resistirem aos testes.

Essa noção já pode ser encontrada nos aforismos de Bacon: "A lógica atualmente em uso nos serve melhor para consertar e dar estabilidade aos erros que têm seus fundamentos em noções recebidas pelo senso comum, muito mais do que para ajudar na busca da verdade".[13]

Rudolf Flesch coloca muito claramente essa dimensão negativa e impositiva da metodologia. Vale a pena reproduzir aqui alguns parágrafos de seu livro:

> Um cientista hoje não considera uma idéia brilhante uma revelação da verdade; ele a considera alguma coisa para ser 'desprovada'. Repare-se, não apenas provada; é sua obrigação como cientista especular por todas as formas concebíveis sobre meios e maneiras de 'desprová-la'. Esse hábito

está tão arraigado nele que nem mais repara que o está utilizando; e, automaticamente, concebe uma teoria como alguma coisa na qual se devem encontrar falhas [...] Ao terminar seu próprio processo de busca [...] ele submete seu trabalho a um periódico científico, convidando outros cientistas a realizarem experimentos adicionais e provarem que ele está errado. [...]

Uma vez terminada a busca ou a caçada aos erros a teoria é aceita e tomada como estabelecida [...] Ela será considerada apenas verdade provisória, boa mas sujeita a ser imediatamente abandonada quando alguém aparecer com uma outra teoria que explique alguns fatos adicionais. A verdade absoluta nem sequer interessa ao cientista, ele está perfeitamente contente com o conjunto de hipóteses de trabalho que sejam boas apenas em certos momentos e para certos objetivos. [...]

Para o leigo, a coisa mais importante a saber sobre a ciência é a seguinte: não é uma busca da verdade mas uma busca do erro. O cientista vive num mundo onde a verdade é inatingível, mas onde é sempre possível encontrar erros no que foi penosamente estabelecido ou no óbvio. Se você quiser saber se alguma teoria é realmente científica, experimente o seguinte teste: se o texto está truncado com 'talvez' e 'possivelmente', qualificações, justificativas, então provavelmente é científico; quando se afirma ser a verdade final, não é científico.[14] (tradução livre)

No restante deste capítulo tentaremos explorar mais metodicamente o armamento metodológico que protege a ciência do erro e da precipitação.

O positivismo lógico: de insólita filosofia ao bom senso da ciência[15]

Por volta da década de 1920, um grupo de cientistas — que mais tarde veio a ser conhecido como o Círculo de Viena — tenta reconstruir a filosofia com base em um expurgo radical em suas formulações. Como se constata muito depois, o que oferecem em troca à filosofia é vulnerável às mesmas críticas que faziam. Contudo, seu esforço representa o primeiro tratamento sistemático na forma do processo científico. A ênfase que se dá neste capítulo aos momentos iniciais do positivismo lógico, ou neopositivismo, de maneira alguma deve ser interpretada como uma adesão ortodoxa a seus princípios. Todavia, esse movimento difundiu, avaliou e depurou um conjunto de proposições que funcionariam como uma supergramática da ciência. Sua evolução histórica procedeu do mais simples, do mais ortodoxo e do mais imediatamente compreensível em direção a uma posição mais complexa, mais realista, mais conciliatória. Portanto, o exame desse momento inicial parece oferecer-nos o ponto de partida ideal para um ensaio como este. Cabe ressaltar que, com o passar do tempo, o movimento ramifica-se, divide e compartilha suas preocupações iniciais com outros movimentos bastante divergentes.

Antes de prosseguir, cabem alguns comentários sobre essas questões que demarcam a confluência da filosofia com a ciência. A metodologia e, mais particularmente, a epistemologia da ciência têm a ver com o esforço de reflexão sobre a natureza dos resultados e dos métodos utilizados pelos cientistas. Idealmente, o campo requer a contribuição de autores versados tanto em filosofia como na prática da ciência. Essa não é uma combinação facilmente encontrável. Nem os filósofos conhecem muito de ciência nem os cientistas conhecem muito de filosofia. Mais freqüentemente, entretanto, são os filósofos que se aventuram na metodologia.

A falta de realismo e de espírito prático de alguns filósofos inevitavelmente leva a um grande distanciamento das questões que interessam aos pesquisadores. Da mesma forma, não escapam dos erros pesquisadores que se aventuram por uma filosofia que não conhecem.

O presente trabalho foi feito por um autor que conhece muito menos filosofia do que pesquisa.

As incursões feitas na filosofia buscam identificar princípios, regras e orientações que possam ser úteis no cotidiano de um pesquisador na área das ciências sociais. Tomamos uma visão pragmática; não estamos interessados em pureza metodológica, mas em regras úteis. E o que é útil para o pesquisador pode ser pobre e imperfeito para o filósofo, mais interessado na integridade lógica do conhecimento possível. O filósofo da ciência em vários momentos abandona ou renega sugestões ou orientações simples e práticas para o pesquisador, pois esse não é seu tema. Ele busca uma organização mais inatacável ou logicamente inexpugnável.

Por essa razão, vamos divergir dos filósofos no exame de algumas dessas regras. O teste da falsificabilidade de Popper, que hoje merece restrições nos meios filosóficos, no dia-a-dia do pesquisador tende a ser um critério muito útil e prático.

Voltemos às origens do positivismo lógico. O Círculo de Viena incluía alguns dos mais conhecidos pesquisadores nas áreas das ciências naturais — O. Neurath, M. Schlick, R. Carnap, R. von Mises, E. Schrödinger, K. Menger etc. — e preocupava-se, antes de tudo, com as funções da filosofia. A filosofia que viam estava sobrecarregada com excesso de 'conversa fiada'; grande parte do que se escrevia não passava de palavras vazias, sem sentido, que nada descreviam. A filosofia deveria ser reformada, e sua função, redefinida. Seguramente influenciados por sua formação e seu passado em ciências naturais, eles viam para a filosofia uma função muito mais modesta. Deveria funcionar como uma supergramática da ciência, encontrando erros ao longo do caminho.

A ciência materializa seus enunciados, seus processos e seus resultados por meio da linguagem. Ela é organizada, arquivada e transmitida por intermédio da linguagem.

Esse é o ponto de partida para uma idéia de grande utilidade prática. *Se a língua faz a intermediação de toda a atividade científica, então é também por ela que se introduz a maioria dos erros e enganos.* Esse é um ponto sumamente importante, cuja validade amplamente endossamos. Por meio do uso indevido, imperfeito, negligente ou mesmo sub-reptício da linguagem são introduzidos muitos erros. Em certos textos, parece haver sido demonstrado o que não pode ser, interpreta-se de forma errada a descrição da realidade e imputa-se como observação objetiva o que é subjetivo. Tomemos um exemplo simples, mas ilustrativo:

"A inflação caiu." Essa afirmativa pode dar lugar a uma discussão possivelmente esclarecedora. Não obstante, poderá ser uma discussão inútil, uma completa perda de tempo. Alguém pode argumentar que, se aumentaram os preços dos itens mais importantes do seu orçamento familiar, como pôde a inflação ter arrefecido? Tal argumento é frágil, pois a inflação é baseada no somatório das variações de preço, não no que gasta nosso interlocutor hipotético. Mas, em um nível mais técnico, a inflação pode ser medida nos preços por atacado ou nos preços de uma cesta de bens consumida por certo grupo de indivíduos. Ora, no curto prazo, a inflação da cesta de bens e dos preços por atacado pode andar em direções diferentes. Por esse caminho, a discussão não ampliará a compreensão do problema e tampouco chegará a qualquer parte. *Se o diálogo não começa com uma assepsia lingüística, nada vai sair dele.* Portanto, para haver uma discussão produtiva, precisamos definir qual medida será usada para a inflação ou, então, precedemos a discussão avaliando os méritos de cada um dos critérios de medir a inflação. Em ambos os casos, abrimos espaço para uma discussão mais produtiva.

Militando com objetivos em linha com o que foi dito anteriormente, os neopositivistas propõem-se a fazer uma *campanha de assepsia e policiamento da língua*. Para eles, essa é a função da filosofia. A gramática tal como a conhecemos é insuficiente, suas regras são excessivamente modestas e limitadas para impedir o uso indevido da linguagem. Retomando o exemplo do parágrafo anterior, o dicionário não define como se mede inflação. *Cabe à filosofia funcionar como uma gramática para a ciência*, obrigando os cientistas a definir seus termos. Esse é um conselho útil para todos nós, gostemos ou não de Popper ou Wittgenstein.

EXERCÍCIO DE APLICAÇÃO

Buscar nos jornais exemplos de uso descuidado da língua e mostrar como isso pode dar lugar a mal-entendidos. Ao examinar cada caso, conjeturar se parece haver intenção de mascarar o sentido ou de induzir o leitor a interpretações incorretas.

A pureza factual da ciência: a campanha contra a metafísica

Para os neopositivistas, são permitidos dois tipos de enunciados ou discursos científicos: os enunciados factuais e os enunciados lógicos. Os primeiros correspondem ao conteúdo propriamente substantivo da ciência. No exemplo clássico de Galileu, é a formulação matemática da aceleração da gravidade ou da freqüência dos pêndulos. Esses são os enunciados factuais, que descrevem a observação do mundo real. Tais idéias são inspiradas nas mensurações de Galileu que estimavam a aceleração de um corpo lançado da torre da igreja da cidade onde ele morava. Para os neopositivistas, ciência é só isso. Mas, para que a ciência possa prosseguir, tem que ser baseada em um raciocínio lógico, a partir de definições claras e sem ambigüidades. É preciso definir com clareza a 'aceleração da gravidade'. Embora tal definição nada demonstre a respeito da realidade, é requerida para a organização do conhecimento.

O objeto da ciência é descrever a realidade de forma objetiva e eficiente. Os enunciados factuais ou científicos são aqueles que afirmam algo sobre o mundo real. Se eu afirmo que chove estou dizendo algo sobre o estado da natureza. O que digo pode ser verdadeiro ou falso, não pode ser os dois.

A idéia da dialética, em que as coisas são e não são ao mesmo tempo, pode ser muito rica para descrever grandes processos sociais e históricos, mas é um desastre no cotidiano da ciência. Marx tinha total clareza a esse respeito. Em seus estudos sobre o funcionamento do capitalismo na Inglaterra, ele respeitou escrupulosamente as regras do método científico.

Em determinados grupos, andou muito em voga a idéia do método dialético, com a sua tríade: tese, antítese e síntese. Nessa visão, em tudo haveria uma tese, na qual estaria subsumida uma antítese, que por sua vez facultaria, em um movimento de superação dessa contradição, um novo desdobramento, desta feita mais abrangente, ou uma nova síntese, que por sua vez se transformaria em uma nova tese. Não é objetivo deste livro discutir os méritos do método dialético. Cumpre apenas informar que não é um método que permite fazer o tipo de pesquisa (teórico-empírica) requerido em uma tese ou aceito para publicação nos periódicos usuais.

Necessariamente, será verdadeiro *ou* falso que chove em determinado lugar e em determinado momento. Isso independe de opinião, de ponto de vista e de quem for lá fora verificar. Haverá uma maneira, ainda que conceptual, de estabelecer uma regra ou procedimento que verifique se chove ou não. Os enunciados que compartilham essa propriedade de poderem ser verificados como falsos ou verdadeiros correspondem àquilo que usualmente chamamos de ciência.

Observando fatos sociais podemos notar que alguns deles têm em comum referir-se a atividades humanas de produzir e distribuir recursos escassos e desejados pelas pessoas. Por terem esses fatos algo em comum, isso nos sugere a conveniência de tratá-los conjuntamente. Quando quisermos nos referir a essa categoria de fatos, podemos descrever suas propriedades mais salientes, como fazem os economistas. Com grande conveniência podemos batizar de *fatos econômicos* todos aqueles que tenham as propriedades descritas (produção e distribuição de recursos escassos). Esse procedimento de definir, no caso, o que é um fato econômico nada afirma a respeito da realidade. Com isso não a estamos descrevendo e nada afirmamos a respeito desses fatos. Simplesmente realizamos uma operação lógica de restringir o uso de um termo a um conjunto de fatos que exibem certas propriedades comuns. Chamamos *proposições lógicas* a essas tentativas úteis e desejáveis de re-arrumação lógica das nossas observações. Nada ficamos sabendo de novo a respeito do mundo, nada afirmamos que possa estar errado, exceto se essa definição conflitar logicamente com outras coisas já definidas.

Obviamente, *se não estamos descrevendo a realidade, não estaremos nos arriscando a cometer qualquer erro*. Portanto, essas proposições escapam do erro por seu excesso de modéstia, isto é, não passam de *definições que estabelecemos para facilitar nosso trabalho*. Por isso, às vezes chamamos tais proposições de *tautologias*. Isto é, são proposições verdadeiras apenas por terem sido definidas. Um fato econômico não pode ser questionado simplesmente porque é apenas um nome que damos aos bois. No processo, o que fazemos é excluir o que não é fato econômico.

Enfaticamente, os neopositivistas afirmam que nada mais, afora as proposições factuais e as tautológicas, pertence ao discurso científico. Tudo mais é metafísica. E metafísica denota pejorativamente uma grande variedade de proposições. Para eles, a metafísica se desfaz em ruído, não diz nada, não é falsa nem verdadeira, simplesmente não tem sentido. O objeto da filosofia é então uma grande caça à metafísica, um grande expurgo na filosofia e na ciência para livrá-las do palavrório sem sentido.

Em suas primeiras manifestações, nos períodos iniciais de grande ortodoxia, o que chamavam de 'metafísica', além de incluir grande variedade de enunciados, tinha forte conteúdo pejorativo e carecia de qualquer legitimidade. O objetivo da filosofia seria livrar a ciência da metafísica.

Mas aqui começam a se vingar os críticos. Se tudo o que não pode ser verificado pelo teste da realidade, pelo confronto com os fatos, não pode ser aceito, parece então fracassar a primeira proposição dos neopositivistas que afirma a necessidade de banir a metafísica. Essa proposição não é demonstrada e não há observação do mundo real que nos diga que a metafísica é indesejável.

Passando ao largo de uma longa controvérsia, registra-se então um recuo nas posições do positivismo lógico. Passa a ser admitida a funcionalidade e a necessidade na vida de qualquer pessoa ou de qualquer sociedade sociedade dos juízos de valor e das ideologias. A própria ciência está montada em proposições que, segundo os critérios iniciais mais ortodoxos, seriam 'metafísicas'. Por exemplo, a opção pelo verdadeiro em oposição ao falso, a motivação para organizar e sistematizar as observações do mundo real. Enfim, há um conjunto de enunciados cuja validade não poderia ser buscada por um confronto com a realidade observada.

O objetivo do neopositivismo e de suas ramificações passa então a ser o *empenho em não deixar contaminarem-se os diferentes tipos de enunciados*. O discurso científico deve ser triado e fiscalizado de tal modo a impedir que uma forma de proposição passe por outra.

Não se abandona a fidelidade à idéia inicial de fiscalizar o discurso científico. Tampouco se renega a idéia de que muitos erros são introduzidos pela língua. Esta é culpada por sua permissividade e por servir de valhacouto para grande variedade de erros e enganos.

Superada a fase dos exageros iniciais da caça à metafísica, entrando nesse rótulo tudo o que não fosse enunciado factual, os neopositivistas passam a fixar-se em uma linha bem mais congruente com os objetivos do presente texto — voltado para ajudar pesquisadores iniciantes. *Importante não é tanto banir, mas identificar a que categorias pertencem os enunciados encontrados no discurso científico.* Não queremos que passe por factual qualquer outro tipo de enunciado. Sobretudo, não queremos a promiscuidade entre descrições da realidade — certas ou erradas — e juízos de valor.

Para os objetivos deste trabalho podemos categorizar as proposições 'suspeitas' em três grandes grupos.

a) *Tautologias.*

Estas, como já mencionamos, são proposições que *não afirmam nada a respeito da realidade*. São meras auxiliares cujo objetivo é facilitar o desenvolvimento do tema. Não podem, portanto, passar por proposições factuais.

"Todos os cisnes são brancos." Este clássico exemplo ilustra muito bem a diferença. Trata-se de uma proposição factual ou tautológica? Se a espécie dos cisnes for definida por uma série de características físicas e nessa lista for incluída a cor branca de suas penas, passa a ser uma proposição tautológica. Nada se está afirmando a respeito dos cisnes ou de outros animais parecidos, simplesmente se está restringindo o uso de um nome, dado a certo tipo de ave, de forma que se não for branca não será chamada cisne. Tomada como definição, essa proposição jamais pode estar errada, pois somente a descrição da realidade arrisca-se a estar equivocada. Dar nome a uma ave é mera convenção lingüística.

Por outro lado, a proposição acima pode não se referir a uma definição do que seja cisne, mas a uma afirmativa de que os animais de alguma forma definidos como cisnes não ocorrerão com plumagens que não sejam brancas. Dito de outra forma: afirma-se que não há cisnes negros — sem proibir que isso aconteça, pela maneira de definir cisnes, incluindo a cor. Aqui dizemos algo a respeito da realidade. Observamos alguns cisnes brancos e concluímos que todos os demais terão essa mesma cor — princípio da indução. Claramente, se assim for usada a palavra cisne, podemos errar. Não há qualquer garantia na lógica ou na natureza de que todos os cisnes são brancos. Nesse contexto, trata-se de uma afirmativa factual. Em confronto com a realidade, pode-se revelar errada, embora, ao propor que são brancos os cisnes, tenhamos a esperança de que estejamos certos.

Essa é a vida do cientista: fazer proposições que espera serem corretas, mas que precisam correr o risco de estar erradas.

O aspecto curioso desse exemplo é que, de fato, foram descobertos cisnes negros na Austrália. Isso demonstra definitivamente que os biólogos, ao definir o cisne, estavam tomando a palavra no seu caráter factual. O risco de a proposição estar errada ficou definitivamente demonstrado pelo fato de que a proposição estava errada. Ao ser demonstrada errada, ela perde seu interesse como proposição científica. Não perde, contudo, sua nítida *característica* de ser uma afirmativa sobre algum estado da natureza. Em outras palavras, tanto era uma proposição científica que se demonstrou errada. Passou a ser uma proposição científica abandonada ao longo do caminho por conter um erro revelado pela existência de cisnes negros. Ou seja, *para ser ciência há de se correr o risco de ser má ciência.*

EXERCÍCIO DE APLICAÇÃO

Por meio de um artigo científico ou um livro-texto, mostrar exemplos de tautologias úteis e necessárias para a construção do argumento.

Buscar nos jornais exemplos de tautologias que passam como afirmativas acerca do mundo. [Sugestão: especular se há formas de demonstrar estar errada a afirmativa, caso em que não é tautologia.]

b) *Juízos de valor ou ideologias.*

As *sentenças imperativas* correspondem aos juízos de valor e são o alvo predileto do neopositivismo. E nisso eles estavam mais do que certos. *A mistura de valores com proposições factuais é uma das fontes mais crônicas de confusão e um dos marcadores clássicos da má ciência.* Um julgamento passando por descrição da realidade dá a ele um status que não tem e que compromete profundamente a segurança do discurso científico.

Um juízo de valor ou juízo moral não é uma afirmativa a respeito da realidade e não pode ser verificado como falso ou verdadeiro em consulta aos fatos ou à realidade. Se o código moral determina "não roubar", não há maneira de consultar ou observar o mundo real pela qual se possa estabelecer se essa proposição é verdadeira ou falsa. O imperativo "não pecar" tampouco pode ser validado ou negado pela observação do mundo real. A legitimidade das instruções de como devemos agir que nos estão fornecendo não vem da realidade observada. E, como a ciência lida com a descrição de uma realidade direta ou indiretamente observável, essas proposições não pertencem à categoria daquelas que chamamos de factuais ou científicas.

Podemos imaginar uma situação fictícia de um naufrágio, em que haveria um único escaler de salvamento. Seu espaço reduzido poderia ser ocupado por uma única pessoa obesa ou por duas muito magras. Mais do que isso, o escaler afundaria. Restam dois náufragos na água. Um deles é um criminoso condenado por crimes hediondos. O outro é um cientista que está por descobrir a cura para uma doença medonha. Qual o critério para escolher quem será salvo? A ciência não nos dá qualquer argumento que nos permita justificar o salvamento do cientista — e, de resto, nem do bandido. O exemplo é um tanto ridículo, mas claramente nos indica uma situação em que a opção exigirá juízos de valor ou um julgamento quanto à importância relativa de vidas diferentes. A ciência poderia no máximo dizer se é verdadeira a afirmativa de que o barco afundaria se carregado além de determinado peso. Ou poderia estimar quantas vidas seriam salvas pelo cientista se viesse a desenvolver o tal medicamento. Mas não pode salvar nem condenar o cientista. Essa é uma decisão que escapa do campo de atuação da ciência.

O exemplo é extremo, pondo em evidência o limite do que pode dizer a ciência. Na prática de um pesquisador, não estaríamos pedindo à ciência que nos ajudasse em tal situação.

Mas o assunto é relevante, pois os juízos de valor costumam vir mais disfarçados. Há um sem-número de situações que ocorrem cotidianamente, cuja solução, por sua própria natureza, não está na ciência. Pelo contrário, deve ser buscada no discurso moral ou em fundamentos éticos. A ciência nos oferece fatos e sua sistematização rigorosa. Mas isso não permite esclarecer questões éticas. Confundir as duas coisas é comprometer-se com uma falsa ética, além de violentar a ciência. Daí a necessidade imperiosa de nítida separação desses dois tipos de enunciados, levando os neopositivistas a propor maior policiamento da linguagem, pois é pela sua imprópria formulação e uso que se produzem esses enganos.

Tomemos um exemplo mais realista do que o anterior. Quando oferecemos formação profissional a desempregados, sabemos de certa forma que poucos conseguirão emprego como conseqüência do curso. Em contraste, se usamos os recursos para treinar jovens em idade de entrar na força de trabalho, a proporção que conseguirá empregos é muito maior. Podemos concluir que vale mais a pena treinar os jovens? Podemos até chegar a essa conclusão, mas no meio do caminho terá havido uma mudança de registro no discurso. Os fatos citados acerca da empregabilidade de um ou outro grupo são baseados em pesquisas e foram desinfetados de juízos de valor. Mas a conclusão de quem treinar introduz um julgamento. Foi intrinsecamente suposto que o único objetivo da política de treinamento é maximizar a proporção de empregados (eis o juízo de valor disfarçado). Mas podemos igualmente argumentar que os desempregados merecem mais apoio do Estado, pois foram punidos por mudanças econômicas que não controlam e tiveram sua auto-estima chamuscada. Portanto, merecem mais do Estado. Como decidir? Certamente, a ciência está proibida de dar resposta, embora administradores tenham que tomar decisões em uma direção ou em outra e os cientistas sejam chamados para ajudá-los.

Um complicador adicional dos juízos de valor é que raramente temos que optar entre o bem e o mal, entre o certo e o errado. Uma mesma decisão implica conseqüências boas e más. No exemplo anterior, mais gente empregada é algo bom. Mas se dará à custa de menos cuidados com os mais sofridos. Só que os jovens desempregados estarão se desiludindo e prejudicando uma vida produtiva inteira pela frente. E assim por diante.

Há uma longa e penosa controvérsia sobre a *neutralidade da ciência*. Uma leitura superficial do neopositivismo veria ali uma ode à ciência neutra. No outro extremo, há um movimento relativista na ciência sempre denunciando a ilusão de uma ciência neutra. É preciso cuidado para não ser levado de roldão por tais posições extremas.

A ciência está rodeada de juízos de valor. Já mencionamos ser um juízo de valor a própria idéia de que devemos buscar a verdade pelo exame minucioso da realidade. Mas deixemos tais sutilezas de lado. Ao escolher o problema que vamos estudar, nossa visão de mundo (um conjunto articulado de percepções e julgamentos) vai influenciar profundamente. Adam Smith decidiu explicar como o capitalismo cria riquezas. Marx estudou o impacto do capitalismo na vida dos operários de seu tempo. Keynes estudou a incapacidade do sistema de mercado para sair de grandes depressões. Nenhum deles escolheu seu tema ao acaso ou por alguma imposição metodológica. Foram opções refletindo a época e as persuasões individuais. Mas a análise de Marx em *O capital* não é menos científica do que a de Keynes ou Adam Smith — embora *O manifesto comunista*, de Marx, não tenha nada a ver com ciência. Assim, os três respeitaram escrupulosamente a neutralidade e o método científico.

A pergunta seguinte é se o cientista pode fazer juízos de valor ao tirar conclusões de seus estudos. A resposta é que pode e, em muitos casos, deve, pois está em uma situação privilegiada para entender o que está acontecendo. O método científico não diz que o cientista tem que parar no limite do que pode dizer apoiado em sua ciência. O que *não pode é misturar as duas coisas*. Tem que ficar claríssimo para o leitor *onde termina a ciência e onde começa o julgamento do cientista*. Mas, quando ele entra nesse território, não pode reivindicar nenhuma superioridade ou confiança adicional no que diz, se comparado ao mais ingênuo dos leigos. A única coisa que se pode dizer em seu favor é que provavelmente entendeu melhor o problema.

EXERCÍCIO DE APLICAÇÃO

Buscar nos jornais exemplos de juízos de valor que estão disfarçados em descrições da realidade. Ou seja, os fatos e as opiniões se mesclam, de forma a dificultar para o leitor a sua separação.

Identificar em bons artigos científicos a presença de juízos de valor que estão claramente identificados e não se enleiam com descrições factuais.

c) *Proposições imprecisas ou frouxas.*

Embora os textos clássicos do positivismo lógico não formulem a questão dessa maneira, parece conveniente criar uma terceira categoria de proposições cuja identificação é vital. Há algumas *proposições que, por sua imprecisão ou obscuridade, introduzem ruído no sistema, criam barreiras de comunicação e estabelecem um diálogo de surdos*, sem que, no entanto, contenham realmente juízos de valor ou premissas ideológicas. Se o mesmo evento for observado de diferentes pontos de vista, o resultado da observação pode ser diferente. Sem que fique claro exatamente que evento está sendo observado e como está sendo observado, jamais se poderá estabelecer se o mesmo evento foi observado, se houve erro na observação ou se trata-se de observações cuja própria natureza não é comparável. Fica o dito pelo não dito, e ninguém poderá se beneficiar da experiência anterior.

Tomemos uma frase de um jogador de futebol conhecido em Minas Gerais: "O Atlético vai ganhar na certa, a não ser que perca ou empate". É pura tautologia, pois jamais poderá ser negada pela observação. Qualquer resultado do jogo confirma sua veracidade.

Tomemos outro exemplo. Examinemos proposições acerca do desfecho de guerras. Somos obrigados a concordar quando se afirma que os Aliados ganharam a guerra contra o Japão e a Alemanha porque em ambos os casos houve uma rendição incondicional. É impossível negar que o Exército brasileiro ganhou a Guerra de Canudos. Mas os Estados Unidos perderam a Guerra do Vietnã? O problema é que não estamos diante de uma definição clara do que é 'perder uma guerra'. Não houve rendição, não houve uma destruição do Exército norte-americano, mas apenas uma decisão política de se retirar, apesar de estar seu poderio bélico praticamente intacto. Se não houver um acordo preliminar definindo o que é perder uma guerra, a discussão se perde no ruído.

Os critérios de verificação

Ao longo de sua evolução, o movimento iniciado pelos neopositivistas propõe *critérios para a assepsia da língua*, considerada tão importante. Em termos muito esquemáticos poderíamos considerar três critérios. Inicialmente é proposto o critério de verificabilidade em princípio. Mais tarde foi desenvolvido o critério de falsificabilidade em princípio. Finalmente, em um movimento bastante diferenciado em objetivos e métodos, emerge a indicação de que se deve proceder a uma análise da linguagem.

a) *O critério da verificabilidade em princípio.*

Esse primeiro critério é o mais imediatamente intuitivo daqueles propostos pelos neopositivistas. A atividade científica se refere a uma tentativa de descrição da realidade. As proposições científicas, portanto, referem-se a enunciados a respeito de fatos e eventos. Ao descrevermos como seria a realidade, podemos fazê-lo incorretamente, isto é, aquilo que dizemos pode não corresponder ao que, de fato, ocorreu ou ocorrerá. Se buscarmos examinar a realidade, é possível que nossa descrição não se tenha verificado. O que caracteriza, pois, o fato científico é a possibilidade de ser verificado.

O critério, então, para estabelecer se o enunciado pertence à categoria daqueles que compõem a ciência é a sua verificabilidade, ou seja, *a possibilidade de se verificar a correspondência entre o afirmado e o que observamos no mundo real.* Note-se que, para estabelecê-la como factual ou científica, *não necessitamos que a proposição seja efetivamente verificada, mas sim verificável. Interessa-nos a possibilidade de estabelecer uma regra ou um conjunto de instruções de como confrontar esse enunciado com a realidade e, a partir daí, decidir a respeito da congruência que exista.* A verificabilidade não tem que ser uma possibilidade real ou concreta. Se afirmamos haver perdido peso na semana anterior, esse enunciado poderia ser trivialmente verificado com o auxílio de uma balança — mesmo que não tenhamos uma. Se afirmamos algo a respeito da composição química de algum astro distante, talvez essa proposição não seja praticamente verificável. Contudo, podemos imaginar uma circunstância que nos permitisse verificar a proposição. Ainda que irreal, a possibilidade de especificar essas circunstâncias nos permite afirmar tratar-se, então, de um enunciado factual. Daí falarmos da verificabilidade em princípio. A existência de um experimento hipotético que permitiria a verificação serve de salvo-conduto para o caráter científico do que estamos demonstrando. Tal experimento garante que estamos tentando descrever uma realidade e que poderíamos demonstrar a veracidade da descrição que oferecemos.

EXERCÍCIO DE APLICAÇÃO

Encontrar [por exemplo, em um livro-texto] um exemplo de verificabilidade em princípio de uma teoria. Imaginar para ela uma situação que demonstre a possibilidade de ser testada na prática. Discutir se essa teoria sobreviveria o teste. Se não sobreviveria, trata-se de uma tautologia ou de uma teoria científica que não descreve bem a realidade?

b) *O critério da falsificabilidade em princípio.*

Alguns autores, pouco contentes com o critério da verificabilidade, desenvolveram posteriormente o critério da falsificabilidade em princípio. O nome de Karl Popper está muito associado a essa evolução. Enfatizamos a maior conveniência prática desse segundo princípio.

Temos um enunciado factual quando é possível imaginar uma situação em que ele não seja verdadeiro. Em outras palavras, se o enunciado, em seu contexto, permitir a possibilidade ou o risco de que seja falso, ele será então científico. Um enunciado é factual quando afirma algo a respeito da realidade. Ao afirmar-se algo, corre-se necessariamente o risco de erro ou de falsificação. Para que seja então científico ou factual, o enunciado deverá ser falsificável.

Há um passo à frente nessa versão. Usamos antes o exemplo dos cisnes. Se afirmarmos que todos os cisnes são brancos, saímos então por aí, olhando todos os cisnes, para ver se nossa teoria se verifica. Se não encontrarmos um cisne negro, dizemos que a teoria foi verificada. Mas essa afirmativa padece dos males da indução. O fato de que só encontramos cisnes brancos não garante que sejam brancos os que não encontramos. Portanto, o exame da realidade não verifica a proposição. Apenas registra que não foram observados cisnes negros. Ou seja, *a verificabilidade é uma meta ambiciosa demais*. Afirma o que não sabemos. Afirma que podemos verificar a inexistência de cisnes negros.

Já o princípio da *falsificabilidade* é mais modesto. Apenas afirma que, para uma proposição ser científica, é necessário que imaginemos uma situação que a negue.

Esse teste tem imenso potencial na vida prática de um pesquisador. Se é possível a existência de uma ave negra que seja considerada 'cisne', é então científico o enunciado de que "todos os cisnes são brancos".

Examinemos contra quais tipos de erros esse princípio nos protege. Em primeiro lugar, não é possível imaginar uma situação que falsifique um juízo de valor, pois não é o teste da realidade que o valida. Se alguém disser que devemos melhorar a raça humana fuzilando os mais feios ou os mais ignorantes, não há maneira de verificar se essa proposição é certa mediante algum teste empírico. Ela só pode ser aceita ou negada diante de algum código moral, que, por sua vez, tampouco se apóia na observação da realidade.

Em segundo lugar, *o enunciado tautológico está logicamente proibido de ser falsificado*. As tautologias são sempre verdadeiras por excluir informações que não se conformam à definição (por exemplo, "se não é branco, não é cisne").

Em terceiro lugar, protege-nos de proposições obscuras ou frouxas, pois a cada tentativa de criar um exemplo que a falsifique, encontramos maneiras alternativas e possíveis de interpretar seus termos, tornando verdadeira a instância que nos pareceria falsa sobre outra perspectiva.

Examinando o Provão (Exame Nacional de Cursos), alguns diziam: "Vejam só, os cursos das universidades públicas são melhores". Ora, o Provão mostra que, dentre os cursos de nota A, predominam os públicos. Mas mostra também que as médias de rendimento incluindo — por definição de média — todos os cursos apresentam uma diferença entre públicos e privados, que pode ser pequena ou nula. Nesse critério, igualmente plausível, a afirmativa é errada. Se definirmos como melhores aqueles cursos que têm maior valor adicionado, teremos ainda um terceiro resultado. Por ser escorregadio, esse enunciado será sempre verdadeiro por alguma interpretação possível. Portanto, tampouco pertence ao discurso científico. Para entrar no rol daquelas proposições consideradas científicas, temos que definir precisamente o que entendemos por 'melhor'.

Assim como o da verificabilidade, *o critério da falsificabilidade é estabelecido em princípio. Não é necessária a possibilidade real de estabelecer um experimento que o falsifique*. Basta que hipoteticamente possa ser imaginado.

Devemos registrar que o movimento filosófico desencadeado pelos neopositivistas de um Círculo de Viena fechado e ortodoxo cresce e ramifica-se em um sem-número de correntes que se criticam mutuamente. Não ficou sem contestação o princípio da verificabilidade. De fato, o princípio da falsificabilidade proposto por Karl Popper é uma alternativa ao princípio da verificabilidade, diante de suas fragilidades. Não obstante, algumas correntes consideram ambos inadequados. Seja como for, seria fora de propósito neste trabalho uma visão mais profunda dessas controvérsias filosóficas. De mais a mais, as boas lições do neopositivismo podem ser aprendidas sem se entrar nas profundezas das controvérsias ocorridas.

Como observaram os próprios filósofos do movimento, o princípio da falsificabilidade ou refutabilidade não funciona sempre. Como qualquer princípio, deve ser usado com cautela. Todavia, para o uso cotidiano do pesquisador, esse critério oferece os inegáveis atrativos da sua simplicidade. De fato, a possibilidade de estar errado — ou de oferecer um enunciado cujo confronto com a realidade ou com os fatos o denunciaria — é que demarca mais claramente os limites das proposições que pertencem ao *corpus* da ciência.

Como tem sido notado, a ciência é uma filha bastarda da filosofia. Em sua prática cotidiana, pode satisfazer-se com ferramentas imperfeitas ou mais rústicas. Sem descartar a análise lingüística (descrita adiante), propomos que o *critério da falsificabilidade em princípio possa ser utilizado no dia-a-dia do pesquisador* que, a cada momento, deve entender a que categoria pertencem os inúmeros enunciados que defronta.

EXERCÍCIO DE APLICAÇÃO

Tomar uma teoria qualquer e imaginar uma observação do mundo real que a falsificasse, isto é, que demonstrasse que não descreve a realidade.

c) *Análise da linguagem.*

Diante das inúmeras críticas filosóficas ao princípio da verificabilidade e da refutabilidade, o movimento caminhou em direção a prescrições bem mais complexas e sutis. Em vez de oferecer regras simples, como o princípio da refutabilidade, as novas escolas orientam que se analise o texto científico passo a passo. O lado positivo dessa evolução é que as instruções oferecidas para a análise lingüística são suficientemente gerais e amplas para serem de aplicabilidade quase irrestrita (a desvantagem é perdemos as regras simples). Citamos a seguir um resumo de John Wilson: "Para que sejamos capazes de dizer corretamente se um enunciado é verdadeiro, devemos antes fazer três coisas: 1) Conhecer o que quer dizer o enunciado; 2) Conhecer a maneira correta de verificá-lo; 3) Dispor de evidência suficientemente boa para que possa ser acreditada".[16]

Devemos, portanto, assegurar-nos de que *sabemos de que se está falando e não há problemas derivados de linguagem imprópria ou imprecisa*. Devemos então nos informar com respeito aos *procedimentos necessários à verificação do enunciado*. Finalmente, seguindo esses procedimentos, poderemos concluir se há *correspondência entre o enunciado e a evidência reunida*. O neopositivismo torna-se uma análise rigorosa da língua, uma supergramática. Manda fazer sua assepsia, palavra por palavra.

Não há nada de errado nessas regras, pelo contrário. Não obstante, ainda consideramos o critério de falsificabilidade de Popper mais conveniente para a maioria das situações usuais que encontra um pesquisador em seu cotidiano.

Contudo, em áreas em que predominam as narrativas, como a história, a análise da linguagem é uma ferramenta muito mais óbvia. De fato, o princípio da falsificabilidade é de muito mais difícil aplicação nas análises históricas usuais. Não temos propriamente teorias ou hipóteses que estejamos tentando demonstrar. O objetivo da análise lingüística é examinar os enunciados para assegurar-se de que: (a) são claros, (b) não podem ser entendidos de várias maneiras diferentes e (c) os fatos e argumentos alinhados para demonstrá-lo merecem confiança.

EXERCÍCIO DE APLICAÇÃO

Encontrar nos jornais exemplos de uso displicente da língua. Mostrar como isso pode levar a discussões estéreis.

d) *"O que você quer dizer com isso?"*

Qualquer que seja a regra, qualquer que seja o procedimento prático, os positivistas lógicos têm um conselho seguro para nos oferecer. *Perguntemo-nos sempre ante uma proposição: Qual é seu significado? O que está sendo dito? Quais os limites do que está sendo afirmado?* Se o sentido não está claro, se não explicita algo que possa ser estabelecido como falso ou verdadeiro quando confrontado com fatos e eventos, então estamos diante de uma proposição que não pertence ao discurso científico. Podemos estar de acordo com algum enunciado que não satisfaça tais exigências, pois pode ser necessário para dar sentido ao mundo em que vivemos ou pode ser logicamente conveniente para melhor organizar as idéias. Mesmo os cientistas necessitam de um código de conduta pessoal para orientar sua vida. Mas, certamente, não poderá ser confundido com proposições factuais.

Figura 2.1 Critérios neopositivistas de verificação

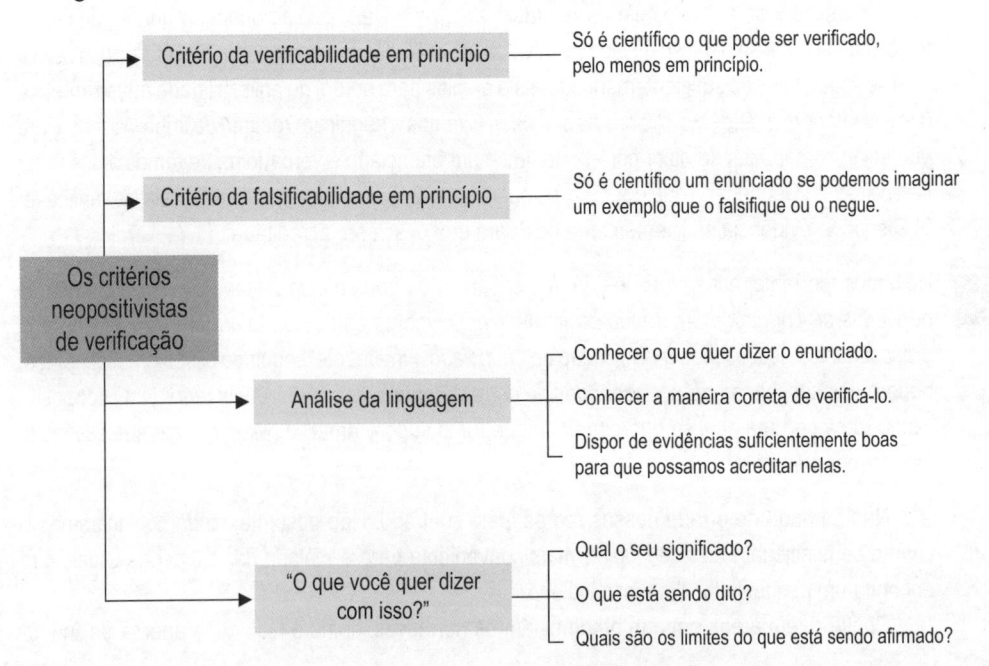

Os critérios neopositivistas de verificação
- Critério da verificabilidade em princípio — Só é científico o que pode ser verificado, pelo menos em princípio.
- Critério da falsificabilidade em princípio — Só é científico um enunciado se podemos imaginar um exemplo que o falsifique ou o negue.
- Análise da linguagem
  - Conhecer o que quer dizer o enunciado.
  - Conhecer a maneira correta de verificá-lo.
  - Dispor de evidências suficientemente boas para que possamos acreditar nelas.
- "O que você quer dizer com isso?"
  - Qual o seu significado?
  - O que está sendo dito?
  - Quais são os limites do que está sendo afirmado?

O método no mundo mais viscoso das ciências sociais

As ciências sociais, alvo mais direto do presente livro, diferem consideravelmente das naturais. Há as diferenças inevitáveis, inerentes ao objeto de estudo. E há as diferenças evitáveis.

Dentre as inevitáveis estão aquelas ligadas à complexidade das associações entre variáveis e aquelas ligadas à ubíqua multicausalidade de tudo o que acontece, como se a natureza usasse de toda a sua perversidade contra aqueles que tentam decifrá-la nessas dimensões. A natureza pune os cientistas sociais com a maldição de que tudo depende de tudo, em contraste com a limpidez de uma fórmula da mecânica clássica ou da astronomia. A outra causa inevitável é a imbricação dos fatos com os valores que permeiam sua interpretação, embora a tarefa de 'desimbricar' seja parte da vida de um cientista.

Contudo, há uma grande tentação de abandonar o rigor analítico, justamente pelas complexidades mencionadas anteriormente. As sinuosidades do mundo real estudado pelas ciências sociais deveriam levar a um cuidado lógico e argumentativo ainda maior. Mas esse não é o caso. Encobertado pelos meandros do real, parte do discurso científico carece de clareza, rigor, definições objetivas e argumentos bem formulados. Tudo isso é evitável. E uma das preocupações do presente volume é contribuir para a assepsia da discussão sobre temas sociais.

Nas seções anteriores, tentamos apresentar as preocupações iniciais do movimento neopositivista e, em seguida, uma série de avanços subseqüentes, propostos por filósofos que trataram do mesmo tema. Adiante, apresentamos algumas regras práticas que puderam ser deles derivados. De fato, encontramos ali muitos argumentos bastante persuasivos. Não obstante, na prática da pesquisa em ciências sociais, essas regras não são tão facilmente aplicáveis. Isso porque boa parte do Círculo de Viena era composta de eminentes físicos e químicos, acostumados a um objeto de estudo muito mais 'bem comportado'.

Algumas escolas derivadas do neopositivismo, como o operacionalismo de Bridgman, são obviamente inaplicáveis ao *corpus* teórico da maioria das ciências sociais. O operacionalismo exige que todas as definições sejam não mais do que o conjunto de instruções de como medir o objeto em estudo. Em outras palavras, todas as definições devem ser operacionais. No exemplo do Provão, citado anteriormente, o operacionalismo de Bridgman funciona e é exatamente o que precisamos para prosseguir com a indagação em terreno seguro. Ou seja, podemos definir o que é 'melhor' e testar a superioridade das universidades públicas. Todavia, conceitos elementares como a utilidade na economia, o inconsciente, a criatividade na psicologia e muitos outros não são mensuráveis e tampouco podem ser eliminados como proporia Bridgman, pois dão lugar a formulações teóricas muito úteis.

Examinemos com mais vagar a situação das ciências sociais. Podemos e devemos aceitar a proposição genérica de que, se o edifício científico não chegar a proposições observáveis que possam negar ou aceitar o que está sendo afirmado, estamos ainda no campo de uma especulação que pode ser pré-científica ou irremediavelmente distante da ciência.

A noção de inteligência é um caso interessante. O êxito do conceito resulta justamente de haver encontrado uma maneira tangível de ser medido. Faz um século que os psicólogos falam de inteligência ou inteligências. De fato, a idéia de inteligências múltiplas de Howard Gardner está muito em moda e tem se revelado útil como ponto de partida para novos caminhos. Mas é a possibilidade concreta de medir inteligência que dá ao conceito tradicional de QI sua utilidade prática.

Voltando ao exemplo de Binet, mencionado anteriormente. Quando diz que "inteligência é o que mede meu teste", tal resposta não é uma brincadeira nem um escapismo intelectual, nem arrogância. No fundo, Binet tinha mais razão do que poderia parecer à primeira vista. A inteligência só se torna um construto científico quando se transforma em medida. Todas as especulações conceituais sobre seu significado precisam aterrissar em um teste, para que se tornem uma ferramenta útil. Binet estava simplesmente dizendo que seu teste era a definição operacional de inteligência. Sem ela, ou alguma outra alternativa, permaneceríamos no campo diáfano da especulação. O conceito das inteligências múltiplas é um ponto de partida. Dirige os esforços para a compreensão e a mensuração de conceitos diferentes daqueles de Binet e permite sair de um beco sem saída quando observamos desempenhos superlativos de pessoas que são fracas na inteligência definida nos testes convencionais. Mas com a universalidade e a praticidade do QI estamos ainda diante de não mais que promessas.

EXERCÍCIO DE APLICAÇÃO

Escolher uma pesquisa qualquer e discutir a operacionalização de seus conceitos fundamentais. Qual a definição leiga (se houver)? Qual a definição mais ampla adotada na disciplina? Qual a definição operacional requerida para a pesquisa empírica? Qual a diferença entre cada definição?

O contra-exemplo é a psicanálise. Os conceitos de inconsciente, superego, id e muitos outros não podem ser medidos. Não obstante, seu uso na psicanálise pode revelar utilidade terapêutica. Dessa forma, apenas restaria a possibilidade de medir as conseqüências práticas do uso de tais formulações abstratas. Contudo, a psicanálise jamais chegou a desembocar em avaliações empíricas ou quantificadas, nos moldes de outras correntes da psicologia. Portanto, o status científico da psicanálise é considerado frágil. O arcabouço teórico faz sentido e é persuasivo. As terapias de base psicanalista são aceitas como valiosas. Não podemos desprezar a contribuição desse importante movimento. Mas, como não desemboca em proposições observáveis e falsificáveis, seu status de ciência permanece sempre em um limbo.

Deixando de lado a psicanálise, é preciso registrar que as *ciências sociais padecem de crônicos problemas de convivência com ideologias e valores.* A própria história da ciência indica que os *movimentos e as escolas de pensamento não nascem no vácuo político ou ideológico.* Pelo contrário, os grandes movimentos sociais parecem impulsionar o desenvolvimento de escolas de pensamento e beneficiar-se de seus resultados como munição para controvérsias, campanhas e proselitismo.

É comum, a partir dessas constatações, concluir estarem a ciência e a ideologia irremediavelmente ligadas e confundidas, não havendo como nem por que tentar separá-las. Uma discussão pormenorizada desse assunto escapa aos objetivos do presente trabalho. Contudo, há certos pontos básicos que merecem ser sublinhados.

O fato de um autor estar, por qualquer razão, inclusive ideologicamente, interessado em um problema, não compromete necessariamente o caráter científico da resposta ou da teoria que ele produz. De fato, as pessoas em geral não escolhem seus problemas por processos aleatórios. Naquelas disciplinas mais próximas de questões sociais importantes é nitidamente a preocupação com algum problema candente que leva os pesquisadores a se interessarem pelo tema.

Foi por viverem em regiões da periferia ou satélites de grandes centros que alguns sociólogos latino-americanos foram levados a formular as conhecidas teorias da dependência. De fato, é exatamente esse tipo de vínculo que dá relevância às ciências sociais.

Muitas vezes, o interesse e o sincero comprometimento com o tema social levam os pesquisadores a certas expectativas com relação aos resultados de suas investigações. *O pesquisador 'torce' para determinado lado. Isso não é raro nem tampouco um indício de confusão de ciência com juízo de valor.* Suas preocupações sociais, uma circunstância pessoal ou algum interesse profissional podem fazer com que o pesquisador tenha esperança ou mesmo deseje que determinado resultado se observe. Um grande cientista pode ser levado a estudar a cura do câncer por haver perdido um filho para a doença. Outro pode se dedicar a entender a dependência de drogas por estar próximo a um caso dramático. Em ambos os casos, o 'inimigo' é um vírus ou uma patologia social, não entrando em cena visões de mundo. Mas um cientista pode ser movido por uma preocupação com a injustiça e com os sistemas econômicos ou sociais vigentes. Karl Marx é um caso claro de um filósofo-economista que se rebela contra a injustiça de um capitalismo brutal. Nada disso é, em si, anticientífico.

O que os princípios da boa ciência nos dizem é que *o autor não pode esconder do leitor, por omissão ou comissão, esse* parti pris. *O leitor tem o direito de saber para quem o pesquisador está 'torcendo'.*

Mas a exigência realmente importante é que, *ao estabelecer as regras do jogo e ao arbitrá-lo, o pesquisador dê iguais oportunidades a ambos os lados. O grande dilema das ciências sociais é que o cientista é juiz e torcedor ao mesmo tempo.* Ele está interessado na vitória de sua hipótese. Mas ele é também o próprio juiz que fiscaliza para impedir que ela receba vantagens indevidas. O cerne da separação entre ciência e ideologia, vital à natureza do processo científico, é exatamente essa isenção na observação dos resultados.

As hipóteses precisam ser claramente especificadas, as regras de verificação devem ser explícitas e o pesquisador não pode interferir, alterando as probabilidades de emergência de algum resultado. O pesquisador propõe a idéia e até pode estar comprometido com ela, mas *é a condução do processo científico, de forma asséptica e isenta, que determina se sua idéia é legítima* em termos de coerência lógica e da correspondência entre elaboração conceptual e o resultado da observação.

Em certos casos, o método científico pode ser legitimamente usado para examinar as conseqüências de atos ou processos cuja motivação ou origem podem ser inteiramente indefensáveis segundo nossos próprios códigos éticos. Podemos pensar em uma pesquisa corretamente formulada e conduzida para examinar as conseqüências da disseminação de uma bactéria patogênica em território inimigo. Essa pesquisa não será 'menos científica' do que outra que vise estudar os hábitos territoriais dos morcegos da floresta amazônica. Tampouco se pode dizer *a priori* que seja uma pesquisa em que se misturem enunciados factuais com valores.

Igualmente repugnante é discutir os méritos científicos dos experimentos médicos feitos com os judeus e os prisioneiros de guerra na Alemanha de Hitler. Mas, do ponto de vista científico, devemos separar os aspectos morais do lado puramente científico. Podemos perguntar se os grupos de controle estavam bem formulados pelo dr. Mengele e se os testes estatísticos correspondiam às boas práticas científicas. São questões separadas.

Podemos até imaginar avanços científicos resultante de tais experimentos. De fato, o caráter brutal e desumano dos experimentos realmente permitiu avanços em certas áreas. Por exemplo, os estudos — feitos com extrema crueldade — do efeito da hipotermia sobre o comportamento humano são os únicos existentes e permitiram aos cientistas americanos, muitos anos depois, aperfeiçoar o desenho de coletes salva-vidas, criando uma proteção maior para a região do pescoço. Pelas mesmas razões, o efeito maléfico do tabaco foi identificado pelos cientistas alemães, com várias décadas de antecipação, levando a políticas de saúde pública que fortemente desencorajavam o fumo. Ou seja, esses experimentos, moralmente horrendos, salvaram vidas. É errado perguntar se valeu a pena, mas cumpre separar uma coisa da outra.

Há uma horrenda infração da ética no que foi feito e cabe aos cientistas e cidadãos repudiar quaisquer experimentos baseados em princípios morais tão equivocados. *Mas não podemos mesclar ciência com cientistas. A ciência tem suas próprias regras e cabe aos cientistas tanto a tarefa metodológica de respeitá-las quanto o imperativo moral de zelar para evitar rupturas dos códigos éticos que aceitamos.*

Em tempos mais recentes, experimentos chineses com pacientes humanos seguiam normas de conduta hoje inaceitáveis no Ocidente. Como foi dito por um cientista chinês a um epidemiologista da Organização Mundial de Saúde (OMS), "se só morreram cento e poucos pacientes e o potencial de salvar vidas dessa nova droga é de milhões de pessoas, é um mal necessário. O que são tão poucas vítimas diante de um bilhão de chineses?" Novamente, o que está em jogo não é a ciência, mas os cientistas.

A ciência pouco nos ajuda a estabelecer juízos de valor e a alinhar-nos por alguma ideologia. Sua índole e natureza não nos permitem resolver tais problemas. Mas, como ilustrado nos exemplos citados anteriormente, as conseqüências do uso da ciência não são neutras. Procedimentos científicos estritamente legítimos perante a ciência podem ser usados com objetivos que consideramos condenáveis ou louváveis. A biologia não se torna menos científica se usada para a guerra bacteriológica. A diferença fundamental é que *os problemas éticos e ideológicos são problemas do cientista, e não da ciência.* Cabe ao pesquisador o juízo moral e a responsabilidade acerca das conseqüências do que ele faz; e cabe a ele a decisão do que fazer, o que, de resto, não é independente de por que fazer.

Seja como for, a imbricação da ciência com os juízos de valor é inevitável. No próprio exemplo chinês, é a ciência que vai sugerir se há perigo de morte ou lesões sérias nos experimentos propostos. Só que a ciência pára nesse ponto. A decisão de arriscar vidas não é seu assunto.

Em uma versão branda, o positivismo lógico nos indicaria que sua função, entre outras coisas, é *não permitir que se confundam as convicções, as motivações e os propósitos do pesquisador com as regras de condução do processo científico.* Umas e outras legitimamente existem e devem coexistir. Para isso, um grande esforço deve ser dirigido a estabelecer os termos de convivência dessas duas categorias de enunciados. Como mencionamos anteriormente, o que é fatal é uma coisa passar pela outra.

Todo esse assunto tem sido bastante radicalizado pelas posições extremas tomadas por algumas escolas de pensamento. Proponentes da 'Economia Positiva' afirmam que a teoria e a análise econômica não podem conter juízos de valor. E aquilo que eles praticam é uma ciência que não os contém. Pelos seus escritos metodológicos, fica pouco claro onde podem e onde não podem estar os juízos de valor. Esse mesmo grupo é descendente de uma tradição de liberalismo do século XIX associada a um conservadorismo político contemporâneo que prega a redução da interferência do

Estado. Ao não especificarem onde estão e onde não estão os juízos de valor, despertam o ceticismo de seus críticos, que vêem muito transparente sua orientação político-ideológica.

Há boas razões para crer que muitas de suas análises mais valiosas e duradouras não misturam questões factuais e teóricas com juízos de valor. Daí, a importância prática e teórica de muitos economistas proponentes da Economia Positiva — incluídos aí alguns prêmios Nobel da Universidade de Chicago. Porém, como partem de juízos de valor sem fazê-los explícitos e como costumam também realizar análises solidamente científicas para examinar as conseqüências de premissas ou orientações de política econômica cuja justificativa está em algum axioma ideológico, na prática, o rótulo 'Economia Positiva' pode fazer passar gato por lebre.

Estão pregando a ausência de valores em todas as dimensões do processo de fazer ciência, pessoas cujo comprometimento político é inegável e cuja obra científica serve de respaldo a posições ideológicas. Por exemplo, demonstram que a participação do Estado tende a ser ineficiente, o que tem sido observado com freqüência. Mas daí a dizer que o Estado não deve interferir vai um pulo enorme, pois eficiência não é o único objetivo de uma política pública. Outros poderiam aceitar tranqüilamente a ineficiência do Estado, mas afirmar que, como permite melhorar a situação de pessoas mais pobres, vale a pena assim mesmo. O juízo de valor de que eficiência é mais importante do que justiça está escondido.

Talvez a pior conseqüência dessa ambição de fazer ciência esterilizada de valores seja o desencanto de alguns com essas exortações mal qualificadas a favor de uma ciência positiva. Isso os leva a uma posição diametralmente oposta: deixam de acreditar que exista essa fronteira a que tantas vezes nos referimos neste capítulo. Como os proponentes da Economia Positiva não explicitam essa diferença entre fato e valor, geram um ceticismo que desvaloriza sua contribuição.

Estamos propondo simplesmente um *esforço de demarcar claramente o que é do que não é juízo de valor*. Em uma fábrica bem organizada, as tubulações de água são pintadas com uma cor, as tubulações de oxigênio, com uma segunda, as de ar comprimido, com uma terceira, as de gás, com uma quarta, e assim por diante. A contrapartida dessa metáfora na ciência é que em todas as fases do processo científico sejam 'pintadas' ou rotuladas com identificações diferentes as proposições que pertencem a categorias que não são as mesmas.

É muito interessante verificar, nesse sentido, a natureza dos primeiros trabalhos dos filósofos do Círculo de Viena. Suas preocupações iniciais centraram-se na questão de estabelecer uma sintaxe rigorosa e explícita para o processo científico. Sua primeira providência foi preparar uma lista de cientistas vivos ou mortos que haviam, em sua obra, exemplificado a clareza e a precisão lingüística com a qual eles se preocupavam. É eloqüente o fato de que dentre os autores arrolados esteja Karl Marx. Foi claramente percebido por eles o extremo rigor com que Marx trabalhava e sua profunda fidelidade a uma tradição científica cujas regras seriam mais tarde explicitadas pelos neopositivistas. Sua obra científica é nitidamente separada daquelas que representam seu ativismo político. Uma obra como O *capital* está dentre os trabalhos científicos mais sérios já produzidos em ciências sociais; seu caráter científico é nítido pela falsificabilidade de suas proposições mais importantes. De fato, a história e as reflexões teóricas subseqüentes vieram a demonstrar que um grande número de suas proposições não foi verificado. Em um trabalho não-científico ou ideologicamente comprometido, isso não teria sido possível. Com efeito, é O *capital* que apresenta erros demonstráveis. O *manifesto comunista*, por não ser um trabalho científico, jamais poderá ser considerado errado. Podemos discordar da posição ideológica assumida, mas não demonstrar ou verificar que está errada.

> **EXERCÍCIO DE APLICAÇÃO**
>
> Buscar em *O manifesto comunista* proposições que não são verificáveis, não sendo, portanto, científicas. Explicar que tipos de proposições são essas.

O que o coração não sente, os olhos não vêem

> "Muita gente acha que está pensando quando, na verdade, está meramente re-arrumando seus preconceitos."
>
> Edward Murrow

> "É difícil fazer uma pessoa entender alguma coisa quando seu salário depende de não entender essa coisa."
>
> Upton Sinclair

Nos parágrafos a seguir tentamos ilustrar as dificuldades de convivência entre ideologia e teoria. Há um ditado que afirma: "o que os olhos não vêem o coração não sente". Mas nas ciências sociais parece que haveria um ditado oposto: "o que o coração não sente, os olhos não vêem". Em outras palavras, *voltamos nosso olhar para temas e assuntos instigados por nossas crenças, por nosso coração. São os valores que levam aos temas.*

Seria ingênuo e utópico propor algo diferente. Assim é o mundo, e nossa obrigação é entendê-lo tal como ele é. Para mudá-lo, é preciso muito mais munição do que em geral temos. Portanto, as ciências sociais têm o formidável desafio de conviver com uma ciência feita por cientistas que ardentemente 'torcem' por algum lado. Vejamos, como exemplo, as infindáveis controvérsias a respeito de distribuição de renda no Brasil.

Diante da constatação de que se havia deteriorado a distribuição de renda no Brasil no curso da década de 1960, seguiu-se uma viva polêmica entre economistas.

Um pesquisador fora do Brasil construiu um diagrama de dispersão pelo qual são medidos níveis de renda *per capita* e indicadores de desigualdade. Verificou que o melhor ajustamento possível para os pontos do diagrama era uma curva com sua concavidade para baixo. Isso indicaria que os países mais pobres têm uma distribuição mais igualitária, os que se estão desenvolvendo atingem o máximo de desigualdade e os desenvolvidos têm reduzida sua desigualdade. No cenário brasileiro, teve eco essa idéia de que os países, ao se desenvolverem, passam por uma fase de desigualdade. Essa curva foi usada para mostrar o preço que o Brasil tinha que pagar para se desenvolver.

Outro autor lê a mesma tabela e tira uma conclusão completamente distinta. Embora uma curva convexa fosse o melhor ajustamento, isso não significa que esse ajustamento seja bom, sob o ponto de vista estatístico. De fato, a regressão utilizada não é estatisticamente significativa. Isto é, a dispersão dos dados em torno da curva é exageradamente grande para que essa curva possa ser considerada representativa do fenômeno que estaria por detrás da desigualdade e do crescimento. Ou seja, a variedade de caminhos é uma hipótese mais forte do que a curva convexa, sugerindo que os países podem seguir trajetórias muito variadas para chegar ao desenvolvimento.

Um autor olhou para o formato da curva ajustada. Outro olhou para o teste de F (medindo a probabilidade de se tratar de ruído estatístico) que revelava ser curva uma abstração ligando pontos muito dispersos. Acaso? Seguramente não. Cada um deles estava interessado em descobrir o que efetivamente veio a descobrir.

Conforme ilustrado por uma série de posições ideológicas previamente assumidas por eles, havia juízos de valor guiando os interesses desses pesquisadores. O primeiro deles parte da posição de que o crescimento econômico deve preceder a redistribuição. A geração presente deve abrir mão de um adicional de consumo e de qualidade de vida em benefício da redistribuição futura de um bolo maior. A opção de tirar de uma geração e dar a outra é um juízo de valor, uma proposição que não se pode considerar falsa ou verdadeira. Assim, a redistribuição pode significar menos para algumas classes, havendo consciente ou inconscientemente interesses pessoais envolvidos. O outro grupo acha exatamente o oposto e usa a tabela para convencer.

A teoria da evolução das espécies de Darwin gerou uma encarniçada controvérsia por conta de argumentos teológicos. Seus inimigos viam nela uma heresia inaceitável. Mesclavam-se argumentos científicos com doutrinas teológicas.

Faz alguns anos, travou-se uma grande discussão nos Estados Unidos a respeito da relação entre raça e inteligência, seguindo a publicação de um livro chamado *Bell curve: intelligence and class structure in American life*.[17] Muitos tomaram partido, contra ou a favor, da tese de que raça e inteligência se associavam. Mas ficava claríssimo que a maior parte dos contendores tinha posturas ideológicas muito alinhadas com sua defesa de um ou outro campo, embora os argumentos tendessem a ser apresentados com uma pura discussão científica. Sem dúvida travou-se entre cientistas uma discussão que respeitava as regras da ciência. Mas nem por isso havia menos fervor ideológico por detrás.

O fato lamentável é que os autores nem sempre desvendam seus juízos de valor e sua posição ideológica diante de um problema que está sendo examinado. Pelo menos provisoriamente, isso pode iludir os leitores. A isenção que se pode esperar é por necessidade imperfeita e o leitor tem direito de saber que informações estão sendo procuradas com maior afinco e em que direção há maior probabilidade de omissões. Se o autor está interessado em demonstrar que uma fase de desigualdade é necessária, essa é uma posição baseada em uma ideologia política e econômica, não devendo passar por mera curiosidade intelectual. Esta segunda daria uma eqüiprobabilidade aos argumentos prós e contras. A primeira não.

Há, contudo, outra situação em que há controvérsias furiosas, mas em que a ideologia tem papel reduzido. O pesquisador, ao tomar uma linha de interpretação, talvez até por acaso ou no impulso do momento, compromete sua carreira profissional com ela, mete-se em controvérsias e quer ver vitoriosas as suas posições. Pode não haver ideologia ou valores, apenas uma questão de vaidade intelectual perante seus pares e a opinião pública. Talvez ele nem acredite muito em suas premissas originais. Mas, uma vez escolhido seu lado, não pode mais mudar, não pode perder a guerra — qualquer que seja ela.

É um bom exemplo a encarniçada discussão, na virada do século XIX para o XX, a respeito da natureza da luz. Os que defendiam uma luz corpuscular e os que falavam em vibrações estavam, antes de tudo, interessados em ganhar a discussão. Não havia valores, ideologia ou conflitos de interesse prévios a esposarem um dos lados. Talvez, se houvessem estudado em outras universidades, estariam em campos opostos ao que adotaram.

Outro exemplo curioso, ainda da teoria da evolução de Darwin, envolve o Brasil. No bojo do maremoto intelectual que se seguiu à sua publicação, o naturalista Louis Agassiz sentiu-se ameaçado. A teoria colidia com percepções que lhe eram caras acerca do papel de Deus como um ator sempre presente em toda a ordem da natureza. Era uma colisão indireta, mas inaceitável para o enorme ego de Agassiz. Inconformado com a teoria da evolução, resolveu montar uma portentosa expedição ao Brasil para examinar duas teorias. A primeira era para ver se os peixes das bacias do Amazonas e as outras mais ao sul teriam peixes semelhantes. A segunda era para testar, no Brasil, sua teoria segundo a qual os movimentos geológicos — originados das geleiras que deram origem aos Alpes e às Rochosas — explicariam também os grandes monólitos encontrados em regiões do Brasil onde a geologia era completamente diferente. Não caberia aqui uma análise da confirmação que o Brasil teria dado a suas teses, mas parece que permitiu poucos avanços.[18]

Também curiosos desse ponto de vista são o desenrolar da expedição de Agassiz e das que se seguiram. Charles Hartt, então jovem geólogo americano-canadense, participa da equipe de Agassiz, pois era seu assistente no Museu de História Natural de Cambridge (Massachussetts).[19] Enquanto Agassiz estava profissionalmente atuante e próximo, Hartt é reticente quanto à confirmação da teoria geológica nos locais visitados por ambos, mas não discorda frontalmente. À medida que Agassiz se afasta da vida universitária, Hartt manifesta de forma mais contundente seu ceticismo. Seja por respeito, por cerimônia, por temor de desagradar ou ofender o mestre, a princípio Hartt não diz o que pensa. Trata-se de outra manifestação da presença de elementos subjetivos na pesquisa.

O edifício da ciência não se constrói de forma irreversível, por conta da imparcialidade e da objetividade de cada cientista. É do entrechoque das paixões, das superstições e das cruzadas dos cientistas que os grandes saltos são possíveis. Em seu momento, a poeira acaba por assentar, deixando uma herança mais invulnerável aos vaivéns das idéias e das personalidades. Um dos credos respeitáveis da ciência é que Agassiz perdeu a batalha contra Darwin, porque suas demonstrações eram mais frágeis, embora fosse um grande guru em Harvard. Em contraste, Hartt, então um mero assistente de pesquisa, defendeu idéias que se revelaram mais sólidas, embora antes as tenha escondido. Em outras palavras, *a ciência é mais confiável do que os cientistas*.

EXERCÍCIO DE APLICAÇÃO

Tomar alguma controvérsia corrente, como as que ocupam espaço nos jornais — um exemplo seria a política de estabilização monetária, mas para o objetivo do exercício poderia ser outro assunto. Analisar as posições defendidas pelos principais contendores. Tomar a posição de cada um deles, no espectro ideológico e em seu entorno profissional (seu emprego, seu partido, seu grupo social). Especular sobre as associações que pode haver entre posição defendida, ideologia e seu mundo pessoal e profissional.

Ciência: poder e vulnerabilidade

No texto a seguir apresentaremos mais alguns exemplos concretos das questões discutidas neste capítulo, com o objetivo de melhor fixar as idéias.

a) *Os disfarces das tautologias.*

Em um pequeno estudo a respeito do mercado para automóveis, foi proposto, como hipótese, que o aumento no nível de renda real ocorrido no triênio em questão teria levado a um aumento no consumo de automóveis por parte da classe baixa. Aparentemente, trata-se de uma proposição falsificável. É possível imaginar o contra-exemplo, em que o consumo de automóveis da classe baixa não tenha aumentado, apesar de um aumento em seu nível de renda. Contudo, um exame mais cuidadoso revelou um erro fatal na lógica. Classe social estava definida exatamente por pertencer a dado intervalo de renda. Imaginemos que a renda global sobe. As pessoas que passam a estar no intervalo de renda definindo a classe baixa já não serão as mesmas. Sendo assim, estaríamos comparando — antes e depois — grupos diferentes. A possibilidade de examinar os efeitos sobre a demanda de automóveis é bloqueada pela impossibilidade de caracterizar variações de renda dentro de um grupo cujo critério de formação é a própria renda. Existem naturalmente maneiras de sair de tal erro metodológico, porém, tal como foi formulada, não há qualquer possibilidade de se encontrar uma proposição falsificável em tal pesquisa. Se o consumo não mudar, poderá ser alegado tratar-se de outro grupo de consumidores, com preferências diferentes.

b) *As hipóteses escorregadias.*

Examinemos a seguinte hipótese: "O nível dos alunos que se apresentam ao vestibular está baixando". Essa é uma questão importante e sua confirmação ou negação tem conseqüências relevantes de política educacional. Mas, tal como formulada, está irremediavelmente ambígua. Uma pessoa poderia afirmar que sim, baixou, discordando de outra que acreditasse ter havido uma elevação. E ambas poderiam, em última análise, estar certas. Uma proposição que pode simultaneamente estar certa e errada nitidamente não é falsificável. Duas maneiras distintas de compreender a proposição podem levar ao confronto com dois conjuntos diferentes de eventos que poderão confirmar ambas. É possível que, do último ano para cá, tenha havido uma elevação, enquanto que nos últimos cinco ou dez vem-se observando uma tendência secular à queda. É possível que para o conjunto de universidades os resultados sejam diferentes daqueles observados para as faculdades isoladas. É possível que um observador escolha algumas matérias mais importantes como português e matemática enquanto outros tomem uma média global. Considerações menos triviais e, portanto, mais difíceis de serem captadas à primeira vista podem ser contempladas. É possível que não se trate de uma queda da qualidade do aluno produzido pelo sistema escolar. Se os candidatos aos exames passam a incluir uma faixa de alunos piores, que estão na cauda da distribuição, a média dos candidatos baixa, mas nem por isso fica demonstrada uma deterioração no ensino. A comparação pertinente, nesse caso, deveria ser feita dentro de cada classe social, e não para o grupo como um todo. Considerações técnicas sobre a comparabilidade das provas podem ser também apresentadas.

Sem uma delimitação precisa daquilo que se está querendo afirmar não há comunicação efetiva. É por culpa de uma linguagem casual e frouxa que se introduzem erros e interpretações enganosas. Em contraste, é por meio do exame crítico e sistemático da linguagem que a ciência adquire sua característica de precisão e confiabilidade.

c) *As grandes teorias.*

Algumas grandes visões da realidade não se prestam corretamente a uma formulação rigorosa que nos permita, conceitualmente pelo menos, demonstrá-las como falsas. Tomemos, por exemplo, a interessantíssima teoria de Arnold Toynbee sobre o avanço e o recuo das civilizações e os desafios que deparamos para avaliar teorias desse tipo.[20] Toynbee afirma que as grandes civilizações são o resultado de uma sociedade que enfrentou um enorme desafio em algum momento de sua história. A mobilização social necessária para superar esse desafio organiza e polariza a sociedade, levando-a a um grande esforço para sua superação. Uma vez vencido esse desafio, as forças mobilizadas terão um momento de inércia que conduzirá a sociedade a grandes realizações subseqüentes. Mas como se define um grande desafio? O que seria uma situação que falsificasse essa teoria? Naturalmente, seria a presença de um desafio que não levasse a grandes realizações. Mas afirma-se também que um desafio grande demais não pode ser superado, bloqueando o avanço da sociedade. Por exemplo, poder-se-ia dizer dos esquimós, cujas condições são tão ásperas, que não lhes foi possível ultrapassar o estágio da mera sobrevivência. O problema é que não há maneira inequívoca de medir o desafio para saber se é grande demais ou insuficiente. A teoria nunca erra, está sempre certa. Seus defensores sempre podem argumentar que, se a sociedade não se desenvolve, é porque o desafio é pequeno demais — ou grande demais. Para as sociedades que se desenvolvem, dirão que é do tamanho justo. Como não há maneiras de definir o tamanho do desafio requerido para a teoria funcionar, ele acaba sendo caracterizado pelo seu efeito de produzir uma grande civilização, o que nega a falsificabilidade da teoria.

O que apresentamos não passa de uma visão caricata de um trabalho muito importante e imaginativo de Toynbee. Mas, no fundo, a crítica tem validade. Essas grandes teorias nos permitem organizar de maneira inteligente e logicamente fértil o conhecimento. Nossa adesão a elas, contudo, não pode estar baseada no fato de que tenham sido demonstradas como verdadeiras. Talvez não passem de grandes tautologias muito interessantes e muito úteis. Teremos que aceitá-las por um conjunto de circunstâncias, considerações e preferências pessoais. Não podemos, entretanto, nos iludir, achando que as aceitamos por terem sido demonstradas como verdadeiras ou por terem os atributos necessários para ser uma teoria estritamente falsificável.

Mas voltemos às idéias mais centrais do capítulo. Quando dizemos que algo é científico, isso é uma espécie de selo de qualidade, de salvo-conduto. A ciência impõe respeito e confiabilidade. Em geral, ambos são merecidos.

É possível errar grosseiramente no uso dos resultados da ciência, e é também possível ter idéias ingênuas sobre a natureza do método científico.

O método científico não é um conjunto de regras para a descoberta científica, mapeando o caminho para entender a realidade. A descoberta é fruto do sonho, da imaginação e da criatividade do cientista. A lenda de Newton vendo a maçã cair da árvore e daí nascer a lei da gravidade está mais próxima da realidade do que a crença na existência de um método científico que levaria a descoberta de tal princípio. As primeiras idéias de Einstein sobre a relatividade teriam sido criadas durante passeios de bicicleta na Itália. Essa lenda está também mais próxima da realidade do que a idéia de que Einstein teria seguido o 'método científico' na busca da relatividade restrita.

Ao contrário do que se pensa, o método mais forte é aquele que chamamos de negativo. Ou seja, apenas um conjunto de regras garantindo que, para chegar aos resultados, foram obedecidos os princípios consagrados de observação e análise. *O que é o método da ciência senão um método de policiar o processo de busca de evidência, obrigando o cientista a descrever como obteve os dados, como os analisou e como chegou às suas conclusões?* A 'prova dos nove' é que quem seguir o mesmo roteiro terá que obter os mesmos resultados (princípio da replicabilidade).

Os pobres têm QI mais baixo? "Acho que sim" não serve em ciência. Qual o teste usado? O que sabemos sobre suas propriedades estatísticas? Qual a amostra? Qual o mecanismo para gerar a amostra? Qual a probabilidade de que o resultado seja fruto do acaso? Sem satisfazer a essas condições, não se fala em resultados científicos e nenhuma revista aceita para publicação um trabalho que não siga tais disciplinas intelectuais. Mas, se todos os procedimentos estiverem adequados, o pesquisador apresenta sua hipótese e ela será aceita, até que alguém prove com o mesmo rigor que não está correta.

Contudo, quando perguntamos se as diferenças de inteligência são genéticas ou fruto do meio ambiente, aí chegamos ao limite das ferramentas de análise e os resultados ficam menos nítidos. Nesses casos, os cientistas não se põem de acordo com as interpretações. Estamos espichando o limite do que os dados dizem com clareza.

O método científico pode ser visto como a ISO 9000 da ciência. Não diz se o produto serve, não diz se o achado científico é importante, apenas diz que o processo de busca seguiu as regras do jogo. A evidência foi corretamente coletada, os procedimentos estatísticos e o tratamento dos dados são apropriados. Ao longo da pesquisa, não houve maneiras de detectar erros ou falhas de procedimento. É como se o inimigo mais mortal do pesquisador houvesse acompanhado todos os procedimentos e não conseguisse achar nada errado nos procedimentos ou na lógica. A ciência 'prova' quando não se consegue provar que está errada.

Notas

1 "*Que les oeuvres soient conçues avec une âme de feu, mais réalisées avec une froideur clinique.*" Joan Miró, 1941.
2 Abraham Kaplan, *A conduta da pesquisa*. São Paulo: Herder/Edusp, 1969, p. 22-24.
3 Ibid., p. 25.
4 Ibid., p. 26.
5 Ibid., p. 10.
6 Ibid., p. 10.
7 Ibid., p. 10.
8 Há certo paralelismo entre essa dicotomia e aquilo que Kaplan chama de "lógica em uso" e "lógica reconstruída".
9 Martin Kemp, *Leonardo da Vinci*. Rio de Janeiro: Zahar, 2005, p. 128.
10 René Descartes, *Discourse on method*. Baltimore: Penguin Classics, 1960.
11 F.S.C. Northrop, *The logic of the sciences and the humanities*. Cleveland: Meridian Books, 1959, Capítulo 1.
12 Veja, como exemplo dessa orientação, o texto clássico de Frederic Kerlinger, *Foundations of behavioural research*. Nova York: Holt, Rinehart e Winston, 1964.
13 Aforismo nº 7, citado por F.S.C. Northrop, op. cit., p. 3.
14 Rudolf Flesch, *The art of clear thinking*. Londres: Collier Books, 1951, p. 160-161.
15 Como referência geral sobre o positivismo lógico sugerimos: A.J. Ayer, *El positivismo lógico*. México: Fondo de Cultura Econômica, 1965; J.R. Weinberg, *Examen del positivismo lógico*. Madri: Aguilar, 1959. Para um tratamento mais prático e mais aplicado aos problemas de pesquisa sugerimos: A. Kaplan, op. cit., capítulos 2 e 10; R. Flesch, op. cit.; D.W. Theobald, *An introduction to the philosophy of science*. Londres: Methuen, 1968, capítulos 1 e 2; E.R. Enemet, *Learning to philosophize*. Middlesex: Penguin, 1964; R.H. Thouless, *How to think straight*. Nova York: Hart, 1932.
16 John Wilson, *Language and the pursuit of truth*. Londres: Cambridge University Press, 1967, p. 76.
17 Charles Murray e Richard J. Herrnstein. Nova York: Free Press Paperbacks Book,1994.
18 Marcus Vinicius de Freitas, *Hartt: expedições pelo Brasil imperial*. São Paulo: Metalivros, 2001, p. 54-77.
19 A importância disso tudo para o Brasil é que Hartt volta muitas vezes e torna-se o pai da geologia no país, deixando vários discípulos competentes e bem preparados.
20 Arnold Toynbee, *A study of history*. Nova York: Oxford University Press, 1947.

CAPÍTULO 3

A ESCOLHA DO TEMA E O RISCO DE UM ERRO FATAL

Uma boa idéia de pesquisa pode ser arruinada por um pesquisador desastrado, mas uma escolha infeliz do tema torna a pesquisa inviável, metodologicamente insolvente ou irrelevante. É, pois, de extrema importância a seleção judiciosa de um tema de pesquisa.

Neste capítulo discutiremos diversos problemas que dizem respeito aos critérios de escolha do tema. Obviamente, não se trata de apresentar fórmulas prontas ou rígidas, mas simplesmente de passar em revista diversas dimensões da questão que devem ser examinadas. A ênfase é na escolha de temas de teses acadêmicas. Mas a discussão apresentada é perfeitamente apropriada para outros tipos de trabalhos científicos.

Os critérios para escolha do tema

Há uma regrinha convencional que é perfeitamente apropriada como esquema mental para se discutir a escolha de um tema de pesquisa. Como todas as regras nessa área, sua validade deriva-se do fato de que é excessivamente genérica e não afirma nada sobre o conteúdo substantivo. É meramente um roteiro que permite sistematizar as discussões em torno do assunto.

Uma tese deve ser *original, importante* e *viável*. Cada um desses critérios aponta para uma direção relativamente independente da outra. Na prática, não há qualquer dificuldade em encontrar temas que satisfaçam a um ou dois deles. A dificuldade está em satisfazer aos três. E se, em algum grau, os três não forem satisfeitos, o trabalho será um rematado fracasso.

Vejamos um exemplo de conflito entre o que é original e o que é importante. É conhecida nos meios acadêmicos universitários a tirada de Samuel Johnson que, após a eloqüente e pretensiosa conferência de um colega jovem, afirmou: "Tivemos hoje a satisfação de ouvir muitas coisas importantes e muitas coisas novas. Só lamento que as coisas novas não sejam importantes e que as coisas importantes não sejam novas".

Um projeto de pesquisa que buscasse descobrir o elixir da juventude seria importante e original, porém de viabilidade duvidosa. Uma pesquisa que buscasse medir a deserção no ensino primário estaria tratando de um tema importante e viável, não trazendo, contudo, qualquer originalidade. Uma pesquisa sobre a cor da roupa que os alunos trajam para ir fazer exame vestibular seria original e viável, porém destituída de importância.

Vale a pena tentar caracterizar melhor o sentido das palavras 'importância', 'originalidade' e 'viabilidade'. Cabe enfatizar inicialmente a impossibilidade de definir esses termos de forma rigorosa.

De fato, paradoxalmente, alguns dos conceitos mais essenciais a nortear o procedimento científico revelam-se vergonhosamente vagos. As definições precisas e operacionais freqüentemente não são possíveis naqueles conceitos que têm a ver com os procedimentos básicos da ciência. As exigências de validade objetiva e de definições operacionais aplicam-se de forma rígida apenas às fases mais rasteiras do processo científico. Quando falamos de originalidade, por exemplo, no máximo podemos aspirar ao que é conhecido como validação intersubjetiva, isto é, embora o critério seja subjetivo, exige-se a coincidência de pontos de vista ou percepções da parte de diferentes observadores. Original, então, é o que observadores qualificados acham original. Mas quem são esses observadores? Se forem realmente um grupo casualmente reunido, além da dificuldade de se obter consenso, suas opiniões pouco peso terão na ciência.

A validação intersubjetiva requer, pois, a formação, pelo menos hipotética, de um grupo cuja apreciação do tema deva receber credibilidade. São os chamados 'peritos', as autoridades intelectuais ou os patriarcas da matéria. Espera-se que sejam pessoas cuja competência pessoal e cuja experiência profissional lhes tenha permitido conviver mais e refletir mais sobre o assunto. Abrandamos o subjetivismo, mas na verdade não conseguimos superar o fato de que, em certo momento histórico, *importante é o que as pessoas importantes julgam que é importante*.

O mérito, portanto, das regras que apresentamos não é oferecer receitas para o que se deve fazer ou deixar de fazer, mas servir como roteiro para organizar nossa busca de uma solução.

a) *Importância.*

Dizemos que um tema é importante quando está, de alguma forma, ligado a uma questão crucial que polariza ou afeta um segmento substancial da sociedade. Um tema pode também ser importante se estiver ligado a uma questão teórica que vem merecendo atenção continuada na literatura especializada. A situação mais delicada e difícil teria a ver com os temas novos que a ninguém preocupam, seja teórica ou praticamente, mas que contêm o potencial de virem a interessar ou afetar muita gente.

Foi realizada uma pesquisa na qual se verificou que estudantes do sexo masculino tendem a carregar seus livros junto aos quadris, seguros por apenas uma das mãos. Já as mulheres levam-nos com ambas as mãos, cingidos junto ao peito. Original e viável essa pesquisa pode ser. Sua relevância, contudo, está por ser demonstrada. Não nos parece um tema prioritário na pesquisa educacional brasileira.

Em oposição aos antropólogos que buscam o exótico, estudantes de educação se sentem irremediavelmente atraídos pelos estudos sobre sua própria profissão — querem saber como anda seu próprio mercado de trabalho, em que consistem suas funções etc. Ao experimentarem um novo método pedagógico, por exemplo, querem saber o que os professores pensam dele. Ora, isso poderia vir a ser uma segunda ou terceira preocupação em termos de importância. O que realmente cabe saber primeiro é se os alunos aprendem melhor dessa maneira.

Portanto, *importante é o tema que, mais cedo ou mais tarde, vai desembocar em conseqüências teóricas ou práticas que afetam diretamente o bem-estar da sociedade*. O critério é vago e de aplicação subjetiva. Mas o que fazer?

b) *Originalidade.*

Um tema original é aquele cujos *resultados têm o potencial para nos surpreender*. O fato de não haver sido verificado antes não confere necessariamente originalidade a um tema.

Em muitos estados brasileiros e em muitas ocasiões foi medido o status socioeconômico dos universitários. A mensuração desse conceito em um estado que estivesse faltando não ofereceria muita originalidade, pois sabemos que os resultados não nos vão surpreender. Por outro lado, o status socioeconômico dos alunos do supletivo ou dos cursos por correspondência, porque jamais haviam sido medidos, emprestaram originalidade a esforços iniciais de pesquisas nessa direção. Esperava-se que o supletivo fosse um instrumento de mobilidade ascensional, os de baixo indo para cima. Estariam os melhores candidatos realmente vindo de baixo? E quem fazia um curso por correspondência? Seria esse um instrumento de formação profissional? Ou uma maneira conveniente para jovens de classe média adquirirem hobbies? Em geral, quanto mais testada uma teoria, menos os novos testes nos surpreenderão e menor a probabilidade de que nos digam algo de novo.

c) *Viabilidade.*

Dentre os três, este é seguramente o conceito mais tangível. *É possível completar a pesquisa, considerando os prazos, os recursos financeiros, a competência do futuro autor, a disponibilidade potencial de informações, o estado da teorização a respeito e o apoio que terá dos seus orientadores?* O prazo pode ser insuficiente, o mesmo se dando com os recursos. Ao pesquisador pode faltar o preparo específico naquele campo, pode não haver uma sistematização prévia do conhecimento na área ou a teoria apresentar insolvência metodológica. Finalmente, os dados necessários podem inexistir ou mesmo sua coleta ser impossível. O veredicto de inviabilidade é mais fácil ser atingido com confiança, em contraste com critérios de importância e de originalidade.

Em uma ocasião, recebi uma proposta de tese na área de nutrição em que se previa um estudo experimental com mensurações no início e no final de um processo de intervenção no funcionamento de unidades familiares. Tratava-se de uma pesquisa com pré-escolares, visando alterar hábitos de alimentação. Tal como estava desenhado, o estudo requereria pelo menos quatro ou cinco anos, se estivesse em mãos de pesquisadores experimentados e com todos os recursos disponíveis. Para torná-lo viável houve que transformá-lo em um estudo transversal, sem componentes experimentais ou semi-experimentais ou qualquer tipo de intervenção. O resultado final, embora muito mais modesto do que a proposta inicial, revelou-se uma tese de mestrado particularmente interessante e original.

EXERCÍCIO DE APLICAÇÃO

Em seu campo de trabalho, identificar pesquisas com as seguintes características [sugestão: buscar propostas de teses não executadas]:

- original e viável, mas desinteressante;
- interessante e original, mas sem viabilidade;
- viável e interessante, mas sem originalidade;
- viável, interessante e original.

Justificar suas escolhas.

Muitas vezes, há falhas sérias no marco conceitual usado para analisar um problema. Vejamos um exemplo:

A análise ocupacional tem se revelado particularmente falida no caso das ocupações mais complexas, aquelas que convencionalmente requerem escolaridade superior. De fato, o fracasso do método das previsões de mão-de-obra (*manpower requirements approach*) em boa parte pode ser atribuído à insolvência da análise ocupacional. E, dentre as ocupações de nível superior, não há mais refratárias a esta análise do que aquelas que envolvem uma forte dose de administração. Mas como amainar o fervor de um aluno que se propõe a análise ocupacional de um diretor de escola, visando determinar que conhecimentos e habilidades deve possuir? Como convencê-lo de que tal pesquisa só produzirá banalidades?

Um problema traiçoeiro, também de viabilidade, está em teorias que aparentemente são simples e bem arrematadas, mas que, na realidade, escondem enormes dificuldades.

Na década de 1970, o Ministério da Educação alegremente convidou a todos para sondagens de mercado com relação a ocupações profissionalizantes do segundo grau. *Caveat emptor*,[1] somente os mais sofisticados em economia da educação poderão perceber que essas sondagens são inacreditavelmente difíceis. Os problemas teóricos e metodológicos para sua realização ainda não foram até hoje resolvidos, principalmente porque as pessoas aprendem muito no local de trabalho, freqüentemente tornando os cursos profissionais desnecessários. Tais pesquisas têm sentido, mas precisam se cercar de precauções adicionais para não ser vítimas de interpretações errôneas.

É de se notar que os iniciantes nas pesquisas estão particularmente desarmados para lidar com os problemas de viabilidade. Após lerem todos os clássicos da área e dominar as teorias vigentes, freqüentemente podem avaliar o interesse e a originalidade do tema escolhido. Mas a *viabilidade é um assunto cuja apreciação resulta da experiência acumulada na prática da pesquisa*. Quem nunca fez pesquisas domiciliares não tem idéia de quantos questionários válidos podem ser gerados em um dia de trabalho. Tampouco sabe dos problemas de limpar uma base de dados, nem se a repartição pública que tem os dados terá boa vontade em cedê-los (o ofício em que se pede sua liberação pode passar meses travado na mesa de um burocrata ou até ter acesso negado). Sobre esse assunto, o leitor deverá prestar particular atenção à seção "A teoria da Baleia", no Capítulo 4 deste livro. Para antecipar o argumento principal, *essa é a hora de pedir ajuda a quem tem mais experiência*.

Uma taxonomia dos tipos de pesquisas

A quantidade de termos usados para denominar diferentes tipos de pesquisas tende a criar certa perplexidade entre aqueles que tentam suas primeiras aventuras com a investigação científica. A situação complica-se na medida em que diferentes rótulos recebem favores e patrocínios diferentes. Dado o alto grau de institucionalização da pesquisa atual, diferentes epítetos podem significar a vida ou a morte de um projeto de pesquisa.

Não cabe a este trabalho discutir exaustivamente as diferentes maneiras de se classificar uma pesquisa, nem sequer mencionaríamos o tópico não fora pelo fato de que, na definição de nossos próprios temas de pesquisa, é necessário ter bem claras algumas idéias fundamentais. Existem três

Figura 3.1   Esquema referente aos critérios para a escolha de um tema

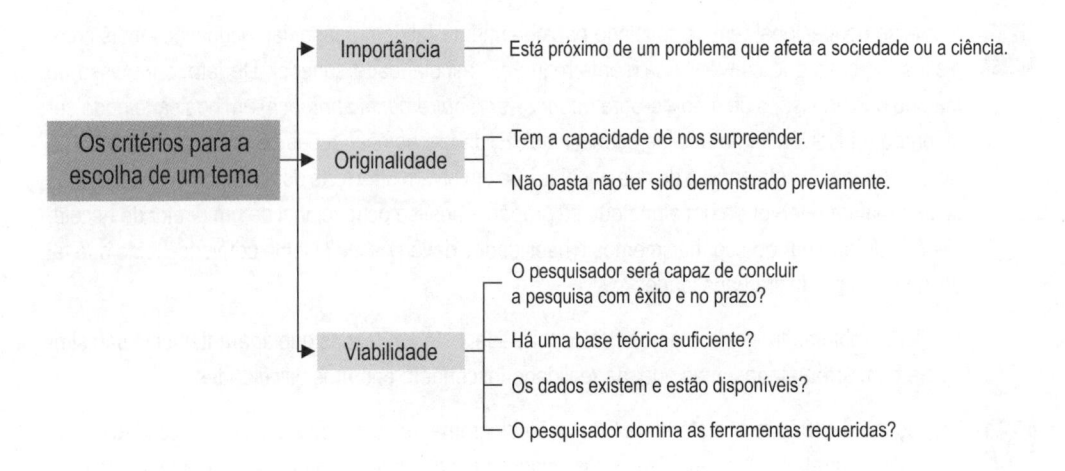

Os critérios para a escolha de um tema
- Importância — Está próximo de um problema que afeta a sociedade ou a ciência.
- Originalidade
  - Tem a capacidade de nos surpreender.
  - Não basta não ter sido demonstrado previamente.
- Viabilidade
  - O pesquisador será capaz de concluir a pesquisa com êxito e no prazo?
  - Há uma base teórica suficiente?
  - Os dados existem e estão disponíveis?
  - O pesquisador domina as ferramentas requeridas?

critérios para classificar as pesquisas. No primeiro deles, a classificação está apoiada na maior ou menor distância entre a pesquisa e as possibilidades de implementação dos resultados ou conclusões, isto é, na *aplicabilidade da pesquisa*. No segundo critério, classificamos a pesquisa segundo a *originalidade* da contribuição pretendida, alguns trabalhos sendo uma avaliação crítica de material já existente e outros pretendendo oferecer uma contribuição ao estoque de conhecimento. No terceiro critério examinado nos referimos à *complexidade da estrutura teórica* e do entrelaçamento de variáveis; sugerimos ali o pouco interesse científico que apresentam trabalhos em que não há uma tentativa de estudar a associação causal entre variáveis.

Qualquer que seja o critério, é pertinente frisar que não se está tentando criar um clima de preocupação taxonômica como imperava na botânica e na zoologia tradicionais, em que o objetivo era classificar ou enquadrar em alguma categoria como veredicto final. Pelo contrário, os critérios são bastante relativos e elásticos, só adquirindo realmente sentido e precisão em um contexto comparativo bem definido. A seguir, aplicamos tais critérios para examinar várias categorias usuais de pesquisa.

Pesquisa aplicada ou pesquisa fundamental?

Por pesquisa pura (fundamental, básica) entendemos o tipo de estudo sistemático que tem a curiosidade intelectual como primeira motivação e a compreensão como principal objetivo. O pesquisador puro está interessado em teoria [...] Por pesquisa aplicada entendemos o tipo de estudo sistemático motivado pela necessidade de resolver problemas concretos.[2]

Nas ciências sociais, muitas vezes o que chamamos de *pesquisa básica não passa de investigações de aplicação menos imediata do que outras*. Mas, obviamente, pode acontecer que a pesquisa não venha a ter aplicações, mesmo no longo prazo, por diferentes razões. O critério pode ser bastante elástico e, portanto, exige uma caracterização clara de seu contexto.

Uma pesquisa sobre teoria da aprendizagem pode servir de base para pesquisas mais aplicadas sobre métodos de ensino. Mas, ao mesmo tempo, é uma aplicação de princípios mais gerais de psicologia. Alguns campos nas ciências sociais têm-se mostrado mais férteis à especulação teórica. A economia tem áreas particularmente rarefeitas e desvinculadas de aplicações práticas, como, por exemplo, a teoria do consumidor, os modelos de crescimento, a teoria do equilíbrio geral etc. Já na pesquisa educacional, alguns autores duvidam mesmo que haja campos férteis para a investigação teórica ou básica.[3]

Não é absolutamente vital estabelecer se uma pesquisa é básica ou aplicada. A importância maior da distinção reside no tipo de justificativa que cabe oferecer para a escolha de tópicos de pesquisa em cada uma dessas duas áreas.

Quando a moda é 'pesquisa aplicada', pesquisa para resolver problemas, 'pesquisas para o desenvolvimento', os demais tipos sofrem. De resto, alguns sofrem merecidamente.

Mas vejamos o que poderia ser uma 'pesquisa aplicada'. Sob esse rótulo estariam aquelas investigações que respondessem diretamente às indagações dos que estão envolvidos na formulação de política, planejamento ou coisas do mesmo teor. Tomemos dois exemplos: uma pesquisa buscando verificar que características identificam as pequenas e médias empresas que deveriam poder beneficiar-se de financiamentos governamentais. Ou uma pesquisa para saber quantos alunos negros poderão ser beneficiados por um programa de cotas nos vestibulares das universidades públicas.

Em ambos os casos, tratam-se de pesquisas que forneceriam informações imediatamente utilizáveis. Não discutiríamos aqui a pertinência de se dar prioridade a pesquisas que respondessem a questões dessa natureza. Todavia, há uma grande diferença entre os dois exemplos citados. Dados os nossos recursos analíticos e o acervo dos conhecimentos sobre o assunto, a primeira pesquisa pode produzir resultados tangíveis e concretos, enquanto a segunda, não. Isso porque não há uma definição de raça aceitável cientificamente. Essa é uma pesquisa que seria útil. Mas, diante das dificuldades metodológicas, de fato, acabará por cair no pântano da indefinição de raças no Brasil.

Se algum tipo de informe a esse respeito se fizer necessário a curto prazo, pessoas com bastante vivência do problema e acostumadas a esse tipo de indagações poderão colocar no papel suas intuições. E não devemos subestimar as intuições educadas. Não é o devaneio dos ingênuos, mas o julgamento dos que lidam com problemas semelhantes. Boa parte da arte de governar consiste nessas intuições.

Mas cabe acrescentar que problemas como esses não justificam maiores esforços para respondê-los diretamente. Se a resposta possível é insatisfatória, o caminho óbvio é tentar responder primeiro àquelas indagações que são pré-condições para essa pesquisa. Essas respostas intermediárias muitas vezes não têm em si utilidade direta, não podem ser aplicadas na formulação de política. Poderíamos chamar de 'pesquisa básica' a essas investigações que apenas indiretamente geram implicações de política ou esclarecem questões em que é preciso agir ou tomar decisões. Por exemplo, uma pesquisa que buscasse produzir uma definição rigorosa e politicamente aceitável de raça seria uma pesquisa 'pura', mas de grande utilidade.

Pesquisadores e contratadores de pesquisa deverão ter a modéstia e a lucidez requerida para não querer demais. A pesquisa aplicada é o coroamento de um esforço de investigações em pesquisas básicas, não um substituto, uma alternativa. Voltando ao nosso exemplo, parece-nos prematuro, no momento, tentar responder diretamente quantos negros poderão ser beneficiados com as cotas, já que não sabemos medir quem é negro e quem não é. E, mesmo que tivéssemos nossa solução, há grande desacordo público com relação a tais problemas. Se esse assunto merecer algum tipo de prioridade, os esforços iniciais deverão ser modestos, sob pena de malbaratamento dos recursos empregados. Não sabemos onde se podem queimar etapas, mas estamos seguros de que em pesquisa científica isso não é possível. Estamos, em última análise, sugerindo que há realmente menos graus de liberdade nas opções entre pesquisas fundamentais e aplicadas do que parece à primeira vista.

O salvo-conduto da pesquisa aplicada reside na clareza de seus objetivos. Se a pergunta a que se tenta responder é importante, então a pesquisa também o é. A pesquisa fundamental não pode obter essa aprovação (ou *nihil obstat*) instantânea. Sua relevância tem que ser decifrada. Às vezes, nem mesmo é claro a que questões importantes ela dará subsídio. Quem poderia prever que a física nuclear acabaria permitindo o desenvolvimento da bomba atômica? Quem poderia prever que as especulações aparentemente inúteis de Allan Turing viriam a ser o ponto de partida para a construção de computadores? Ou que os semicondutores revolucionariam a eletrônica?

Contudo, *é de vital importância escoimar das pesquisas fundamentais aquelas de valor apenas ornamental*. Há muitas investigações que, de fato, não têm perspectiva de oferecer subsídios apreciáveis para a compreensão de questões julgadas importantes em determinada época. Note-se que pesquisa fundamental e o que não passa de pesquisa ornamental têm em comum o fato de que, em si, não resolvem problemas práticos. É óbvio que o próprio epíteto 'ornamental' é propositadamente pejorativo. A escolha de um tema de pesquisa relevante para a sociedade implica certificarmo-nos de que não estaremos trabalhando com questões de interesse ornamental. Como as distinções não são óbvias ou sempre nítidas, examinaremos alguns exemplos.

Uma pesquisa sobre os hábitos sexuais dos anofelinos talvez não fosse ornamental, enquanto que a mesma pesquisa sobre borboletas o seria. A malária tem se revelado um problema crucial na região e uma melhor compreensão de certas fases da reprodução do inseto transmissor talvez possa indicar melhores maneiras de combatê-lo. Mas é importante que se diga que nesse exemplo, como em outras situações, é necessário competência técnica na área (entomologia) para que se possa dizer realmente se essa pesquisa é ou não puramente ornamental. Talvez o sistema reprodutivo dos anófeles já seja tão bem conhecido que pesquisas sobre o assunto entrariam em detalhes inconseqüentes.

Nesse caso, por não ter aplicação direta, essa pesquisa seria, por exclusão, classificada como básica. Sua pertinência e prioridade teriam que ser julgadas, tendo em vista suas probabilidades de vir a servir de base para estudos aplicados.[4]

Uma pesquisa que tentasse medir a renda monetária dos caboclos de alguma parte da região amazônica seria ornamental, já que grande parcela dos fluxos de bens e serviços ocorre sem a intervenção da moeda. Por outro lado, uma pesquisa sobre os tabus alimentares esclareceria melhor um dos problemas centrais que os colonos vêm encontrando: desnutrição resultante de sua reduzida adaptabilidade às condições locais de alimentação.

Vejamos um caso delicado. Imaginemos uma pesquisa que visasse estudar o efeito das escolas da Funai sobre o comportamento de crianças índias de alguns dos postos onde essas escolas foram instaladas. A princípio, não é possível dizer se, dentro dos objetivos hoje considerados prioritários, essa pesquisa é ornamental ou não. Tudo depende da maneira como for conduzida. Se os índios são examinados simplesmente como seres humanos, e a pesquisa é uma análise da intermediação da escola no processo de aculturação de minorias, nesse caso não acreditamos que seja uma investigação de puro valor ornamental. Trata-se de problema vital em um país onde as diferenças de níveis e tipos de cultura são particularmente acentuadas e se espera da escola um papel de intermediação cultural. Por outro lado, se a ênfase é aquele índio em si, suas idiossincrasias e particularidades, perdendo-se de vista o problema mais geral do processo de socialização em uma cultura com valores diferentes, então deixa de ser um estudo que nos esclareça certas noções universais. Nesse caso, é mais reduzida sua utilidade como subsídio para a compreensão de questões mais prioritárias. A pesquisa somente adquire maior interesse na medida em que se torna um estudo de caso de um problema mais geral.

A relevância da pesquisa etnográfica, distanciada dos problemas prementes da sociedade, consolida-se na medida em que consegue ir além do "sopro do exotismo, de uma aragem de férias, um parêntese de distração na nossa vida cotidiana. As sociedades que estudamos são como objetos situados muito longe de nós no tempo e no espaço, razão pela qual não podemos perceber senão suas propriedades essenciais. À custa de estudar, assim de longe, um grande número de sociedades, creio que chegaremos a destacar melhor alguns caracteres fundamentais da sociedade humana em geral".[5]

À guisa de conclusão, poderíamos talvez propor que as pesquisas aplicadas vêm primeiro quando a acumulação de pesquisas básicas permite sua realização. Como vivemos em uma sociedade ainda pouco estudada, as proposições cientificamente rigorosas para a orientação de políticas públicas freqüentemente têm que esperar a matéria-prima produzida pelas pesquisas mais fundamentais. Distinguimos dessas pesquisas aquelas puramente ornamentais, por não gerarem estas últimas os conhecimentos que subsidiem a compreensão dos problemas considerados prioritários. Ou seja, não têm o potencial de chegarem a iluminar um segmento importante de nosso conhecimento do mundo.

Deixamos completamente de lado nesta discussão um tipo de pesquisa fundamental, em que às vezes a ênfase é metodológica, outras vezes lida-se com conceitos não operacionalizáveis ou com reformulações estritamente formais ou teóricas. A aplicabilidade prática ou imediata, direta ou indireta, dos resultados não é um critério decisivo durante a condução dessas pesquisas. Em economia, os modelos neoclássicos de crescimento econômico estariam nessa categoria. Em sociologia, o sistema de Talcott Parsons talvez seja um exemplo adequado. No longo prazo, sabemos que o desenvolvimento da ciência depende muito dessas formulações. A curto e médio prazos, a decisão de adiar ou importar esse tipo de atividade torna-se particularmente delicada. Mencionamos que já existe uma consciência crescente de que mesmo nos países desenvolvidos a pesquisa 'pura' nas ciências sociais foi levada longe demais.[6] Uma vez que temos desvantagens comparativas nessa área de estudo, perguntamos até que ponto as pesquisas metodológicas não deveriam, em boa parte, limitar-se ao necessário para o processo didático de transmitir ao estudante brasileiro o rigor analítico indispensável?[7]

Os projetos e planos: o que gostaríamos que acontecesse

Traçar planos e desenvolver projetos, preparar documentos normativos de atividades a serem desenvolvidas em alguma área em que usualmente interfere o Estado é sempre uma linha que gera muito papel escrito. De fato, se entendemos planejamento como uma tentativa de antecipar e ordenar decisões que terão que ser tomadas visando atingir algum conjunto de objetivos especificados, não cabe dúvidas de que são exercícios legítimos e necessários em qualquer sociedade. Alguém tem que fazer planos e projetos para que a execução não seja atabalhoada ou mesmo desastrada.

Contudo, por úteis que sejam, *grande parte desses exercícios carece das condições mínimas para que possam ser considerados possuidores das características que se exigem de pesquisas científicas.* Costuma-se afirmar que a ciência opera com três estágios de ambição: *entender, prever* e *manipular a realidade.* A passagem de uma dessas fases para a seguinte se faz com dificuldade crescente. Infelizmente, dada a dificuldade do objeto de estudo, as ciências sociais apenas muito desastradamente conseguem passar da primeira fase; se é que o conseguem. As possibilidades de previsão de fenômenos sociais são extremamente limitadas em comparação com os sucessos já obtidos na compreensão da realidade. Ainda mais remota está a fase de utilização de conhecimentos científicos para manipular a realidade social, aquilo que Veblein chamou de 'engenharia social'. Tal ambição ainda está limitada a campos muito restritos.

O típico documento de planejamento, com seu caráter necessariamente normativo, mesmo nas situações mais favoráveis, não se preocupa em entender, prever nem dispõe dos instrumentos para manipular a realidade. Não passa da *lista do que gostaríamos que acontecesse*. Se tem alguma utilidade, é algo a se especular, mas é preciso não confundir isso com ciência. E, como pesquisas e teses lidam com ciência, tais documentos não se enquadram, por úteis que possam ser.

Na ciência, fazemos outra coisa. O que podemos almejar é uma sólida análise dos 'comos' e algumas pinceladas sobre os 'porquês' da situação presente. Ou seja, nossos estudos visam entender *o que* está acontecendo e *como* está acontecendo. É nessa fase que conseguimos atender aos requisitos do processo científico. Prever é mais complicado e tende a ter margens de erro grandes ou inaceitavelmente grandes.

O passo mais ambicioso é tentar alterar a situação baseando-se nas técnicas disponíveis e, mais ainda, apoiando-se na intuição educada (*educated guess*). Perguntamos o que aconteceria se tentássemos mudar o que não gostamos. A idéia de que é preciso mudar e a direção proposta são juízos de valor, não fazem parte da ciência. Mas a especulação acerca do que aconteceria se tentássemos mudar pode perfeitamente ser feita nos cânones da ciência.

Por exemplo, o governo pode fazer um levantamento para descobrir quais são as piores escolas do país — o Chile fez isso, identificando as 900 piores. Em seguida, pode verificar o que está faltando nelas e tentar estimar se isso afeta a qualidade do ensino. Até aqui estamos no campo sólido da pesquisa científica — mesmo que a segunda parte não apresente resultados muito conclusivos. Com base em tais resultados, o governo pode decidir criar um programa especial de reforço só para elas. Nesse momento, já estaremos no campo do normativo. A ciência não nos diz que devemos nos concentrar nas 900 escolas mais deficientes. Poderíamos decidir apoiar mais escolas, investindo menos recursos em cada uma. Finalmente, vem a fase de planejar a implementação. Na melhor das hipóteses, exemplos parecidos podem ser tomados como modelos. No comum dos casos, trata-se de desenvolver uma logística de implementação, assunto que nada tem a ver com pesquisa científica.

Obviamente, quando propomos intervenções, é porque tentamos criar um mundo que não coincide com o das previsões feitas, pois, de outra forma, não haveria necessidade de planejar e intervir. Com base no que gostaríamos que acontecesse, propomos então investimentos, leis, regulamentos, sanções, mudanças de comportamento e um conjunto de outras medidas que substituem a trajetória que havíamos previsto por outra trajetória que conduz às metas prescritas. Mas, nessa fase, estamos principalmente apoiados na adivinhação e no ato legislativo. Portanto, estamos longe da solidez do método científico. Além disso, introduzimos valores, isto é, julgamos que a situação proposta seria melhor e que se justifica a intervenção.

Descrevemos no parágrafo anterior o planejamento e os projetos de desenvolvimento sob sua ótica mais favorável. Mas, lamentavelmente, se examinarmos os documentos produzidos pelas diversas repartições do governo, deparamos com uma situação desoladora. Grande parte do que se faz está longe de corresponder a essa descrição.

Nesse tipo de documento, deveríamos nos aproveitar do que os economistas chamam de 'vantagens comparativas'. Faz sentido que nos concentremos no que sabemos fazer melhor, isto é, na descrição e na compreensão do que está acontecendo. Assim, pelo menos, teremos uma base sólida por onde começar. Se a adivinhação do futuro é frágil, não há por que somá-la a uma análise ingênua ou amadora do presente. Infelizmente, observamos nesses documentos uma completa inversão das vantagens comparativas. Sem chegar a entender o como e o porquê do que acontece, os autores (quase sempre anônimos) entregam-se à construção de utopias. Seus documentos descrevem o que eles gostariam que acontecesse no futuro. Por não entenderem nem o passado nem o presente, propõem que se chegue lá por caminhos que ignoram as mais elementares características da sociedade humana e das instituições. E ainda deixam de considerar o que se sabe sobre a dinâmica das mudanças institucionais.

Tampouco as revistas supostamente técnicas ou científicas são poupadas desses devaneios redigidos com as aparências de um documento científico. Por exemplo, as causas da reprovação e da deserção escolar são complexas e refratárias às modificações usualmente tentadas. Um mínimo de conhecimento da história revela a impotência ou a impossibilidade de se modificarem características tão estáveis no processo educacional com leis disso ou aquilo, 'campanhas de mudança de mentalidade', melhor pagamento a professores ou mais prédios. Para efetivar uma mudança social que nos transporte do que é para o que gostaríamos que fosse não bastam leis, boas intenções ou orçamentos. Temos que cuidadosamente identificar, por meio de um esforço sistemático, as variáveis manipuláveis para que possamos trabalhá-las. Devemos igualmente identificar as variáveis mais refratárias para que evitemos malbaratar recursos em que quase nada podemos fazer. Finalmente, com base no estudo de casos de sucesso, podemos identificar agentes e estratégias de mudança.

Em vez disso, o que vemos é um patético esforço de traduzir nossas utopias em jargão legalístico, com artigos, leis, parágrafos e a chancela das autoridades competentes, na ilusão de que elas possam legislar sobre a lei social, mais do que um físico pode legislar sobre a lei da gravidade.

EXERCÍCIO DE APLICAÇÃO

Buscar documentos governamentais que proponham novos projetos ou iniciativas. Analisá-los a partir da perspectiva apresentada nesta seção. Eles descrevem o mundo real, os comportamentos observados, as regularidades e as tendências? Ou constroem uma utopia, um mundo perfeito desejado por seus autores?

Em suma, alguém tem que elaborar planos e programas. E, tanto quanto possível, tais planos devem estar apoiados nas melhores pesquisas existentes. Mas, na prática, há uma tendência a confundir plano com pesquisa e a gastar tempo construindo castelos de cartas sobre o que gostaríamos que acontecesse — em vez de melhor entender o que já aconteceu, a essência da atividade científica.

Contribuição original ou diagnóstico?

Há uma diferença intelectual relevante entre a pesquisa científica convencional e a coleta e análise superficial de dados. Todavia, no cotidiano de uma instituição, a diferença mais importante entre essas duas modalidades de trabalho não é intelectual, mas organizacional.

É conveniente reservar o tema 'pesquisa científica' para o processo que conduz à expansão e à consolidação do conhecimento científico. A mera coleta de dados e informações é, sem dúvida, uma fase do processo científico. Contudo, na medida em que administrativa e intelectualmente se separa das outras fases, a rigor, adquire um caráter diferente, e há vantagens em não confundir as duas coisas.

Particularmente nas ciências sociais, o acesso ao conhecimento muitas vezes é difícil. A evidência é fracionada, dispersa e mesmo contraditória. Torna-se, então, necessário investigar, levantar, selecionar e julgar criticamente o material e as interpretações existentes. Esse esforço deve, em geral, preceder a formulação de política e o processo de tomada de decisões. *O resultado desse levantamento ou desse esforço de sistematização, por útil que possa ser, não é propriamente uma pesquisa científica.*

A ausência de distinção entre essas categorias de trabalho pode ocasionar ambigüidades na orientação e gerência da entidade ou centro de pesquisa. Pesquisas de cunho científico e diagnósticos (o termo *position paper* tem sido usado também para denominar esse tipo de trabalho) são coisas diferentes e requerem equipes, orientações, prazos, controles e orçamentos diferentes.

A pesquisa de cunho científico exige um clima de trabalho mais relaxado, maior distanciamento das pressões do processo decisório, um quase monopólio do tempo do pesquisador e prazos mais generosos. Naturalmente, há variações substanciais de caso a caso e de pessoa a pessoa, mas não é realmente cabível pensar em prazos substancialmente inferiores a vários meses. O pesquisador deve ser de índole a se satisfazer, pelo menos em parte, com a gratificação psicológica de produzir um trabalho bem-feito, não dependendo exageradamente do impacto do conhecimento gerado sobre a formulação de política ou sua execução.

Por outro lado, a equipe encarregada de explorar o terreno, informar, assessorar os centros de formulação de política e decisão terá características um tanto diferentes. Um diagnóstico requer uma base teórica sólida, mas também bons conhecimentos de pessoas e instituições. Em geral, trata-se de um trabalho de triagem e síntese, em estilo direto, não visando resolver controvérsias e dúvidas teóricas, mas colocá-las às claras, em nítido contraste com o que é sabido e pacífico.[8] A equipe será mais ágil, de composição flexível e variável. O planejamento do trabalho será de prazo mais curto, envolvendo solicitações inesperadas e urgentes de informações e pareceres.

A formação e a operação das equipes técnicas será diferente, conforme o tipo de atividade contemplada, e provavelmente será inviável tentar simultaneamente ambos os tipos de trabalho. Um compromisso saudável em instituições de pesquisas públicas ou semipúblicas é a produção ocasional de *position papers* estritamente no campo de competência e especialização do pesquisador. Esse documento seria quase uma parada para reflexão a respeito do tema de trabalho do pesquisador. Seria uma tentativa de pôr suas idéias em ordem, segundo uma perspectiva mais abrangente ou segundo uma ótica de recomendações de política.

Mas cumpre enfatizar que a falta de definição de objetivos ou a confusão neles poderá prejudicar o funcionamento da organização e frustrar os pesquisadores. Um técnico que recebe freqüentes solicitações de informações e *position papers* dificilmente poderá concluir um projeto de pesquisa mais clássico. Uma pesquisa de cunho científico, pela sua própria natureza, pode sempre ser adiada e postergada um pouco mais. Por essa mesma razão, será sempre preterida por tarefas mais urgentes. É necessário decidir antecipadamente se, de fato, cabe promover pesquisas científicas. Talvez esse não deva ser o objetivo da instituição ou o perfil do autor escolhido. Mas, se for, será necessário isolar os pesquisadores das tarefas urgentes, prementes e inadiáveis de uma burocracia pública ou semipública. E, também, os pesquisadores devem ter índole e disposição para esse estilo de trabalho.

Por outro lado, uma equipe que criou expectativas de ver implementadas suas sugestões não se acomodará facilmente ao clima desprendido e desapaixonado de um instituto de pesquisas, em que nada acontece às pressas, aonde não chegam as tensões e movimentações do processo político.

Podemos pensar na mesma diferença em termos do nível de adrenalina em cada uma dessas modalidades. *A pesquisa de cunho científico opera em baixo nível de adrenalina*. Aumentá-lo só pode atrapalhar. Já a produção de diagnósticos e *position papers* vai acompanhada de pressão, prazos e termos de referência muito mais rígidos. Por conseguinte, as equipes tendem a operar com mais adrenalina. Em muitos casos, o tipo de personalidade mais adequado para um ou outro tipo de trabalho é diferente.

Pesquisas descritivas: elogio ou condenação?

Algumas pessoas mais ingênuas afirmam com grande orgulho que se propõem a fazer uma pesquisa puramente descritiva, querendo talvez dizer que, por essa razão, fica assegurado um completo grau de imparcialidade ou desvinculação de posições políticas ou juízos de valor. Ou então que sua pesquisa não tem 'teorias', algo visto como proposições rarefeitas e distantes do mundo real. Contudo, para outros, acusar uma pesquisa de 'descritiva' corresponde ao pior tipo de execração concebível.

Aproveitando a presente discussão, voltamos ao mote do Capítulo 2: a clareza na linguagem. Se o termo 'pesquisa descritiva' gera interpretações tão divergentes, estamos diante de um conceito pessimamente definido.

Antes de prosseguir na narrativa dessa controvérsia, comecemos por entender que ser 'descritiva' não é garantia de isenção, embora com esse termo o autor possa querer insinuar que a pesquisa não contém prescrições ou opiniões. A própria escolha do tema, dos dados, das variáveis e da maneira de tratá-las já, em si, introduz uma ideologia, uma maneira de ver o mundo, um estilo de trabalho. O problema do valor nas ciências sociais é brevemente discutido no Capítulo 2.

Aqueles para quem o rótulo 'descritiva' é a condenação final da pesquisa chegam a entender esse termo como 'pré-científico' ou 'desinteressante'. Tampouco essa posição parece ser defensável, em termos de uma interpretação literal do termo. *Toda ciência é, antes de tudo, a descrição de uma realidade.*[9] Não se pode realmente falar em ciência que não seja uma descrição de algum aspecto do mundo em que vivemos. Não obstante, essa descrição pode ser conduzida em diferentes níveis de abstração ou generalização. A teoria da relatividade completa de Einstein não deixa de ser uma descrição do mundo físico.

Mas há uma diferença entre uma tabela do censo demográfico e a teoria da relatividade. Quando se diz que uma pesquisa é *descritiva*, muitas vezes estamos dizendo que *se limita a uma descrição pura e simples de cada uma das variáveis, isoladamente*, sem que sua associação ou interação com as demais sejam examinadas. Tratando-se de um questionário com 50 perguntas, a pesquisa descreve os parâmetros de cada uma das 50 variáveis, isoladamente. Muitas vezes tal esforço é chamado de *levantamento*. Essa pesquisa não interpreta, não faz perguntas, não busca relações entre eventos ou variáveis.

Em oposição, uma *pesquisa explicativa* buscaria estudar o nexo, a associação entre duas ou mais variáveis. Tentamos ver o que sucede com y quando x ocorre, como x explica z, qual o fator w que faz y acontecer, como a causa w gera o efeito y, como x se correlaciona com y.[10]

Comparada com esse tipo de estudo, a 'pesquisa descritiva' (de variáveis isoladas) corresponde a uma fase bastante preliminar do processo científico, conduzido a um nível de ambição muito modesto. Qualquer pesquisa começa com uma descrição das variáveis. Mas apenas pesquisadores muito ingênuos se restringem a esse nível de exame. De fato, limitar-se à descrição dos parâmetros de cada variável é abandonar o assunto antes de entrar naquilo que caracteriza a essência do pensamento científico. O venerado Karl Pearson já nos ensinava: "Segundo nossa definição, o método científico consiste na classificação sistemática dos fatores, seguida pela *identificação de suas relações e seqüência repetitivas*" (grifo nosso).[11]

Pode haver dificuldades embaraçosas nas pesquisas descritivas, como, por exemplo, a dificuldade prática de se avaliar o tamanho do setor informal do Brasil ou a classificação de raças. Há outras que não podemos fazer porque nem sequer saberíamos como começar. Por exemplo, o desafio conceptual dos economistas de medir utilidade. E, freqüentemente, se apenas pudéssemos conhecer as ordens de grandeza de alguma variável, isso já seria de importância capital. Por exemplo, quantos potenciais terroristas haveria no país?

Tudo isso pode ser importante e difícil. Contudo, é a relação entre uma variável e outra que constitui o foco da atividade do pesquisador. *Um levantamento pode ser muito útil e revelar informações importantes. Mas é uma atividade consideravelmente diferente da elaboração de pesquisas de cunho científico, em que se explora a maneira pela qual uma variável se articula com outra ou causa a outra.*

A pesquisa no mundo profissional

Economistas, biólogos, físicos e praticantes de outras áreas científicas fazem pesquisa e esta é, talvez, a atividade mais nobre de sua profissão. 'Fazer' física não pode ser senão expandir a fronteira da disciplina. Não se pratica física como se pratica engenharia civil, construindo casas. O mesmo se dá com biólogos e astrônomos.

Mas e os engenheiros, os médicos e os administradores? Em tais profissões, a atividade central da profissão é a prática. A pesquisa científica é a exceção. É difícil decidir se a pesquisa na engenharia é mais importante do que construir casas ou operar máquinas.

Em áreas desse naipe, não deixa de haver pesquisas importantes e seguindo todos os mandamentos do método científico, com revisões bibliográficas, hipóteses e por aí afora. De fato, as grandes revoluções na área poderão vir desses esforços de cunho acadêmico. As mudanças na genética estão revolucionando a medicina. São as pesquisas puras, ao mais tradicional estilo acadêmico, que estão criando novos entendimentos na medicina e novas drogas. Na agricultura, a revolução verde é o resultado direto de pesquisas puras na genética e na bioquímica.

Mas, nas áreas profissionais, há outro tipo de atividade que relutantemente podemos chamar de pesquisa. A relutância vem de uma contradição entre a lógica de tais práticas e as regras administrativas da vida universitária — na realidade, são as regras do Ministério da Educação (MEC). Falamos aqui de *intervenções práticas, visando entender ou resolver problemas.*

Suponhamos uma fundição de ferro cujos produtos estejam saindo com bolhas de ar, obrigando o controle de qualidade a rejeitá-los. A empresa tem todas as razões do mundo para fazer uma 'pesquisa' visando descobrir por que isso está acontecendo. O engenheiro encarregado do trabalho — que pode até ser um professor universitário — vai se pôr em campo para sistematicamente buscar as causas possíveis. Tentará mudar a composição da areia de fundição. Poderá sugerir mudanças nos canais de escoamento ou nos respiros. Pode tentar mudar a temperatura do ferro quando é vertido nas caixas de fundição. Cedo ou tarde, pode atinar com a causa das bolhas de ar. Encontrada a causa do problema, o conserto pode até ser fácil.

Na área de administração de empresas, há uma infinidade de intervenções visando melhorar a produtividade, resolver conflitos ou desenvolver novos processos e produtos. Podemos pensar em professores ou consultores sendo contratados para descobrir por que determinado processo administrativo está levando tempo demais e freando o fluxo de produção.

Tais buscas e intervenções são pesquisas no sentido de que correspondem a uma tentativa sistemática de entendimento ou de soluções para problemas concretos. Há um contato permanente com os avanços teóricos na área. Há uma seqüência lógica de procedimentos, há uma preocupação de eliminar progressivamente os falsos caminhos, há um contato permanente com dados do mundo real. Acima de tudo, são imediatamente úteis e melhoram o nível de produtividade das empresas e a qualidade de vida das sociedades. Portanto, merecem integral valorização.

Contudo, não são pesquisas no sentido acadêmico clássico, pois não seguem a mesma ritualística. Os resultados não são precedidos de revisão sistemática da literatura, não há citações de autores famosos, não há discussão de teorias alternativas. Os grupos de controle — se existem — e os procedimentos são muito mais *ad hoc* e menos rigorosos. Do ponto de vista intelectual, pode haver pelo menos tanta criatividade, mas as regras são outras.

Por todas essas razões os resultados raramente são objeto de publicação em revistas especializadas. Os leitores estão na própria organização que patrocina a pesquisa. Em muitos casos até, lidam com informações e resultados que as empresas não querem ou não podem divulgar, por razões comerciais. Mas, mesmo quando não há questões de sigilo, *não se justifica o acabamento e o polimento* esperados nos periódicos científicos que consome uma fração enorme do tempo total para completar a pesquisa.

O grande problema dessas pesquisas é que não são reconhecidas como trabalhos acadêmicos. Portanto, não valem pontos para a carreira universitária. Cria-se, portanto, uma situação paradoxal. Tais trabalhos de intervenção e diagnóstico *são muito mais importantes para a vida das empresas e correspondem, muitas vezes, à essência do trabalho criativo na profissão.* Contudo, são evitados pelo mundo acadêmico por não trazerem reconhecimento dentro da universidade. Em vez disso, professores das áreas profissionais fazem trabalhos publicáveis, mas que tendem a ser da mais completa inutilidade para as empresas. Possivelmente, essa distorção seja o problema mais grave em nossa pós-graduação.

EXERCÍCIO DE APLICAÇÃO

Consultando alguma base de dados de teses, pesquisas ou mesmo buscando o conteúdo de periódicos científicos, tentar classificar os assuntos pesquisados de acordo com a classificação proposta neste capítulo. Tomar uma amostra representativa e que seja suficientemente pequena para permitir um exame individualizado de cada peça. Discutir os resultados de sua análise.

Notas

1   Expressão em latim que significa 'o comprador que se cuide'.
2   Alfred Yates, *The role of research in educacional change*. Palo Alto: Pacific Books, 1971, p. 24-25.
3   R. Ebel, "Some limitations of basic research in education". In: *Phi Delta Kappa*, out. 1967, p. 81-84.
4   A. Yates, op. cit., p. 32-34. Note-se que se trata de probabilidades. Se buscarmos certeza, seremos levados a um imediatismo que limitaria enormemente o progresso da ciência. A. Yates nos lembra muito bem que, há pouco mais de um século, quaisquer pesquisas visando melhorar o sistema de transportes terrestres estaria centrada em aperfeiçoamento do cavalo. Não se concebia então que pudesse haver outra perspectiva de transporte. Por esse critério a máquina a vapor não teria sido inventada.
5   Claude Lévi-Strauss, citado em uma entrevista a Tanneguy de Quinetain. "Valemos nós mais que os selvagens?" In: *Mito e linguagem social*. Rio de Janeiro: Tempo Brasileiro, 1970, p. 135.
6   E. Phelps Brown, "The underdevelopment of economics", *Economic Journal*, mar. 1972; W. Leontief, "Theoretical assumptions and non-observed facts", *American Economic Review*, mar. 1971; N. Georgescu-Roegen, "Economics of production", *American Economic Review*, maio 1970.
7   Ou, quem sabe, manter produtivo um pequeno número de professores especializados em teoria, cuja presença é essencial para o equilíbrio de um curso de bom nível?
8   Exemplos desse tipo de trabalho são os diagnósticos setoriais preparados pelo Ipea (Instituto de Pesquisas Econômicas e Sociais) em seus primeiros anos de existência.
9   Nicholas Georgescu-Roegen, *Analytical economics*. Cambridge: Harvard University Press, 1967, p. 3-4.
10 Essas colocações não são equivalentes epistemologicamente. Estão assim colocadas em sucessão apenas para exemplificar os tipos de relação que estamos mostrando.
11 Karl Pearson, *The grammar of science*. Londres: J. M. Dent, 1892, p. 21.

CAPÍTULO 4

MEMÓRIAS DE UM ORIENTADOR DE TESES

O presente capítulo trata exatamente do que seu título sugere. Durante muitos anos, o autor orientou teses e participou de bancas de teses orientadas por outros professores, no Brasil e no exterior. O capítulo é uma crônica de sua experiência nessa função. Dito de outra forma, fala sobre a tese vista da perspectiva de quem a está orientando ou participando de bancas, e não do aluno que está sofrendo as angústias de sua iniciação na pesquisa.

Aqui estão narradas as experiências do autor com clara ênfase nas crises e dificuldades. Mas, a bem da verdade, cumpre esclarecer que se trata também de uma experiência fascinante e educativa para o próprio orientador.

O que é uma tese?

UMA TESE É UMA TESE [1]

Mario Prata

Sabe tese, de faculdade? Aquela que defendem? Com unhas e dentes? É dessa tese que eu estou falando. Você deve conhecer pelo menos uma pessoa que já defendeu uma tese. Ou esteja defendendo. Sim, uma tese é defendida. Ela é feita para ser atacada pela banca, que são aquelas pessoas que gostam de botar banca.

As teses são todas maravilhosas. Em tese. Você acompanha uma pessoa meses, anos, séculos, defendendo uma tese. Palpitantes assuntos. Tem tese que não acaba nunca, que acompanha o elemento para a velhice. Tem até teses pós-morte.

O mais interessante na tese é que, quando nos contam, são maravilhosas, intrigantes. A gente fica curiosa, acompanha o sofrimento do autor, anos a fio. Aí ele publica, te dá uma cópia e é sempre — sempre — uma decepção. Em tese. Impossível ler uma tese de cabo a rabo.

São chatíssimas. É uma pena que as teses sejam escritas apenas para o julgamento da banca circunspeta, sisuda e compenetrada em si mesma. E nós? Sim, porque os assuntos, já disse, são maravilhosos, cativantes, as pessoas são inteligentíssimas. Temas do arco-da-velha.

Mas toda tese fica no rodapé da história. Pra que tanto sic e tanto apud? Sic me lembra o *Pasquim* e apud não parece candidato do PFL para vereador? Apud Neto.

Escrever uma tese é quase um voto de pobreza que a pessoa se autodecreta. O mundo pára, o dinheiro entra apertado, os filhos são abandonados, o marido que se vire. Estou acabando a tese. Essa frase significa que a pessoa vai sair do mundo. Não por alguns dias, mas anos. Tem gente que nunca mais volta.

E, depois de terminada a tese, tem a revisão da tese, depois tem a defesa da tese. E, depois da defesa, tem a publicação. E, é claro, intelectual que se preze logo em seguida embarca noutra tese. São os profissionais, em tese. O pior é quando convidam a gente para assistir à defesa. Meu Deus, que sono. Não em tese, na prática mesmo.

É pra não entender, mesmo. Tem de ser formatada assim. Que na Sorbonne é assim, que em Coimbra também. Na Sorbonne, desde 1257. Em Coimbra, mais moderna, desde 1290. Em tese (e na prática) são 700 anos de muita tese e pouca prática.

Acho que, nas teses, tinha de ter uma norma em que, além da tese, o elemento teria de fazer também uma versão para nós, pobres teóricos ignorantes que não votamos no Apud Neto.

Ou seja, o elemento (ou a elementa) passa a vida a estudar um assunto que nos interessa e nada. Pra quê? Pra virar mestre, doutor? E daí? Se ele estudou tanto aquilo, acho impossível que ele não queira que a gente saiba a que conclusões chegou. [...]

O escritor Mario Prata fez troça com o assunto das teses. Mas o que fez foi exagerar e colocar humor em uma série de questões verdadeiras. As teses consomem muito mais tempo do que se esperava, polarizam a vida dos autores e correm o risco sério de ser totalmente ininteligíveis, ainda quando possam ser importantes os resultados. Mas, na maioria das vezes, não há nada importante que valha a pena tornar mais acessível.

Os cursos de pós-graduação em todas as disciplinas das ciências sociais recebem, nos dias de hoje, um grande número de alunos capazes de satisfazer a contento as exigências acadêmicas dos cursos. Contudo, se é decepcionante a proporção desses graduados que conseguem terminar sua tese de mestrado ou doutorado, mais inquietante ainda é a qualidade desses trabalhos. Não nos deteremos aqui na especulação do porquê do grande número de desistentes, nosso propósito é discutir os problemas de qualidade.

Para tornar mais concreta a questão, bem como para recorrermos a uma área que conhecemos melhor, centraremos nossa discussão nas teses em educação. Não obstante, temos a convicção de que, em boa medida, os resultados seriam aplicáveis a outras áreas.

Acreditamos que a questão crucial é a escolha do tema da tese. Uma escolha infeliz pode tornar a tese praticamente inviável, insalvável ou estéril como contribuição em uma área em que muito pouca exploração sistemática tem sido feita, portanto, uma área em que seria fácil contribuir com trabalhos significativos. Uma boa idéia não basta e as teses defendidas estão aí para melhor documentar essa assertiva. Mas, se nem isso temos para compensar as dificuldades de sua execução, a situação nos deixa poucas esperanças.

Em outros momentos neste trabalho (capítulos 3 e 5), discutimos problemas de 'fertilidade lógica' dos temas de pesquisa, bem como outras questões atinentes à escolha do tema.

Nesta seção, não voltamos a perguntar como se escolhe um tema de pesquisa, mas simplesmente indagamos: o que é uma tese? Um exame superficial de títulos de teses sugere a seguinte classificação provisória: 1) propostas, planos ou reformas de algum aspecto do sistema escolar; 2) teses didáticas, cujo objetivo é preparar um texto didático sobre algum assunto; 3) teses de revisão da bibliografia, em que se tenta reconstruir o desenvolvimento empírico ou teórico de alguma área; 4) teses do tipo 'levantamento', em que se constatam ou se medem certos parâmetros da realidade;

5) teses teóricas, em que se tenta avançar a fronteira ao nível teórico-analítico; 6) teses teórico-empíricas, em que se relaciona algum modelo teórico com observações empíricas.

A julgar pelo fato de que em todas essas áreas tem havido teses aprovadas, podemos já adiantar que *nosso pensamento colide com aquele das bancas examinadoras de* muitas pós-graduações em educação. Examinemos cada um dos tópicos:

1) *Propostas ou planos.*

Nossa tradição educacional glorifica o furor legislativo, pressupondo uma plasticidade do mundo real, denunciada e negada pelas mais simples observações do que acontece à nossa frente. Esse ponto foi discutido no capítulo anterior, quando falamos de tipos de pesquisa, mas vale a pena insistir aqui na mesma tecla. É pouco oportuno gastar alguns anos do tempo de um aluno para repetir esse exercício deseducacional de futilidade. É preciso conhecer a realidade antes de tentar modificá-la. O desafio de desvendar a realidade é pré-condição para o desenho de legislação ou o planejamento educacional com perspectivas de sucesso. Partimos da premissa de que a formulação de planos torna-se muito mais fácil uma vez compreendida a realidade com suas áreas de plasticidade e as áreas em que seria ingênuo ou inócuo tentar manipular o processo educacional. É necessário quebrar a tradição de redigir documentos em jargão legal, em que se descreve aquilo que gostaríamos que viesse a ser a realidade, sem qualquer respeito pelo que, de fato, é ou pode vir a ser a realidade, pelo que é refratário à mudança e sem a astúcia de descobrir os pontos em que o processo é manipulável.

Pode ser apropriado, em alguns casos, caminhar um pouco mais na exploração da aplicabilidade prática de certas inferências obtidas no exame de algum problema. Contudo, *está mal concebida uma tese que parte de constatações imediatas ou óbvias e desenha um modelo de reforma de alguma instituição.* A ênfase deverá estar sempre em desvendar uma questão arredia, e não em construir castelos de cartas sobre o óbvio ou utopias.

Pela minha frente já desfilaram, impávidas e invulneráveis às minhas críticas, propostas para salvar os mais variados níveis e tipos de educação. Lembro-me, por exemplo, de propostas para organizar programas pré-escolares naturalmente incluindo a minuta da legislação requerida. Mas não havia qualquer indicação de que a compreensão dos problemas do ensino pré-escolar avançasse em um só milímetro.

2) *Teses didáticas.*

Tal trabalho não é uma aventura de raciocínio e de exploração, mas sim um mero *exercício de redação*. Escrever bons textos didáticos é função de professores, não de alunos. Já as teses de mestrado cabem aos alunos escrevê-las. E, se são alunos, estão avançando seu conhecimento, aguçando sua capacidade de análise. Não é este o momento de ensinar, de congelar o conhecimento, mas sim de desafiá-lo, de ampliá-lo. O texto didático é o resultado de um polimento sucessivo de um curso repetidamente ministrado, uma estratégia madura de transmissão de conhecimento. O curso de pós-graduação é uma volta ao desconhecido, é uma tomada de consciência da nossa própria ignorância. É um desafio àquilo que criamos ou que pensávamos saber. Há tanta destruição quanto criação num curso dessa natureza e, portanto, parece-nos pouco oportuno esse exercício de burilar exaustivamente a apresentação de alguma área do conhecimento: isso é o que significa redigir um texto didático (uma exceção possível seriam as teses prático-teóricas sobre o processo didático propriamente dito, mas isso é outra coisa).

3) *Teses de revisão da bibliografia.*

Saber o que os outros já fizeram é o primeiro capítulo de uma tese, e não a própria. O curso de pós-graduação é um esforço de análise e síntese, isto é, de entender o legado do conhecimento e, em seguida, elaborar sobre ele, trabalhar de maneira original e inovadora a partir dessa herança. Escrever uma tese de revisão de bibliografia ou literatura é limitar o curso de pós-graduação à primeira fase. É deixar aleijadas ou mutiladas as díades análise-síntese e teoria-verificação. Contudo, longe de nós estaria afirmar que não há dificuldades ou méritos nessa revisão, nessa tomada de posição crítica com relação ao 'estado das artes'. Nada mais adequado e desafiador para um aluno, mas apenas como exercício no que estamos provisoriamente chamando de fase analítica do curso. O resultado desses exercícios raramente poderá passar de conhecimento requentado e mal digerido. Há lugar para as revisões da literatura, aquilo que em língua inglesa se costuma chamar *survey*. Mas não é por acaso que esses artigos são sempre escritos pelas pessoas de maior experiência e autoridade no campo, nunca por principiantes.

4) *Teses do tipo 'levantamento'.*

Dado o irresistível atrativo do tema para grande número de mestrandos, as teses do tipo 'levantamento' merecem uma discussão cuidadosa. Estas são as chamadas teses 'descritivas' (já mencionadas anteriormente); todavia, evitamos aqui essa nomenclatura de inapelável ambigüidade. Uma pesquisa normalmente envolve um exame de dados e observações. Como nem sempre essas observações estão disponíveis em um formato adequado para a investigação contemplada, pode ser necessário ir ao campo coletá-las. Mas essa coleta não passa, ou não deve passar, de uma fase inicial da pesquisa, quase um mal necessário. A experiência de colher dados é importante e enriquecedora, porém corresponde a uma fração bem modesta na formação pós-universitária. É o exame e a reflexão sobre o nexo que há entre esses dados que corresponde ao processo nobre da pesquisa científica. Preparar questões e aplicar questionários, examinar a distribuição dos parâmetros ou das variáveis não passa de um prefácio, uma preparação que não pode e não deve monopolizar a atenção do mestrando. Interessa o que vem depois da tabulação das variáveis. Interessa o sentido que faz o entrelaçamento dessas variáveis. Interessa-nos o como e o porquê. Contentar-se com menos é contentar-se com praticamente nada.

Nesse ponto, nossas divergências com outros orientadores é mais forte. *Uma tese que apenas chega ao umbral da análise é uma tese incompleta; não está no ponto de ser defendida.*

Se o aluno não tem a disposição, gosto ou as qualificações para algo além de coletar dados, julgamos então que não é talhado para a pós-graduação, destinada a formar a elite científica da sociedade.

5) *Teses teóricas.*

As teorias, os modelos, os *constructos*, ou como quer que chamemos, são o arcabouço lógico que nos permitem organizar e dar sentido às nossas observações sobre o mundo real. Ocasionalmente, ocorrem os grandes saltos teóricos, as 'revoluções científicas'.

O trabalho cotidiano do cientista 'teórico' consiste no aperfeiçoamento ou redirecionamento do arcabouço conceptual por meio de formulações mais simples, mais elegantes ou que melhor descrevem a realidade. Aguçar as armas analíticas corresponde a uma tarefa eminentemente nobre na produção científica. Fará um esplêndido trabalho aquele que consiga contribuir nessa área. Em princípio, esse é um tópico nobre para uma tese. Porém, em oposição a tópicos anteriores, que pecaram pelo excesso de modéstia, este impõe um grande desafio e um desafio que o aluno deverá realisticamente avaliar.

Nossa experiência pessoal com alunos de pós-graduação sugere que apenas um número extremamente reduzido deles deveria optar por esse caminho. Em economia, alunos com um superlativo conhecimento de matemática poderão trabalhar num refinamento da expressão simbólica de certos aspectos do conhecimento econômico. Mas, excetuando-se áreas cuja expressão matemática já atingiu um nível elevado, seria muito raro que um mestrando ou doutorando pudesse sair-se com sucesso em uma tese estritamente teórica. Na prática, aquilo que, ingenuamente, vem sendo chamado de tese teórica não passa de teoria de segunda mão, pois nada adiciona ao que já se sabia.

Outro falso caminho, às vezes chamado de tese teórica, são discussões ou reflexões filosóficas, doutrinárias ou ideológicas. Nesse caso, saímos tanto do assunto deste livro quanto do conteúdo usual dos programas de ciências sociais. Não estamos negando a procedência de teses dessa natureza, mas simplesmente afirmando que não se referem aos tipos de cursos e programas de pós-graduação que estamos discutindo.

6) *Teses teórico-empíricas.*

O ceticismo que revelamos com relação aos temas anteriormente mencionados já deve ter claramente sugerido ao leitor que nossas preferências para assuntos de teses recaem sobre os temas teórico-empíricos ou indutivo-dedutivos. Não se trata de capricho, preferência pessoal ou atavismo, mas sim do fato consagrado de que esse é o caminho mais trilhado na evolução da ciência e na expansão do conhecimento. Por sua índole, alguns são mais dedutivos do que indutivos, partindo de alguma formulação teórica e confrontando-a com a realidade, isto é, com a observação empírica. Outros são de temperamento mais indutivo, partindo do exame das observações ou mesmo da sua coleta e daí prosseguindo para sua interpretação; seu raciocínio segue os meandros dos dados e da realidade, eventualmente chegando ao *corpus* teórico da disciplina.

Mas é importante que se entenda, não há lugar para desavisados ou desprevenidos. Já discutimos anteriormente (Capítulo 2) que tanto o indutivismo quanto o dedutivismo puros são igualmente inviáveis e impossíveis. Aqueles que partem dos dados já partem procurando algo e, em absoluto, desconhecem o repertório teórico. Aqueles que partem de teorias não as retiraram do vácuo, mas sim de prévios confrontos com o real. Há um escasso número de gênios e iluminados que transformam e revolucionam nossos paradigmas teóricos. No outro extremo, há o exército dos operários da ciência que nada mais fazem do que produzir matéria-prima em uma primitiva indústria extrativista. Não nos interessa aqui qualquer desses dois grupos. Nosso modelo é o grande contingente de pesquisadores que, em sua atividade metódica e sistemática, fazem avançar as fronteiras do conhecimento. Para os mais criativos, mais preparados e experientes, estão reservados avanços mais substanciosos. Mas não é em vão o trabalho dos principiantes. Não é difícil nem impossível localizar áreas do conhecimento em que, num exame da confluência da teoria com a realidade, do constructo com o protocolo, não se possam antecipar contribuições respeitáveis, ainda que modestas. E que isso não seja entendido como um teste mecânico e mortiço de 'modelos'. Pelo contrário, trata-se da essência do pensamento científico e, nas ciências sociais, do seu maior desafio.

Propositadamente, não colocamos as pesquisas históricas em uma classe separada. Estarão enquadradas na última categoria, na medida em que perguntam o porquê e o como de certos eventos importantes. Fatos desinteressantes não adquirem interesse por haverem ocorrido no passado. Alguns eventos são triviais tanto no presente quanto no passado. O transcurso do tempo nos permite mais perspectiva e objetividade, ao mesmo tempo em que aumenta a imprecisão e a deficiência de informações. Contudo, a velhice do fato raramente adiciona relevância a um tópico. De fato, números, nomes e datas só adquirem importância, no presente ou no passado, na medida em que se encaixam em uma estrutura lógica coerente e teoricamente fértil. O levantamento de dados, de hoje ou de ontem, é apenas o princípio.

Interessante ver essa mesma posição expressa pelo grande naturalista Von Martius, que escreveu em meados do século XIX:

> Sobre a forma que deve ter uma história do Brasil, [...] as obras até o presente publicadas [...] abundam em fatos importantes, esclarecem até com minuciosidade muitos acontecimentos; contudo, não satisfazem ainda às exigências da verdadeira historiografia, porque se ressentem demais de certo espírito de crônicas. Um grande número de fatos e circunstâncias insignificantes, que com monotonia se repetem, e a relação minuciosa até o excesso de acontecimentos que se desvaneceram sem deixar vestígios históricos, tudo isso, recebido em uma obra histórica, há de prejudicar o interesse da narração e confundir o juízo claro do leitor sobre o essencial da relação. O que avultará repetir-se o que cada governador fez ou deixou de fazer na sua província, ou relacionar fatos de nenhuma importância histórica, que se referem a administração de cidades, municípios ou bispados; ou uma escrupulosa acumulação de citações e autos que nada provam, e cuja autenticidade histórica é por vezes duvidosa? Tudo isso deverá, segundo a minha opinião, ficar excluído.[2]

Em suma, não consideramos temas adequados para teses (em cursos que se possam enquadrar no campo das ciências sociais) os trabalhos de polimento de textos didáticos, os exercícios escolares de revisão bibliográfica ou outras empreitadas que deixem o assunto pela metade. Tememos o excesso de ambição daqueles que se metem em aventuras de formulação teórica ou metodológica. E, finalmente, julgamos que está na confluência da teoria com a realidade o foco mais fértil para os trabalhos de tese de mestrado.

EXERCÍCIO DE APLICAÇÃO

Escolher uma base de dados de teses na sua área e classificar cada uma delas segundo a taxonomia apresentada anteriormente no Capítulo 3. Escolher aquela de que você teria orgulho em ser autor e outra que não lhe pareceu interessante. Justificar.

As derrapagens crônicas dos autores de teses

A presente seção pode ser entendida como uma resenha dos problemas habituais encontrados nas primeiras leituras de uma tese ou de suas primeiras manifestações escritas. Antes de entrar no tema, vale a pena fazer o registro histórico das evoluções e convulsões das modas que influenciam a escolha do tema.

Na década de 1970, o pecado mortal das pesquisas na educação era a irrelevância e a falta de expressão dos problemas escolhidos para assunto das teses. Tomavam-se aspectos menores, testes de novos métodos de ensino dessa ou daquela disciplina. Ou podiam ser descrições de assuntos ou pessoas irrelevantes.

Mas, de repente, a ideologia desabou no país. Desembarca na década de 1980 a Teoria da Dependência, a Teoria da Reprodução, os economistas neomarxistas radicais, a Teoria do Imperialismo Cultural e todas as outras explicações conspiratórias da nossa realidade. E vinha tudo empapado em fervor ideológico, com fórmulas prontas e explicações simples — simples demais. Todas tinham um fundo de verdade. Todas punham o dedo em problemas importantes. Mas, ao se transformarem em religiões fundamentalistas, perderam a capacidade de ser testadas e de auto-renovação.

Meus colegas da educação se enfureceram quando comentei publicamente que a temática havia saltado do tricô para a luta de classe, sem parar na educação. Curiosamente, esta frase sardônica sobreviveu mais do que qualquer outra coisa que eu possa haver dito ou escrito na época, pois ainda ouço ocasionalmente suas reverberações.

Pelo pouco que entendo, o vendaval ideológico amainou por todas as partes — umas partes mais do que outras. Já se pode falar em dados, evidência e números com impunidade. O discurso racional e a busca desapaixonada de explicações e a verificação empírica estão deixando de ser crime contra a pátria. Mas ainda estamos longe de uma situação desejável, os retrocessos acontecem.

Tento aqui refletir sobre minha experiência como orientador de teses. O que segue é uma colagem de experiências pessoais e pequenos incidentes, entremeados em uma discussão de questões substantivas e metodológicas. Naquilo que se refere a problemas de conteúdo e método, as observações oferecidas contêm um grau apreciável de generalidade.

Todavia, no que se refere a estilos de atuação como orientador, cabe enfatizar o caráter idiossincrático da experiência. Cada orientador tem seu estilo pessoal de trabalho. Seguramente, alguns serão melhores ou piores — e para cada estudante há um estilo que funciona melhor. Mas de forma alguma teria que prescrever modelos de atuação pessoal que fossem únicos ou necessariamente melhores. Dentre os orientadores, ocorre tanta variedade de personalidades e de estilos de trabalho que não haveria qualquer sentido em emular características que são puramente idiossincráticas. Seja como for, dado o espírito desta seção, não houve qualquer tentativa de eliminar comentários sobre situações em que componentes subjetivos podem prevalecer.

Não há como negar o tom normativo de meu estilo de trabalho como orientador. Grande parte de meu tempo de orientação é consumido tratando de questões em que a inexperiência do aluno e as limitações de tempo sugerem uma tática direta e óbvia: "Assim está errado, por que não tenta desta outra forma?" Em termos ideais, um método socrático e menos diretivo seria melhor. Contudo, no mundo real de orientador e orientando, não se pode perder tempo com o método da descoberta para corrigir cada uma das mil besteiras que faz o aluno.

Não vai aí a implicação de que a orientação é um caminho de mão única. A experiência de orientação de tese pode ser altamente enriquecedora, mais do que compensando as labutas do cotidiano, aqui descritas no mesmo tom professoral com que são declamadas aos alunos. Ao corrigir o aluno e fazer sugestões, o orientador é levado a pensar tudo de novo, e isso permite novas explorações intelectuais.

Adiante, passamos em revista um conjunto de situações que freqüentemente se apresentam no processo cotidiano de orientação de teses.

Ambição excessiva e os tratados definitivos

Quase todos os autores de teses passam por uma fase em que se imputam a missão de produzir o tratado definitivo sobre o assunto — qualquer que seja ele. É como se a história da ciência fosse passar a ser dividida nos períodos 'antes da minha tese' e 'depois da minha tese'. O otimismo e a ambição são saudáveis até o momento em que impedem um grau de atenção suficiente a cada um dos pontos a serem cobertos.

A perspectiva de uma contribuição significativa é contingente à concentração de esforços em certos tópicos até que seja possível deles tirar algo que não havia sido encontrado antes. Achar que com pouca experiência e pouco esforço será possível descobrir coisa nova onde os outros não descobriram é pueril, pretensioso e subestima o esforço daqueles que anteriormente examinaram o tema.

As pretensões de um trabalho científico têm que ser dosadas de acordo com as possibilidades do autor nas circunstâncias dadas. Isso não quer dizer que o trabalho tenha que ser concebido já do tamanho certo e justo. No planejamento de uma pesquisa há um período inicial de expansão, seguido por outro de contenção ou corte. Em termos da nomenclatura usada em estudos de criatividade, há um período divergente, seguido por outro convergente. Há um período em que todas as idéias são acolhidas, todas as ramificações são interessantes e bem-vindas e em que a autocensura e as limitações de tamanho são peias impertinentes. Nesse período, o enciclopedismo é também bem-vindo.

Mas chega um segundo momento — que não pode tardar muito — em que a pesquisa tem que adquirir foco, livrar-se dos desvios e das ramificações menos importantes, chegando finalmente ao seu tamanho viável. Sentimentalismo com relação ao que é jogado fora significa um duro sacrifício no tratamento daquilo que fica. Essa é a hora de transformar um ex-futuro tratado definitivo em uma contribuição modesta. Ao mesmo tempo, significa trocar um sonho utópico por uma possibilidade tangível. Pesquisa não se faz com sonhos e pretensões, mas pelas contribuições pequenas, sólidas e irreversíveis.

A história da humanidade como tema de teses

O excesso de ambição na amplitude do objeto de estudo a ser tratado encontra paralelo na dimensão histórica que principiantes tendem a dar aos seus temas. O que não deveria passar de uma tentativa parcimoniosa de localizar o tópico no espaço e no tempo termina em uma empreitada de narrar a história da humanidade. Qualquer que seja o assunto, podemos esperar citações de Aristóteles ou Platão, referências sobre sua ocorrência na Idade Média, talvez de São Tomás de Aquino, do que disseram os iluministas sobre o assunto, e por aí afora. Nos exemplos mais tristes, a fabricação da historiografia da humanidade consome praticamente todo o prazo que estaria destinado à tese e preenche um número de laudas nas quais se pensaria que deveria estar o trabalho completo.

Uma tese deve revelar o domínio dos conceitos utilizados e certo conhecimento da literatura técnica. O assunto não deve estar solto no espaço, mas colocado em seu contexto histórico e teórico. Todavia, o domínio dos conceitos revela-se em seu uso ao longo da análise, e não na infindável seqüência de definições e citações de diferentes autores. Quanto ao conhecimento da literatura, espera-se competência acerca das idéias centrais e dos autores seminais, e não a erudição e o enciclopedismo. São aqui particularmente culpados os orientadores que tendem a valorizar nas teses o tecido adiposo de citações e a exumação histórica de autores que escreveram no passado sobre o assunto. Como regra geral, devemos entender que todos esses prolegômenos têm que se manter em uma posição modesta, tanto no tempo gasto com eles quanto na voracidade de papel. Se a tese tem pouco a dizer de substantivo, se tem poucos resultados a comentar, não é apresentando alentadas revisões da literatura, histórias da humanidade ou capítulos metodológicos gongóricos que se vai atenuar o problema. Uma tese grande e sem novidade é pior do que uma tese pequena sem novidades.

Uma história completa da educação no Brasil está por ser escrita. Não se pense por isso que esse possa ser um tema de tese. Quatrocentos anos de história diluem a criatividade e o foco do autor a ponto de não sobrar nada substancial para a compreensão de qualquer local ou momento. Em contraste, uma tese sobre a educação em Minas Gerais na década de 1930 poderia ser um estudo bem-vindo e viável, pois foi um período de grande fermento intelectual.

O que foi dito sobre a história da humanidade é também válido para os tratados de geografia e as descrições minuciosas sobre o processo de amostragem. Nada mais tentador do que preencher espaços com mapas e as variadas estatísticas contidas em um anuário.

Igualmente, o fato de amostrarmos significa que estamos interessados no universo. Não cabe, portanto, descrever minuciosamente as unidades que compõem a amostra, a não ser que isso possa definitivamente contribuir para uma melhor compreensão de certos resultados.

As ofensas à língua pátria: prova de redação para mestrandos?

A experiência de fazer um mestrado talvez tenha como grande ganho pessoal o imenso aumento na capacidade para se fazer entender por escrito na língua pátria. Possivelmente, os ganhos de conhecimento na área substantiva da tese ou a contribuição para a humanidade daquele conhecimento não se comparam às melhorias na capacidade de expressão escrita. De um aluno que praticamente nada escreveu até então — quem sabe uma carta ocasional para a mamãe ou um suado trabalhinho de estágio — pede-se que produza uma obra que tenha até mesmo o potencial de ser publicada em forma de livro.

Se o grande ganhador nesse processo é o aluno, não há dúvida de que o grande perdedor é o orientador da sua tese. Não raro, cerca de 50 por cento do tempo de orientação é consumido em questões de estilo, clareza ou forma.

Como sabemos, as idéias não são transmitidas por comunicação telepática, mas por meio da palavra escrita. Se nas orações falta o sujeito, predicado ou outras partes, é necessário indagar do aluno quais sejam. O conteúdo vem por meio da forma — se esta é ininteligível, obscura, ambígua ou desconchavada, deixa de ser apropriadamente transmitido o conteúdo. Dizer que está ruim a forma raramente adianta, pois voltará igualmente insatisfatória na próxima versão, obrigando o orientador a ler duas vezes a mesma porcaria. A contragosto e praguejando, o orientador torna-se então um revisor de estilo e de gramática, perdido em meio a questões de forma: "Se era isso o que você queria dizer, por que não disse, em vez de escrever o que aí está?" Às vezes não sobra tempo nem paciência para as questões de conteúdo.

Seguramente, *o aspecto mais cansativo e desalentador de orientar uma tese resulta da incapacidade e da inexperiência do aluno em questões de redação*. É surpreendente a diferença na qualidade da redação entre o primeiro e o último capítulo. Em desespero, adotei uma prova de redação como critério para aceitar orientandos. Para tornar mais incruenta a confrontação, esta passa um pouco disfarçada. Peço, por escrito, uma discussão inicial sobre o tema. Se vier um texto desastroso, vou saindo de fininho. Não oriento.

Do discurso de vereador ao discurso científico

Apesar de serem capazes de colocar sujeitos e predicados e evitar frases de pé quebrado, alguns sofrem de incontíveis tendências para a adjetivação rica, o circunlóquio, a hibérpole e praticamente todos os recursos estilísticos. Quando finalmente se entende a figura de estilo, já se esqueceu a idéia. *Há sempre uma maneira mais simples, mais direta de se dizer alguma coisa, e esta é sempre evitada.* Se há uma palavra mais vaga, mais grandiloqüente e com significados mais ambíguos, por que não usá-la?

Alguns só conseguem escrever de forma clara quando levados à exaustão, premidos por prazos improrrogáveis e totalmente desiludidos da sua capacidade de manipular a língua. É então que voltam apologeticamente com um trabalho que relutam em entregar e se envergonham de havê-lo escrito. Isso porque não tiveram tempo de cuidar de sua ornamentação. Ficam imensamente surpreendidos ao saberem que, pela primeira vez, escreveram claro e bem. Trata-se aí de um trabalho de catequese e doutrinação para o orientador, que finalmente descobre que o aluno sabe escrever, mas que se envergonha de qualquer maneira direta de transmitir uma idéia.

O problema se complica muito quando o pesquisador, além de não saber escrever, não admite a possibilidade de fazê-lo em forma simples. Se forçado a escrever rapidamente para evitar as metáforas e outras figuras, ninguém sabe o que está querendo dizer. Se lhe damos tempo, a compreensão da idéia passa a ser agora obstruída pelas figuras de estilo e pelo barroco científico.

EXERCÍCIO DE APLICAÇÃO

Escolher um trabalho de aluno (monografia, tese etc.) e analisá-lo segundo os critérios propostos anteriormente. [Sugestão: é mais fácil encontrar fragilidades em um trabalho que ainda não passou pelo crivo do orientador, pois contém erros mais óbvios.]

A teoria da baleia e a orientação de teses

A presente seção trata de um tema fundamental sobre o qual o autor tem uma opinião muito definida. A saber, na escolha do tema, o aluno que se encontra em seu nível máximo de inexperiência tem que tomar a decisão mais difícil de todas que é escolher o tema de seu trabalho pelo próximo par de anos.

A escolha do tema é a etapa mais difícil

O conhecido sociólogo Robert Merton chegou a alguns resultados interessantes ao estudar a 'sociologia dos cientistas'. Examinando uma considerável amostra de laureados com o prêmio Nobel, descobriu que um terço dos vencedores tinha sido aluno de outros pesquisadores também laureados. A probabilidade de tal associação ocorrer por acaso é muito remota, devido ao pequeno número de premiados em qualquer departamento e à dificuldade de identificar com a devida antecedência estudantes de talento excepcional que pudessem ser escolhidos para trabalhar com professores vencedores do Nobel. Se isso era verdade, os ganhadores do Nobel estavam transmitindo algo a seus alunos que aumentava a chance de ganhar, eles também, o prêmio. Outras razões tinham que ser exploradas. Merton continuou com suas inquirições. Os QIs não eram mais altos do que os de seus colegas de profissão. Tecnicamente, eles não eram superiores. Como conferencistas, não se distinguiam.

Após explorar esses falsos caminhos, Merton atinou com a explicação. Os entrevistados indicaram que seus *professores com Nobel conseguiam transmitir-lhes a sensibilidade para identificar onde estão os problemas de pesquisa mais interessantes e promissores*. Mostravam quais temas estavam maduros para receber esforços adicionais e onde seria oportuno concentrar esforços para obter uma contribuição significativa. Em suma, a escolha certa do tópico era a questão mais crítica na pesquisa. Era essa a alavancagem que fazia um aluno de prêmio Nobel ser forte candidato para ganhar também o seu.

Um corolário dessa relevância fatal da escolha de temas de pesquisa nos é dado pela comparação entre universidades (ou departamentos) de diferentes níveis de excelência. Nas instituições que são consideradas melhores paira um clima de opinião mais nítido e mais bem informado acerca dos temas que, naquele momento, é oportuno pesquisar. Tal agenda latente revela-se um grande trunfo, sobretudo para os estudantes de menos brilho que aí estudam. É bem grande a vantagem que eles levam sobre colegas de equivalente competência, mas que freqüentam centros mais fracos. Sobretudo em áreas do conhecimento sujeitas a grandes transformações e em que são difusas as prioridades na escolha dos temas a serem investigados, emerge a ampla vantagem oferecida pelos centros de maior estatura intelectual.

Na verdade, quando comparamos uma tese de uma grande universidade com a de outra menos destacada, não costumamos encontrar menos cuidado e menos desvelo nesta última. Tecnicamente, não é mais frágil o tratamento do tema, nem mais inapropriada a revisão da bibliografia. Pode até ser o oposto, com os centros de menor prestígio empurrando seus alunos a um acabamento mais apurado. A diferença está, quase sempre, no tópico escolhido. O aluno do centro melhor convive com pessoas que têm o faro para os temas que darão mais dividendos intelectuais.

Essa proposição ficou bem ilustrada por um estudo de caso das propostas de pesquisa e do currículo de candidatos a bolsas de pesquisa em educação da Fundação Ford no Brasil. Tratando-se de área nova e com temário incerto, nossa hipótese era de que as propostas aprovadas pelos grupos de consultores viriam ou de pessoas que freqüentaram uma universidade de grande prestígio no exterior ou de alunos cujos orientadores estiveram nessas instituições. Um tópico desinteressante ou um plano de pesquisa impraticável é, normalmente, a causa do indeferimento. A hipótese foi confirmada, sem exceções, e ficou meridianamente claro o vínculo direto ou indireto dos candidatos vencedores com instituições de grande prestígio.

Em que pesem todas as cautelas na interpretação desse pequeno teste, ao examinar as propostas de pesquisas, não podemos abandonar a idéia de que seu fracasso ou êxito na competição estava enormemente preso a decisões tomadas nos primeiros momentos do ciclo de vida da pesquisa. E nesse momento de concepção o destino da pesquisa é muito vulnerável ao clima intelectual da instituição que a abriga.

A teoria da baleia

Qualquer texto elementar em teoria da aprendizagem afirma que se deve começar do mais fácil e avançar gradativamente para os passos mais difíceis no processo de dominar qualquer habilidade — seja poesia grega ou tênis. O famoso *Discurso sobre o método*, de Descartes,[3] diz exatamente isso.

Entretanto, essa regra, aparentemente trivial, nem sempre é aplicável. As crianças, em muitas situações, não aprendem na seqüência do mais fácil para o mais difícil. Aos dois anos, precisam aprender a andar como bípedes. Ora, até hoje o andar dos bípedes desafia os programadores de robôs. São muitas variáveis a serem concatenadas ao mesmo tempo.

No início da alfabetização, aprender a converter rabiscos no papel em sons — e vice-versa — é um desafio enorme. No entanto, as crianças aprendem a ler.

Para aprender como fazer pesquisa é necessário viver a experiência de fazer pesquisa, pois não se aprende a fazê-la em cursos ou manuais. O problema surge do fato de que, por sua própria natureza, as dificuldades ao longo do caminho não são uma função linear e crescente do tempo. Seria desejável que os primeiros passos fossem fáceis, com as etapas subseqüentes sendo gradativamente mais difíceis. Na verdade, o oposto parece ser mais verdadeiro. Escolher o tópico e definir uma estratégia geral de pesquisa são, muitas vezes, os passos mais difíceis e críticos em todo o ciclo do trabalho.

Se pensarmos em uma seqüência que buscasse facilitar o processo de aprendizagem — tal como Descartes proporia —, cada passo seria um pouco mais difícil do que o anterior. Pensando em uma representação geométrica, poderíamos elaborar um gráfico em que o eixo horizontal representasse o tempo, e o vertical, uma medida de dificuldade. (Veja a Figura 4.1.)

A linha reta ascendente representa a seqüência didática, isto é, a forma correta de se organizar

Figura 4.1   A trajetória da dificuldade em uma tese

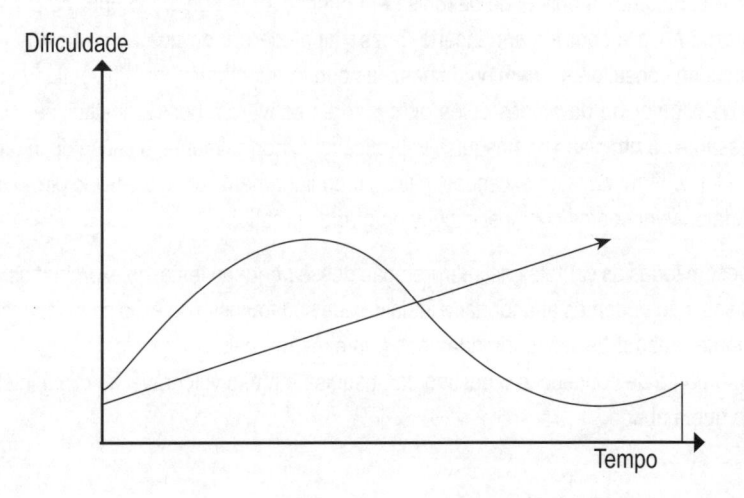

as tarefas do ponto de vista de facilitar a aprendizagem. Em outras palavras, as tarefas do pesquisador iniciante começariam fáceis e, com o passar do tempo, a dificuldade iria aumentando.

Lamentavelmente, a pesquisa é refratária a tal organização. *O mais difícil é a escolha do tema e o desenvolvimento da estratégia de sua abordagem. Infelizmente para a didática, é uma fase que só pode vir antes.* O que se segue, em comparação, é mais rotineiro e mecânico. Somente ao fim, na amarração final da tese, voltam a aumentar as dificuldades.

Por pura coincidência, a curva que descreve essa seqüência 'mal-comportada' de dificuldades assemelha-se à figura de uma baleia, como lembrou um estudante ao ver o assunto apresentado em aula (veja a Figura 4.2). Fica, pois, batizada de 'teoria da baleia' esse grande desacerto no aprendizado da pesquisa, em que o mais difícil aparece exatamente quando o autor está menos preparado.

Experiência em pesquisa, conhecimento profundo do campo, maturidade e lucidez são os requisitos para uma boa escolha de tópicos. Mas essas são, quase necessariamente, as qualidades que faltarão à maior parte dos estudantes que deve escrever uma tese. Esse possivelmente será seu primeiro trabalho de pesquisa, pois é mínima a experiência adquirida nos programas de graduação. É até provável que a maior parte dos estudantes termine sua graduação sem haver escrito um único relatório de pesquisa.

O que é apropriado pesquisar? O que está por ser feito? Que dados e que tipos de amostras usar? Como estruturar a análise? Como o projeto se relaciona às teorias existentes? Deixados à sua própria sorte, os principiantes facilmente se confundem em todos esses pontos.

Quando se examinam títulos e conteúdos de teses em várias universidades, torna-se óbvio que a maioria dos estudantes erra estrondosamente. Alguns escolhem tópicos que não têm nenhuma relação com os temas candentes da sua área. Outros optam por temas que não oferecem perspectiva de produzir resultados interessantes, seja devido a obstáculos metodológicos, seja porque o tópico já foi demasiado explorado.

Figura 4.2   Teoria da baleia

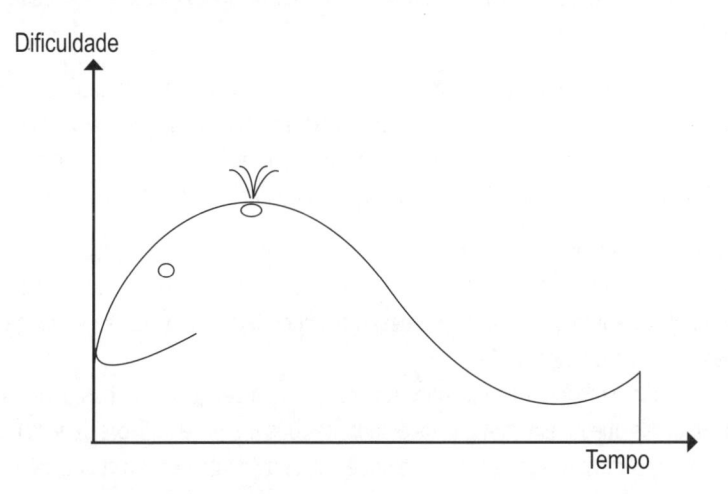

Podemos encarar essa mesma questão sob prisma mais amplo de alocação de recursos de uma sociedade. Freqüenta a pós-graduação um contingente enorme de pessoas de considerável talento e em suas idades mais produtivas. Devotam às suas teses até mil horas de trabalho.

Lamentavelmente, esse esforço se perde, com muita freqüência, devido ao simples fato de que estão tentando responder às perguntas erradas. Em primeiro lugar, deixam de avançar a fronteira daquele conhecimento que faz a diferença, pois suas teses são irrelevantes. Em segundo lugar, é limitado o aprendizado obtido tentando responder à pergunta errada. Aprenderiam muito mais se um tópico mais apropriado houvesse sido escolhido. É fácil, portanto, justificar, de uma perspectiva macrossocial, o esforço de devotar maior atenção à contribuição científica dos trabalhos de tese.

Esforço e diligência não faltam à maioria dessas teses. Pelo contrário, há uma boa fração de estudantes pós-graduados extraordinariamente diligentes e dedicados consumindo centenas de horas em sua preparação (em média leva-se entre um e dois anos para completá-la). Sendo o mestrado e o doutorado os graus mais altos oferecidos na maioria das escolas, o esforço neles despendidos seria mais bem aproveitado se a escolha do tópico fosse mais feliz.

Em resumo, insistimos na proposição de que *escolher o tópico é a parte mais difícil na pesquisa feita por iniciantes*. A ausência de melhor orientação para os estudantes nessa tarefa está levando à aplicação de grandes esforços em tópicos irrelevantes ou inviáveis.

Estamos, portanto, diante de um desafio de criar mecanismos que levem os novos pesquisadores a melhorar sua escolha de tópicos. Seria presunçoso pensar que temos uma solução fácil e garantida. Porém, o mínimo que se pode esperar é uma percepção mais clara acerca da natureza do problema e um esforço maior de lidar com ele. De fato, tanto quanto podemos verificar, há menos preocupação com a escolha do tema nos programas de pós-graduação do que seria sugerido pela irrelevância de uma proporção significativa de teses.

É muito fácil dizer que os pesquisadores escolhem os tópicos errados. A questão difícil, naturalmente, é dizer quais são os certos. Quem terá a resposta definitiva? Dificilmente dois pesquisadores estarão completamente de acordo com respeito a uma agenda de prioridades.

A maioria dos programas nas distintas ciências sociais tem cursos em métodos de pesquisa. Tanto a ementa desses cursos quanto sua aplicação prática nas salas de aula incluem pouca discussão sobre a escolha do tópico. A ausência desses assuntos sugere que essa não é uma preocupação nesses cursos.

A busca de completo consenso não é nem necessária nem desejável. *Mas é totalmente injustificável o pretenso laissez-faire no processo de escolha, mal disfarçando a ignorância e a falta de informação sob as quais é tomada a maioria das decisões nessa área*. Parece razoável supor que se deva dedicar mais tempo e mais esforço à questão da escolha apropriada de tópicos de pesquisa.

Enfatizamos a existência de um ponto de estrangulamento na escolha dos tópicos, problema que parece ser o mais importante. Mas, mesmo que essa dificuldade seja superada, com muitos chegando de alguma forma a tópicos interessantes, conduzir uma pesquisa através de todas as suas etapas não é uma tarefa fácil.

Boa orientação é um ingrediente crítico na produção de pesquisas de boa qualidade. De fato, são os orientadores que fazem com que os estudantes das melhores universidades sejam levados a produzir trabalhos mais relevantes. Não se pode substituir a intervenção crítica de um orientador de talento por mais horas de dedicação de um orientador medíocre.

O orientador não é uma 'babá' a levar pela mão seu aluninho. Sua função é fazer com que a pesquisa caminhe na direção certa, abstendo-se de interferir nos acertos e erros do cotidiano — que no fundo são enriquecedores —, mas fazendo-se presente nas grandes encruzilhadas e abortando erros irreversíveis ou que fariam perder muito tempo.

Um bom orientador torce o nariz diante de um plano de coleta de dados ao sentir que não vai funcionar. Fareja de longe o preconceito e a ideologia mergulhados em algum argumento. Seu instinto diz que não vai sair nada de bom da hipótese escolhida. Sente os ventos intelectuais soprando em certas direções e percebe onde podem estar bolsões de estagnação das idéias. Tudo isso às vezes pode fazer em poucos minutos, pois se trata de convocar seu repertório passado de experiências, e não de resolver problemas novos.

É curioso notar que, em meio a todos os progressos da didática, tecnologia educacional e métodos de treinamento de pessoal, a orientação de teses é uma arte pretérita. De fato, a interação pessoal entre mestre e aprendiz é uma relíquia dos métodos medievais de ensino. Mas nem por isso deixa de ser um método esplêndido. Ademais, não há melhores alternativas.

Em inúmeras situações didáticas, os conhecimentos são transmitidos mais eficientemente em salas de aula, laboratórios e com o auxílio de textos e outros materiais didáticos. Na formação do pesquisador, da mesma forma, o começo de seu desenvolvimento intelectual e sua profissionalização na área devem acompanhar os procedimentos usuais de aprendizado na universidade, quando nada, por razões econômicas, isto é, rendimentos de escala.

Contudo, a partir de um momento, não se trata mais de aumentar o repertório de fatos, teorias e instrumentos de análise. *Na prática da pesquisa surgem situações para as quais não se podem redigir instruções.* Já mencionamos anteriormente os hábitos de pesquisador, a atitude crítica e a disciplina intelectual. Há também o desenvolvimento da capacidade do julgamento educado. É a sensibilidade e o faro que intuitivamente dirigem o pesquisador para o problema importante.

É lutando no corpo a corpo das pequenas e grandes decisões, no curso de uma pesquisa, que o aprendiz vai se formando. A estratégia e a tática para desvendar a realidade e para representá-la por alguma teoria não podem ser aprendidas somente com as leituras.

A experiência de redação de teses nas boas universidades oferece uma experiência desse tipo, pela via de seminários e orientação acadêmica por parte de pesquisadores mais experimentados. Mas, no Brasil, a experiência escolar prévia é mais deficiente, exigindo menos iniciativa pessoal e menos trabalhos individuais. É somente ao começar a preparar sua tese que o futuro pesquisador se defronta com muitos dos problemas mencionados no parágrafo anterior. Nesse momento, faz-se necessário que o iniciante comece a trabalhar como 'aprendiz', associado a um pesquisador mais graduado.

EXERCÍCIO DE APLICAÇÃO

Escolher um trabalho feito por você, com o apoio de um orientador. Refletir sobre os momentos de interação com ele. Que assuntos foram tratados, que mudanças de rumo foram introduzidas? Qual foi o papel do orientador na escolha do tema? E na estratégia de abordagem e uso dos métodos? Que conclusões você tiraria dessa experiência? Se ainda não tiver experiência pessoal em realizar tais trabalhos, entrevistar um colega.

O orientador como guia espiritual e consultor sentimental

Além de professor de português, professor de estatística e bibliotecário, o orientador tem outros tantos papéis no domínio afetivo. Preparar uma tese é uma experiência emocionalmente tensa para a maioria dos alunos. Além das crises normais geradas na condução da pesquisa, a mobilização psicológica para a preparação da tese pode desencadear crises maiores em almas mais vulneráveis. Divórcios não são incomuns e atendimentos psiquiátricos às vezes se fazem necessários. Mas, mesmo sem crises, o desafio e as dificuldades da tese podem criar insegurança e grandes temores.

Já foi publicado um trabalho em uma revista de psiquiatria em que o autor buscava demonstrar que o aluno de doutorado sofre uma regressão infantil. Como o psicanalista, o orientador assume o papel do pai e o aluno se infantiliza, tornando-se frágil e vulnerável. A aprovação e a defesa da tese correspondem à sua liberação, ao fim da catarse, terminando assim o processo de regressão infantil. Será?

Por motivos que até psicólogos amadores facilmente identificariam, as crises metodológicas e os dramas existenciais são acompanhados por ferozes invectivas contra a universidade e a chefia dos departamentos a que pertencem os zangados alunos. Quando vacilam as teses ou claudica o ritmo de trabalho, isso se deve a algo profundamente sinistro sendo tramado ou a desmandos caóticos da coordenação do departamento. Ou quem sabe é culpa do MEC?

Um pouco independentemente de suas qualificações na área, vê-se o orientador forçado a consolar, encorajar ou aplicar vários modelos de sermão, improvisados de acordo com o momento: algumas prédicas para não desanimar os que já estão chegando ao fim; vários aconselhamentos para a necessidade de aprender a escrever; alguns sermões pregando a fé em que algum dia alguma coisa vai sair do computador. Há outros, indicando que um 'chi' quadrado, um 'T' ou um 'F' não significativos não indicam o fim do mundo nem o fracasso da pesquisa. A primeira versão do capítulo de conclusões requer um sermão especial para acompanhar os comentários técnicos do orientador, indicando que ali está longe de haver qualquer conclusão e que não passa da repetição mecânica de meia dúzia de coisas que já se encontravam antes.

Faz algum tempo, incendiou-se — ficando totalmente carbonizada — a única versão final da tese de um orientando meu. Devo confessar a minha incapacidade para encontrar a alocução que a gravidade do momento sugeria.

Dos direitos e deveres do orientador

O orientador é um ser humano, com uma paciência que encontra seus limites próprios. Tem, portanto, o *direito de esbravejar diretamente com o orientando, no estilo que mais lhe agrada ou alivia*. Não cabe à sua mulher, mas ao próprio orientando, a ingrata função de receber todas as tempestades provocadas pela sua inépcia.

O orientador deve permitir e estimular divergências de opinião entre o orientando e ele mesmo. Sua função não é a de catequizar ou doutrinar, mas sim de levar sua crítica ao extremo lógico daquilo que pode ser demonstrado factualmente ou teoricamente. O que pode ser demonstrado como errado está, *ipso facto*, errado e cai fora. Se a lógica fracassa, pela mesma razão a tese entra na censura. Todavia, se há uma divergência de opinião ou de juízo de valor, a atuação do orientador será apenas no sentido de levar o autor a fazer explícita a natureza subjetiva ou valorativa da questão e não deixar que ela fique escondida.

Um orientando meu veio com uma tese cheia de ramificações ideológicas frondosamente instaladas em sua análise de um sistema de ensino. Com o peso do meu poder de veto, obriguei-o a limpar tudo, fazendo da tese uma análise do mundo real, e não uma plataforma para suas pregações. Impotente, teve que ceder e a tese foi aprovada, após a higienização ideológica. Esse era o meu papel. Mas tive uma grande surpresa ao ver o livro que saiu a partir da tese. Era a versão velha, com todas as denúncias e perorações que eu havia vetado.

Faltou mencionar as obrigações dos orientadores. O primeiro dever é um exame de consciência prévio à aceitação da tarefa de orientar, visando fazer uma *estimativa tão realista quanto possível do tempo que poderá devotar à tese e a seu autor*. Essa estimativa deve ser comunicada com toda ênfase ao aluno, para que não se gerem falsas expectativas. O segundo dever é cumprir com os compromissos assumidos. A vida do aluno depende de terminar a tese. Já bastam os imprevistos e as crises existenciais. Não é justo que tudo se atrase porque o orientador teve menos tempo do que havia pensado — contudo, cabe ao aluno não aceitar o orientador, se achar que o tempo prometido é pouco. E, obviamente, o que é 'muito tempo' e o que é 'pouco tempo' é altamente subjetivo. Na França é considerado adequado receber o orientando duas vezes por ano. O terceiro dever é *ler e comentar o trabalho em curso dentro de um prazo razoável.*

Cabe ao orientador decidir quando a tese está suficientemente madura para ser levada à defesa. Esse é um momento delicado. Convocar a banca é o endosso oficial da tese por ele. É sua reputação profissional que está em jogo. Um erro é deixar passar uma tese desnecessariamente fraca por preguiça ou falta de tempo para trabalhar com o aluno. O erro oposto é exigir mais do que o razoável por razões puramente de reputação profissional. Há uma hora em que a coisa começa a patinar e o tempo consumido não resulta em melhorias significativas. É essa a hora de ir para a defesa.

Acredito que uma tese — ou qualquer trabalho científico — não fica pronta jamais. É sempre possível continuar melhorando. Na prática, o trabalho acaba quando vence o prazo fatal ou quando o autor (ou o orientador) chega à exaustão.

Por persuasão ou por índole, orientadores variam em seus estilos de trabalho. Uns são pacientes, outros, afobados; uns são benevolentes, outros, zangados. Alguns vetam sucessivamente, até que os alunos consigam chegar finalmente, por conta própria, à solução correta. Outros têm vocação para babá e quase chegam a fazer o trabalho do aluno. Naturalmente, alguns têm mais tempo ou mais disposição para gastá-lo com seus alunos. É importante que o aluno conheça antecipadamente as regras do jogo e as idiossincrasias do seu orientador.

Notas

1 Mario Prata, "Uma tese é uma tese" (excertos). In: *O Estado de S. Paulo*, Caderno 2, 7 out. 1998.
2 Carlos Frederico Von Martius, "Como se deve escrever a História do Brasil". In: *Revista do Instituto Histórico*, jan. 1845.
3 René Descartes, *Discourse on method*. Baltimore: Penguin Classics, 1960.

CAPÍTULO 5

O DIÁLOGO DO MÉTODO COM O OBJETO DE ESTUDO

"A questão não é para onde você olha, mas o que você consegue ver."

H. D. Thoreau

A pesquisa tem algumas semelhanças com os contos policiais. A natureza é misteriosa, se esconde, se metamorfoseia. O investigador usa de toda a sua argúcia para desvendar seus segredos. De acordo com as negaças da natureza, escolhe uma nova estratégia, muda de disfarce. Seus planos de ação precisam se ajustar aos avanços e recuos de sua presa.

Mais concretamente, o método se ajusta ao mistério que queremos desvendar. E, como não conhecemos perfeitamente o objeto de estudo, novas pistas nos vão levando a mudar de tática quando a primeira se revela inadequada.

O presente capítulo lida com esse duelo permanente do pesquisador com a natureza. Lida com as estratégias mutantes e delicadas de espreitar a natureza, de forma a poder vê-la cada vez mais claramente.

O engenho e a parcimônia

Para saber quanto pesa um caminhão de porcos ou se está chovendo, não preciso de muita teoria ou muita ciência. Levo os porcos a uma balança e olho como está o tempo pela janela. A ciência começa a ser necessária quando as respostas do senso comum não satisfazem. Se eu quiser saber quanto pesarão os mesmos porcos daqui a um ano ou se choverá daqui a três dias, aí sim precisarei da ciência.

Mas a natureza é elusiva, não entrega facilmente seus segredos. Moisés teria recebido os Mandamentos de Deus, mas a Lei de Boyle-Mariotte não estava escrita em nenhuma pedra. É preciso imaginação e criatividade para desvendar o mundo real.

Portanto, outra característica da observação científica é a *astúcia em sua concepção*. A natureza é arredia e enganosa, ela não se revela aos ingênuos. É preciso saber espreitá-la em seus momentos de distração. Para que Einstein tivesse a primeira indicação empírica da legitimidade da Teoria da Relatividade Restrita foi necessário esperar, por várias décadas, um eclipse total do Sol.

Nas ciências sociais, essa astúcia talvez seja até mais importante. As variáveis que queremos explicar — denominadas dependentes — são influenciadas por grande número de outras variáveis que freqüentemente são correlacionadas entre si. Daí o uso das técnicas de regressão múltipla e de análise fatorial que nos oferecem possibilidades de isolar estatisticamente aquelas variáveis que parecem ser as mais importantes na explicação do fenômeno.

Existem, porém, sérias limitações a essas técnicas, e os artifícios estatísticos utilizados, às vezes, introduzem problemas insuperáveis de interpretação. As respostas mais confiáveis são obtidas quando conseguimos identificar situações, sob certos pontos de vista, anômalas, mas que nos permitem manter constantes certas variáveis candidatas à explicação do fenômeno. As mudanças bruscas, como guerras e cataclismos, nos permitem às vezes verificar proposições que resistiam às mais sofisticadas técnicas estatísticas, pois introduzem modificações profundas em curto espaço de tempo e que podem ser mais facilmente analisadas — em contraste com o fluxo da história, em que tudo muda lentamente e ao mesmo tempo.

Vejamos um exemplo. Há uma longa controvérsia sobre as origens da inteligência humana. Uns acham que é a genética, outros defendem o primado dos fatores ambientais (na literatura anglo-americana, é a controvérsia do *nature versus nurture*). Com ratos é possível fazer inúmeros experimentos controlados (nos dias de hoje, podemos comprar ratos de laboratório com uma herança genética muito parecida). Mas não podemos extrapolar os resultados para humanos e tampouco fazer experimentos comparáveis. No entanto, os gêmeos univitelinos têm rigorosamente a mesma ordenação genética. Se são diferentes, só pode ser pelo efeito do meio ambiente. Por isso a maior fonte de resultados interessantes sobre o assunto vem da pesquisa com esses gêmeos.

Tomemos outro exemplo. Supomos que o apoio dos pais tenha forte impacto nos resultados escolares. Mas, quando buscamos os dados, verificamos que as diferenças entre alunos de diferentes classes sociais são tão grandes que mascaram possíveis efeitos da dedicação da família a seus filhos. Ao encontrarmos correlações entre rendimento escolar e desvelo da família, não sabemos se é isso mesmo ou se é mais uma manifestação do impacto das diferenças sociais e econômicas da família sobre o aproveitamento escolar do aluno. Mas, em uma pesquisa que toma como universo apenas as escolas cujos alunos vêm de classes sociais mais altas, os resultados encontrados para a participação da família estão depurados dos efeitos das diferenças entre classes sociais, já que todas as famílias são da mesma classe. Ou seja, uma escola em que todos os alunos são de classe alta permite estudar o impacto de diferentes métodos de ensino sem ter que fazer controles estatísticos complexos para eliminar a influência da classe social sobre os resultados.

A investigação em ciências sociais raramente é óbvia, simples ou sumária. Os universos de investigação podem ser grandes demais (a população do Brasil), os conceitos podem ser evasivos ou dúbios (medir qualidade da educação) ou o número de variáveis que agem simultaneamente pode ser excessivo (o que acontecerá com a distribuição de renda se modificarmos o salário mínimo?). A marca de um bom pesquisador é o engenho com que escolhe o momento e o local de testar sua teoria e a parcimônia no uso de seu tempo e de seus auxiliares para o processo de verificação empírica. O teste inteligentemente concebido e as amostras habilmente planejadas identificam o pesquisador de talento. O melhor pesquisador é o que obtém mais resultados com menos esforço, menos dados e amostras menores.

Os defensores da teoria do excedente de mão-de-obra afirmavam que, se houvesse uma redução no contingente de trabalhadores da agricultura, não haveria queda na produção e que uma fração ponderável daquela seria redundante.[1] No entanto, empiricamente seria difícil testar essa proposição, já que as reduções em geral observadas são demasiado lentas, permitindo que, simultâneos com a redução, haja outros reajustamentos, modificações tecnológicas e remanejamentos do sistema. Quaisquer resultados observados não seriam conclusivos, pois podem facilmente ser atribuídos a outros fatores. T. Schultz revelou o tipo de engenho a que estamos nos referindo ao testar as variações na produção agrícola da Índia, após uma séria epidemia que dizimou uma fração importante da mão-de-obra na década de 1920. Foi uma modificação brusca e acidental que permitiu um teste simples da teoria (há algumas dificuldades técnicas no trabalho de Schultz, mas não cabe comentá-las aqui).

Vale mencionar outro aspecto do engenho requerido ao conduzir uma pesquisa. Uma das características do processo científico é um conjunto de procedimentos que se pautam, antes de tudo, no princípio da economia ou da eficiência. Esse princípio não diz respeito diretamente às ciências econômicas, mas à idéia de que se busca obter, armazenar e ter acesso ao máximo de informação ou conhecimentos possíveis com dado nível de esforço ou dispêndio (de tempo ou de recursos).[2]

As amostras não devem ser grandes ou pequenas, mas sim *suficientes*. Isso pode significar uma pesquisa dispendiosa quando o grau de confiança exigido é elevado, quando é pequena a diferença entre os universos de onde viriam as amostras ou quando é grande a variância dos atributos relevantes na investigação. Contudo, encontramos muitos casos em que seria apropriada uma amostra extraordinariamente menor do que as coletadas.[3]

Ainda que o orçamento não seja o fator limitativo, recursos excessivos podem ser prejudiciais por induzir o pesquisador a levantar uma amostra grande demais e a reunir uma equipe inflacionada, assim prolongando desnecessariamente o tempo de coleta. E amostras grandes requerem maiores custos de processamento e análise. Costuma-se dizer que o maior inimigo da pesquisa pode não ser a falta de dinheiro, mas o excesso.

Uma amostra excessiva adiciona, às vezes, muito pouca precisão aos resultados, conquanto o tempo de coleta e os gastos sejam sempre uma função quase linear do número de observações. De acordo com os estatísticos, como primeira aproximação, para se reduzir a margem de erro pela metade é necessário quadruplicar o tamanho da amostra.[4]

A questão, portanto, não é ter amostras grandes ou pequenas, mas ter a menor amostra que gera os resultados desejados com a margem de erro aceitável. Para observar tendências e associações, precisamos de amostras muito menores do que aquelas necessárias para obter margens de erro que permitam dizer alguma coisa sobre subgrupos dentro do universo examinado. Na prática, com uma amostra de 500 observações já temos uma idéia razoável de algum fenômeno que nos interessa — por exemplo, intenções de voto. Mas, se os candidatos estão quase empatados, 500 observações contêm uma margem de erro inaceitavelmente grande. Por outro lado, se quisermos resultados representativos por estado, temos que ter esses 500 em cada um dos 27 Estados.

EXERCÍCIO DE APLICAÇÃO

Tomar um exemplo qualquer de pesquisa em que tenha sido usada uma amostra em vez do universo. Discutir por que foi tomada tal decisão. Na sua opinião, foi uma opção acertada? Discutir o tamanho da amostra. Se houvesse mais recursos e mais tempo, valeria a pena aumentar seu tamanho? Se fosse necessário reduzir em 50 por cento o tamanho da amostra, isso prejudicaria a confiabilidade de quais conclusões?

A fertilidade lógica e os becos sem saída

No processo de elaboração científica, criamos um mundo abstrato de conceitos, definições, axiomas e silogismos (tecnicamente chamados *constructos*), com o auxílio dos quais organizamos e damos sentido aos fatos e eventos gerados pela nossa observação (*protocolos*). Uma ciência corresponde a uma rede de formulações ou *constructos* coerentes e interligados, isto é, as teorias são em maior ou menor grau ligadas umas às outras, utilizando-se de um fundo comum de axiomas, definições e articulações. Contudo, a densidade dessa malha não é homogênea. Há certas áreas que são servidas por *constructos* singelos e escassamente ligados ao restante do corpo da ciência. Outras áreas são constituídas por *constructos* de grande densidade, em que as formulações interpenetram-se e associam-se densamente. Filósofos da ciência entendem que há maior fertilidade lógica nas teorias ligadas a essas áreas mais densas.[5]

O interesse e a potencialidade da pesquisa dependem sobremaneira da fertilidade lógica das teorias subjacentes ao tema escolhido. *Um tema cuja formulação teórica seja pobre em conexões com outras áreas da ciência inevitavelmente conduzirá a pesquisas rasas e de interesse limitado como contribuição científica* — o que absolutamente não quer dizer que não sejam particularmente úteis como informação.

Se o objetivo da pesquisa é trazer alguma contribuição e, em particular, 'dar filhotes' sob a forma de novas áreas e novos problemas sugeridos, a fertilidade lógica dos esquemas teóricos deve ser considerada.

Algumas civilizações primitivas associam erupções vulcânicas à ira dos deuses dirigida contra algum ato malvado de seres humanos. Quem sabe será uma boa teoria? Pode até ser testada empiricamente, mas um cientista provavelmente prefere teorias alternativas, pois encontrará na teoria da ira dos deuses as idéias soltas e sem quaisquer ramificações com o restante da ciência. Achará mais interessante as teorias que falam de movimentações de placas tectônicas. Essa segunda alternativa pertence a uma família enorme de outras formulações que explicam terremotos, maremotos, tsunamis e muitos outros fenômenos naturais. Mesmo sem levar em consideração a possibilidade concreta de monitorar abalos sísmicos e prever atividades vulcânicas mais perigosas, o mero fato de ser parte de um conjunto articulado de idéias e teorias a torna muito mais atraente do que a outra que trata da ira dos deuses. De certa forma, a validação progressiva das outras teorias correlatas, como o deslocamento das placas tectônicas, aumenta a credibilidade e, portanto, os atrativos dessa teoria.

Um assunto que passou mais de um século hibernado volta de novo ao primeiro plano. Trata-se da Teoria da Evolução, originalmente formulada por Charles Darwin. Em oposição à Teoria da Evolução é proposto o criacionismo, segundo o qual a Terra teria sido criada há dez mil anos e teria surgido já pronta, da forma que a temos hoje. Não há biólogos de primeira linha que acreditem merecer o criacionismo qualquer atenção maior.

Mas examinemos a questão de outro ponto de vista. Suponhamos que alguém descobriu uma evidência forte em favor do criacionismo e que não foram encontrados argumentos ou evidências em contrário. Como ficaria a controvérsia?

Há duas considerações a serem feitas. A primeira é que mudaria a natureza da disputa. Hoje, o criacionismo é uma hipótese sem foros de verificação empírica. O surgimento de uma forte evidência faria da disputa uma controvérsia científica legítima. Mas não é isso que nos interessa, pela inverossimilhança de que tal evidência venha a aparecer.

A segunda consideração — que ilumina a tese desta seção — é o reforço ao evolucionismo dado por sua maior fertilidade lógica se comparado ao criacionismo. A Teoria da Evolução conecta-se com toneladas de livros e artigos; ela lida com idéias paralelas e contrasta teorias com evidência empírica.

O trabalho seminal de Darwin gerou uma quantidade gigantesca de 'filhotes'. Indícios de evolução das espécies estão documentados em milhares de estudos. A Teoria da Evolução se entrelaça com mais de um século e meio de pesquisas de campo e refinamentos de suas idéias. Os testes de carbono mostram que os índios brasileiros podem ter chegado ao continente há mais de dez mil anos, idade da Terra segundo os criacionistas. O próprio entrelaçamento dos testes de carbono com outras teorias adensa a malha intelectual da Teoria da Evolução. Parando apenas nesse detalhe para demonstrar o criacionismo, haveria que se demolir todo o edifício teórico que está por detrás dos testes de carbono, pois eles datam espécimes de mais de dez mil anos. Há problemas com o evolucionismo, e alguns deles foram apontados quando Darwin ainda vivia. Mas tais problemas não invalidam a direção geral do pensamento a respeito de como as espécies concorrem e evoluem.

Em contraste, o criacionismo é órfão da ciência. Não há qualquer possibilidade de conectá-lo com uma rede de teorias e princípios que se acumulam ao longo dos séculos. Ele não é capaz de responder a nenhuma das múltiplas perguntas que a Teoria da Evolução permite. Nem sequer consegue demonstrar que o teste do carbono mente.

O tema do presente comentário não é demonstrar as tolices do criacionismo, mas apenas explorar uma característica importante a ser considerada quando comparamos teorias. *Afirma-se que aquelas formulações mais enredadas na malha teórica de assuntos correlatos oferecem perspectivas mais promissoras.* Mesmo sem olhar para as tentativas empíricas de testar uma ou outra, o fato de que a teoria tem irmãos, primos e tios confere a ela, automaticamente, um atrativo adicional. Isso porque, ao serem seus parentes validados pela evidência, indiretamente a teoria torna-se mais crível.

Em resumo, se é nosso objetivo uma pesquisa de mais fôlego e pretensão, é indispensável que o problema possa ser examinado com um instrumento analítico possuindo fertilidade lógica. Isto é, os modelos explicativos utilizados deverão estar analiticamente próximos e densamente interligados com as teorias correntes na disciplina que estamos examinando — e, se possível, com outras correlatas.

EXERCÍCIO DE APLICAÇÃO

Escolher uma teoria que você esteja estudando (em qualquer disciplina). Tentar explorar as ramificações dessa teoria com outras correlatas. Ela é uma consequência natural dos avanços de outras teorias formuladas anteriormente? A partir dela, foram criadas linhas de pesquisas e formulações derivadas? Há relações entre essa teoria e o pensamento de outras disciplinas (contraditórias ou complementares)?

O assunto e a técnica: o que vem primeiro?

As técnicas de análise estatística são meros instrumentos de trabalho que nos permitem organizar a realidade e dar sentido e coerência a ela. No cotidiano da pesquisa, problemas diversos sugerem técnicas alternativas.

É somente a natureza do problema que determinará o tipo de técnica a ser utilizada. O esquecimento de uma questão tão trivial pode criar distorções sérias na condução da pesquisa.

O domínio de alguma técnica de análise implica um investimento fixo, pelo menos, de tempo do pesquisador. Certo interesse em não manter esse investimento ocioso pode ser esperado de qualquer pesquisador. O perigo, entretanto, é que o entusiasmo ou a afeição pela técnica aprendida leve o pesquisador a: 1) aplicá-la em situação em que isso não é justificado ou 2) selecionar problemas para ser analisados não pelo seu interesse intrínseco, mas pela possibilidade de usar a técnica.

No primeiro caso, teríamos o uso de um instrumental inadequado. De fato, já vimos o cálculo de variações e outras técnicas matemáticas desenvolvidas para a correção de trajetórias de foguetes espaciais sendo aplicadas à imputação de custos entre departamentos de uma universidade. É até possível que se trate do mesmo problema formal. Contudo, a possibilidade de resolvê-lo com uma simples 'regra de três' indica tratar-se de uma técnica desnecessariamente complexa para o caso.

Não estamos propondo o abandono das técnicas complexas. Simplesmente afirmamos que somente devem ser usadas quando, no trato de algum problema, revelarem superioridade nítida sobre as técnicas mais simples ou rudimentares.

No outro caso, vemos, às vezes, pesquisadores em busca de um problema em que possam utilizar sua técnica predileta.[6] A análise de regressão múltipla é uma técnica que parece encantar muitos economistas, que passam a escolher seus tópicos de pesquisa tendo como condição *sine qua non* a aplicabilidade dessa técnica. Muitos educadores rejeitam emocionalmente a pesquisa quantitativa. Isso é aceitável se estiverem dispostos a lidar com temas refratários à quantificação. Menos mal quando o tema e a técnica se entendem. Mas, como foi a técnica que buscou o tema, há sempre o risco da irrelevância do tema. E isso, de fato, pode acontecer.

EXERCÍCIO DE APLICAÇÃO

Escolher um autor conhecido cuja lista de publicações esteja disponível (por exemplo, em um site Web com seu nome). Dar preferência a alguém cujas obras tenham um *abstract* ou resumo disponível para facilitar a análise. Examinar os títulos de suas publicações tentando inferir se ele utiliza sempre os mesmos métodos e técnicas ou se tem um repertório mais variado.

Uso da técnica sofisticada ou uso sofisticado da técnica?

Quer-nos parecer, em ciências sociais, que *quem deve ser sofisticado é o pesquisador, não necessariamente as técnicas que ele usa.* Como já insistimos, boa parte das técnicas nas ciências sociais serve principalmente para educar a mente dos cientistas, e não para ser aplicada literalmente. No presente estágio das ciências sociais, parece plausível que a assimilação do estilo de pensar de uma ciência social possa exigir uma longa familiarização e vivência com aspectos mais recônditos ou requintados da teoria. Mas isso pode ser apenas uma maneira de desenvolver aptidões analíticas nessa área, uma etapa na formação profissional. Não se deve concluir daí que quanto mais requintada a técnica melhor será a pesquisa, mas sim que, quanto mais treinado o pesquisador, mais bem equipado ele estará para tomar decisões acertadas na condução da pesquisa.

Freqüentemente, a técnica mais apropriada é simples e despojada. Contudo, pode exigir do analista um elevadíssimo grau de perspicácia, imaginação e sensibilidade para sua aplicação correta.

Tomemos um exemplo real. Em meados de 1990 houve um grande esforço para eliminar um problema crônico das escolas técnicas federais. Por várias décadas, alunos de famílias de classe alta buscavam matricular-se nelas por serem gratuitas e por oferecerem uma educação acadêmica de excelente qualidade. Diante do congestionamento de alunos tentando se matricular, foram criados os 'vestibulinhos'. O resultado é que os jovens oriundos das melhores escolas privadas conseguiam passar, impedindo o acesso de alunos de escolas públicas, que ofereciam ensino de qualidade inferior. A conseqüência mais deletéria dessa situação era privar os jovens de origem mais modesta de uma formação técnica que permitisse acesso aos empregos correspondentes, ao mesmo tempo que para os alunos mais ricos a formação técnica era irrelevante, pois passavam nos vestibulares mais competitivos — geralmente, em carreiras distanciadas do diploma técnico. Na prática, tornaram-se escolas acadêmicas com um apêndice profissional que a quase ninguém interessava.

Justificando a idéia de separar a parte técnica da parte acadêmica estava a hipótese de que os alunos ricos se desinteressariam pela carreira profissional que correria em paralelo, deixando vagas para os mais modestos e, portanto, interessados nelas. Seria possível testar a hipótese de que isso aconteceria por meio de análises de regressão múltipla, com amostras de alunos de diversas origens. No entanto, foi descoberto um método mais fácil e mais confiável. O Senai de São Paulo (Serviço Nacional de Aprendizagem Industrial) já operava, na época, com o que chamavam de 'técnicos especiais', isto é, cursos técnicos para quem já tinha o ensino médio completo e apenas precisava estudar o lado profissional. Esse técnico era uma antecipação do que se pretendia com a reforma. Foi possível comparar a origem social dos alunos desses cursos com os de outros cursos do Senai que integravam o acadêmico e o técnico. Nessa comparação, pôde-se verificar que os cursos especiais tinham alunos de origens muito mais modestas. Ou seja, ao retirar o acadêmico, o curso perdia todos os atrativos para os alunos das elites paulistanas.

A técnica utilizada foi muito simples. Foi apenas questão de identificar uma pesquisa já feita pelo próprio Senai, com outros objetivos. A sofisticação esteve em buscar uma situação que simulasse o que ia acontecer, uma vez separados os dois lados.

Novamente, cabe sublinhar que não se trata de ser contra, *a priori*, à técnica sofisticada, mas tão-somente o uso injustificado de ferramentas mais complicadas do que exige a situação. Quanto mais complexa a técnica, mais difícil sua interpretação e mais fácil fabricar a impressão de que se está resolvendo o problema com elegância e profundidade. A técnica simples, pelo contrário, expõe mais o autor, dando mais transparência à sua real capacidade de decifrar a realidade da pesquisa.

Tomemos um exemplo de pesquisa. Especula-se muito sobre o impacto do tipo de escola no desempenho dos alunos. Podemos tomar uma amostra de escolas e usar técnicas de regressão multivariada para isolar o efeito líquido da escola, controlando as outras variáveis. Contudo, sabemos que as escolas de pobres são pobres e as escolas de ricos são ricas. Quando buscamos isolar o efeito da escola, o excesso de associação entre todas as variáveis (tecnicamente, multicolinearidade) requer análises bastante complexas. Nesse caso, o uso de técnicas sofisticadas talvez seja a melhor opção. Não obstante, a interpretação dos resultados tende a ser difícil e pouco confiável. Diante disso, outro pesquisador localizou um sistema de escolas privadas de primeira linha, que, sob o patrocínio de empreiteiras, operava escolas em canteiros de obras em regiões recônditas do país. Aqui temos um controle natural das escolas: os pobres do interior estão estudando em escolas praticamente equivalentes às escolas que o sistema opera em uma grande capital para alunos ricos. Como as escolas são iguais, basta comparar as médias de rendimentos entre os alunos da escola no canteiro de obras com a escola pública mais próxima a ela. Se os alunos obtêm resultados melhores, isso significa que a escola tem um impacto líquido.

Com um método muito mais simples e fácil de interpretar, a segunda pesquisa mostra resultados mais confiáveis. É o uso sofisticado da técnica simples.

Há muitos casos em que técnicas mais sofisticadas são necessárias em virtude de limitações inerentes às mais simples. Cabe, contudo, demonstrar essa limitação antes de embarcar em técnicas complexas.

Vale a pena examinar outro aspecto prático da gradação de complexidades técnicas. Muitas pesquisas na área social lidam com fenômenos em que há grande número de variáveis influenciando o que definimos como variável dependente. Por exemplo, em uma pesquisa sobre rendimento escolar, os resultados dos testes são a nossa variável dependente — a ser explicada pelas outras. Sabemos que vários fatores têm certo peso na determinação dos escores nos testes. Sabemos que esses fatores estão correlacionados entre si. Por exemplo, ocupação e educação do pai são altamente correlacionadas. Número de livros em casa também tem forte associação com variáveis de status socioeconômico.

Como lidar com esses dados? Uma alternativa seria aplicar os modelos de análise multivariada e examinar todas as associações entre todas a variáveis. É uma forma econômica e rápida de proceder. Muitos pesquisadores fazem exatamente isso. Não se pode falar em erro metodológico ao se proceder assim.

No entanto, é muito mais apropriado começar com tabulações simples de cada variável, depois cruzá-las com a variável dependente, uma a uma. Somente depois de ter bastante intimidade com o comportamento univariado passaríamos a ver as tabulações cruzadas, associando o rendimento escolar com as variáveis mais interessantes teoricamente. O pesquisador precisa sentir o comportamento das variáveis tomadas em pares para entender o que estão dizendo.

Tipicamente, vão aparecendo as associações e vão também aparecendo aquelas variáveis que não parecem se associar à variável dependente — estas últimas são então abandonadas.

Somente após sentir bem claramente o que está acontecendo com pares de variáveis é que passamos às análises multivariadas, com o fim de estabelecer as redundâncias, isto é, variáveis que estão associadas à dependente, mas que co-variam muito proximamente de outras variáveis independentes — tecnicamente, há muita multicolineariedade. Ou seja, explicam a mesma coisa que outras por estarem medindo conceitos próximos um do outro. Por exemplo, pais mais educados têm melhores ocupações e bibliotecas maiores.

As análises multivariadas permitem eliminar as variáveis que estão explicando a mesma coisa. Esse é o fim da linha. Terminamos por mostrar quais são aquelas variáveis que explicam mais e quais são seus ecos.

Por que não ir diretamente às análises multivariadas? A razão é que a interpretação de correlações parciais e coeficientes beta é muito delicada. É muito fácil se perder no emaranhado de coeficientes e terminar com uma análise pobre ou equivocada. A disciplina de começar com distribuições com menos variáveis permite estar próximo das teorias explicativas mais robustas e evitar as teorizações *a posteriori*, em que improvisamos teorias e explicações baseadas nos coeficientes de regressão parcial.

O que está sendo dito aqui é um conselho pessoal de alguém que já lidou muitas vezes com tais problemas. Não é um princípio do método científico ou alguma prática com a qual todos os pesquisadores vão estar de acordo. Todavia, podemos saltar um século para trás e tomar um exemplo interessante.

Em 1903, Samuel Pierpont Langley construiu um avião. Já era então um cientista consagrado e generosamente financiado por ser um dos diretores do Smithsonian. No teste, o aparelho seria impulsionado por uma catapulta, sendo lançado sobre o rio Potomac, no leste dos Estados Unidos. Mais de uma vez o avião se recusou a voar e afundou no rio. A piada do dia era que Langley estava se especializando em submarinos.

Na mesma ocasião, dois modestos fabricantes de bicicleta, os irmãos Wright, tentaram proeza semelhante nas dunas da Carolina do Norte, nos Estados Unidos. Como bem sabemos, o avião vôou. Por que voou o avião dos dois irmãos e caiu no rio várias vezes o do grande cientista de Washington? R. Keith Sawyer, no bojo de seus estudos sobre criatividade, oferece uma resposta. Segundo ele, sendo Langley um homem muito importante, podia contratar auxiliares para fazer boa parte da construção. Já os dois irmãos tinham que fazer tudo eles mesmos. Ao meter a mão na massa, eles acabaram por ter mais intimidade com os detalhes da construção. No processo de fazer, a fusão entre compreensão e execução foi mais completa e profunda, resultando em uma concepção melhor. Ou seja, a concepção foi positivamente afetada pela familiaridade com a execução.[7]

EXERCÍCIO DE APLICAÇÃO

Escolher um exemplo simples de duas variáveis que estão correlacionadas entre si. Examinar o diagrama de dispersão das duas. Analisar cuidadosamente o gráfico e tirar suas conclusões por escrito. Em seguida, tomar o coeficiente de correlação entre as duas variáveis e interpretar o que está dizendo, também por escrito. Comparar as duas análises. Elas estão dizendo exatamente a mesma coisa?

Isolacionismo e provincialismo intelectual: as pesquisas sem passado

Uma pesquisa, de certa maneira, é a continuação de um esforço prévio de conhecimento da realidade. O investigador retoma o problema no ponto em que seus antecessores o abandonaram. É de suma importância que fique bem demarcada a transição entre o que se sabia e o que a pesquisa se propõe a esclarecer. A lógica da ciência indica que *o pesquisador deve retomar o problema no ponto em que seus antecessores pararam*. Nem antes, repetindo o que já se sabe, nem depois, saltando etapas e operando em um território pantanoso. Isso significa que, para evitar duplicação de esforços e ineficiência no processo de aquisição de conhecimento, o início da pesquisa deve ser precedido por um trabalho inteligente e cuidadoso de avaliação do material existente.

Às vezes, observa-se um esforço desmedido na 'revisão da literatura', ficando a contribuição do autor espremida no fim do trabalho. Não obstante, o erro igualmente sério é ignorar a herança dos conhecimentos. *Uma pesquisa sem passado deixa perplexo o leitor inteligente*. Torna-se impossível avaliar a confiabilidade dos dados e dos modelos teóricos. Torna-se também difícil julgar a contribuição do autor.

A ciência tem passado, tem história. Sem uma idéia do que já aconteceu, do que já se sabe, perde-se a perspectiva. Ademais, uma pesquisa se justifica pela importância ou premência das perguntas não respondidas anteriormente.

Deslize mais sério pela freqüência com que ocorre é a duplicação na coleta dos dados. Por ignorância ou vaidade, informações semelhantes são coletadas mais de uma vez. Em parte, devido às falhas de comunicação, o pesquisador não toma conhecimento de outras pesquisas semelhantes que poderiam dispensar a sua ou servir de base para maior aprofundamento. Nossas bibliotecas não estão suficientemente bem organizadas para esse tipo de verificação, além de serem bastante acanhados seus acervos.

Obviamente, isso não é desculpa para a duplicação, mas, sim, um argumento para que o esforço de levantamento da matéria seja feito com mais cuidado e imaginação. Certamente, isso não é mera rotina supérflua a ser perfunctoriamente desincumbida por um assistente de pouca experiência.

Ante a falha das bibliotecas, passam a contar os conhecimentos pessoais do autor e as consultas a outros pesquisadores e instituições. No atual contexto brasileiro, sendo as bibliotecas pouco equipadas em obras de referência[8] e muito desfalcadas em suas coleções de periódicos especializados, mais vale começar uma pesquisa bibliográfica com entrevistas a pessoas que conhecem bem o campo do que percorrer bibliotecas.

De resto, é necessário entender que *a revisão da literatura não é ler tudo o que se escreveu sobre um assunto*. Isto só é possível quando se trata de um assunto assaz novo, abandonado ou quando temos acesso a bibliotecas de acervo limitado. Devemos ler, isso sim, os trabalhos melhores que já foram escritos no assunto. E, para identificá-los em fases iniciais de nossa pesquisa, na falta de bibliografias comentadas, nada melhor do que a orientação de uma pessoa mais experimentada.

Além disso, devemos ter uma boa idéia das pesquisas em curso e daquelas concluídas mas não publicadas.[9] Novamente, *são os pesquisadores mais ativos na área que devem ser consultados*. Dez minutos de conversa valem mais do que semanas de peregrinações por estantes de bibliotecas.

É muito possível que pesquisas ainda inéditas ou incompletas nos levem a modificar nosso trabalho, seja porque pretendíamos repetir o que ficou suficientemente bem estabelecido, seja porque o tema ou a metodologia mostrou problemas insuspeitados. De novo, pesquisadores que trabalham na área usualmente têm conhecimento do trabalho de seus colegas e dispõem também de versões preliminares de trabalhos em curso ou inéditos.

Contudo, a culpa nem sempre está com o pesquisador que inicia a pesquisa, mas com aqueles que contribuíram na rodada anterior. A coleta de dados é uma fase cara e trabalhosa do processo científico. Algumas instituições especializam-se na coleta, em grande medida, restringindo suas funções à geração de informações para serem trabalhadas por outros cientistas. É, porém, uma atitude lamentável a daqueles que, por coletarem seus próprios dados, se sentem no direito de monopolizá-los.[10] Raramente um pesquisador explora completamente um conjunto de informações estatísticas bem coletadas — um levantamento feito por meio de questionários, por exemplo. Quer pela premência de tempo, quer pela especificidade de seus interesses, os dados coletados podem ser muitas vezes utilizados em outras investigações.

É ingênuo da parte do pesquisador que coletou os dados julgar que está dando algo de mão beijada ou trabalhando para os outros. Na medida em que um bom uso dos dados for feito por outros pesquisadores, isso torna mais conhecido o autor da coleta. De fato, há casos em que a reutilização dos dados tornou mais conhecida a pesquisa original, carreando para seu autor uma notoriedade que ele não havia conseguido com seu próprio trabalho.

O "Coleman Report" é um caso nessa linha. A pesquisa original foi feita sob o comando de James Coleman, que produziu um livro bem conhecido em meados dos anos 60.[11] Todavia, outros autores, como Christopher Jencks, voltaram adiante à mesma base de dados e escreveram livros igualmente famosos. A retomada de Jencks deu nova visibilidade ao trabalho de Coleman, que já estava caindo no esquecimento.

Entretanto, há muitos casos de bases de dados cuja coleta revelou-se extraordinariamente cara e que não podem ser reutilizados em virtude de sua natureza acanhada ou excessivamente especializada. Isso pode resultar de uma amostragem adequada apenas para os fins imediatos dos dados. Um exemplo:

Tomemos uma pesquisa entre os aprovados no exame vestibular visando verificar seu status socioeconômico com o objetivo de estabelecer uma escala de anuidades. Se na amostra fossem também incluídos os candidatos não aprovados, seria possível utilizar os dados para examinar a seletividade do vestibular em termos de status do estudante.

Outro caso mais importante é o de questionários desnecessariamente restritos. O custo fixo de aplicação de questionários é muito alto em comparação com o custo dos minutos adicionais resultantes de um questionário mais amplo. Não há, portanto, economias substanciais em uma pesquisa que indague apenas aquelas questões que o pesquisador tem em mente no momento em que formula o questionário. Cada tipo de levantamento tem sempre certas perguntas típicas cujas respostas são de interesse generalizado, não havendo, portanto, razões para não incluí-las. Por exemplo: questionários com pessoas incluem sempre informações sobre educação, ocupação, renda, local de residência, naturalidade, indicadores de status familiar etc. Por outro lado, pesquisas em empresas devem sempre conter valor de produção, especificação dos produtos, mão-de-obra empregada, capital etc.

Ainda mais inaceitável são as restrições de uso impostas a bases de dados geradas por instituições públicas ou semipúblicas de pesquisa ou estatística. Trata-se de uma prática difícil de coibir, pois os funcionários e técnicos dessas agências desenvolvem ciúme pelos dados que geram. Ainda quando as chefias tem posições mais liberais, os barões intermediários boicotam uma maior difusão das bases de dados. Sentem-se como se estivessem jogando fora seu tesouro pessoal.

Mas talvez a razão *mais freqüente para a não reutilização de bases de dados é sua falta de documentação*. Ao construir uma base de dados, digamos, a partir de questionários, dezenas de decisões de como dispor ou simplificar os dados devem ser tomadas. Documentar isso tudo é trabalhoso e, em última análise, custa dinheiro. É muito comum não documentar a construção do arquivo, bem como a definição operacional das variáveis. Um novo pesquisador que queira voltar aos dados, freqüentemente obtidos a custos elevados, estará impossibilitado por não saber interpretar o que está nos arquivos.

Em suma, a pesquisa é uma atividade cara e que mobiliza as melhores cabeças de uma sociedade. Em particular, a coleta de dados representa um esforço considerável. Infelizmente, há pouca preocupação dos pesquisadores em buscar bases já existentes para sua pesquisa, há relutância em permitir uma segunda utilização de bases de dados e há problemas de documentação dos dados existentes. Isso tudo torna mais ineficiente a busca do conhecimento.

EXERCÍCIO DE APLICAÇÃO

Escolher uma tese ou monografia e buscar a base de dados utilizada. Tentar encontrar usos subseqüentes para essa base. Se tivesse que fazer um estudo somente tendo como informação os dados nela contidos, que estudo você faria?

Realismo e ambição: o risco do desconhecido

O processo da descoberta científica envolve sempre certo risco. Mostra-nos Popper que os enunciados científicos que correm pouco risco de estar errados, pela sua modéstia, *ipso facto*, afirmam muito pouco ou nada a respeito da realidade.[12] Quanto menos triviais nossas proposições a respeito do mundo em que vivemos, maior o potencial de risco envolvido.

Quando tratamos não apenas de formular proposições, mas de contrastar essas proposições com a realidade — testar empiricamente nossas teorias —, há os riscos adicionais e nada desprezíveis de que haja dificuldades nesse processo. Podemos estar enganados quando pensamos que haveria dados sobre determinados tópicos. Os dados podem ser inadequados ou levar a resultados inconclusos. Pode haver dificuldades imprevistas na coleta, dilatando inaceitavelmente os prazos. Pode haver problemas com o próprio desenho do teste.

Ainda mais crítico, as hipóteses a serem demonstradas ou as idéias a serem exploradas podem dar em becos sem saída, podem negar fogo, podem se revelar desinteressantes. Quanto mais arrojada a idéia a ser investigada, maior o impacto de um resultado positivo e maior a probabilidade de dar tudo errado. Todo pesquisador na indústria farmacêutica gostaria de encontrar um remédio para o resfriado comum. Uma pesquisa nessa linha tem um gigantesco potencial de impacto. Mas, se ninguém conseguiu encontrar uma droga que cura o resfriado, inevitavelmente são reduzidas as probabilidades de êxito de mais um que tente.

Todo pesquisador tem, portanto, que se decidir por um nível de risco aceitável. Mas tem também que encontrar um nível satisfatório de ambição. No fim das contas, é a mesma decisão, pois são os dois lados de um mesmo problema. Na medida em que forem maiores suas ambições, geralmente maior será também o risco de não chegar a resultados ou de fracassar no processo de verificação empírica. Obviamente, são a experiência profissional e as qualificações pessoais do pesquisador que influenciarão o nível de risco aceitável em cada projeto de pesquisas. Projetos mais ambiciosos poderão ser enfrentados com um risco aceitável por pesquisadores mais bem qualificados. Ou ainda, por aqueles que têm como padrinhos orientadores mais experientes.

Tentamos nesta seção ressaltar o fato de que, quanto mais ambicioso o pesquisador, quanto mais ele quiser dizer, maior o risco de que não diga nada ou que diga coisas erradas. É preciso julgar antecipadamente, da melhor maneira possível, o nível de ambição e risco aceitável em cada ocasião.

Estudantes e pesquisadores menos experimentados quase sempre subestimam o risco e as dimensões da pesquisa, propondo-se a fazer o que levaria muito mais tempo do que dispõem ou o que exigiria muito mais conhecimento do que possuem.

Todavia, não se deve esperar que uma pesquisa seja viável ou bem dimensionada em todas as fases da sua evolução. Particularmente nos momentos iniciais, desbravamos território novo, pelo menos para nós. Nesse ponto, deparamo-nos com muitas questões potencialmente interessantes de serem investigadas, sem que seja ainda possível avaliar as vantagens comparativas de efetivamente examiná-las. Não há por que, nesse momento, forçar uma decisão prematura. Mas, em vista do prazo disponível, temos que estabelecer um limite para esse período de 'pensamento divergente', após o qual a pesquisa tem que 'convergir' para uma dimensão viável.

EXERCÍCIO DE APLICAÇÃO

Escolher uma tese ou monografia pronta e avaliar se o autor teve que interromper sua análise antes de haver explorado o tema a contento. O trabalho dá a impressão de que está inconcluso por falta de tempo? O capítulo de conclusões dá a impressão de que foi refletido e amadurecido? Ou sugere que o autor se precipitou no fim, para cumprir prazos?

Notas

1. Para um sumário dessa controvérsia sugerimos: Gerald Meier e James Rauch, *Leading issues in economic development*. Nova York: Oxford University Press, 1964, p. 74-84.
2. Ver, a esse respeito: Nicholas Georgescu-Roegen, *Analytical economics*. Cambridge: Harvard University Press, 1967, Capítulo I, Seção 1. Ver também o Capítulo 1 do presente trabalho.
3. Julian Simon, *Basic research methods in social science*. Nova York: Random House, 1969, p. 172.
4. Ibid., p. 422.
5. O termo 'fertilidade lógica' foi proposto por Henry Margenau. Ver seu livro *Open vistas*. New Haven: Yale University Press, 1961, Capítulo 1. Usando seu próprio exemplo, poderíamos pensar em duas teorias alternativas para explicar os raios ou relâmpagos, supondo para efeito de discussão que ambas fossem igualmente confirmadas pela observação. Poderíamos explicar o relâmpago como um fenômeno de ionização e descargas elétricas ou como o resultado da ira de Vulcano contra algum desmando da humanidade. Esta última teoria não tem fertilidade lógica, já que não tem interligações com nenhum conjunto interessante de outras teorias. Já a primeira é aparentada com todas as teorias da eletricidade, eletrônica, eletromagnetismo etc. Na medida em

que exploramos suas implicações, estamos simultaneamente explorando áreas comuns com essas outras teorias, sendo essas investigações logicamente muito férteis.

6   Como resultado, a literatura econômica passa a acompanhar os meandros metodológicos do desenvolvimento de uma técnica estatística, tornando-se cada vez mais distanciada das questões sociais mais candentes e das respostas pragmáticas requeridas para governar adequadamente uma sociedade. Em um país como o nosso, onde problemas de grande importância carecem de um exame mais cuidadoso, parece pouco apropriado que os poucos pesquisadores competentes disponíveis dediquem-se a questões bizantinas de pouca conseqüência prática.

7   R. Keith Sawyer, *Explaining creativity: the science of human innovation.* Oxford / New York: Oxford University Press, 2006.

8   Por exemplo, o Educational Research Information Center (ERIC) e o Centro de Investigación y Desarrollo de la Educación (CIDE, no Chile) em educação, o Index of Periodical Literature, da American Economic Association, e vários outros índices de publicações de periódicos dos Estados Unidos e da Inglaterra.

9   Entre a entrega do manuscrito e a publicação decorrem de seis meses a dois anos, tanto para livros como para revistas.

10 Não discutimos seu direito perante um tribunal, mas, sim, em termos de funcionamento eficiente do processo científico.

11 Parte superior do formulário 7. James S. Coleman et al, *Equality of educational opportunity.* Washington: Dept. of Health, Education, and Welfare, Office of Education, 1966.

12 A.J. Ayer, *El positivismo lógico.* México: Fondo de Cultura Economica, 1965, p. 51.

CAPÍTULO 6

DA SUTIL ARTE DE LIDAR COM AS INFORMAÇÕES

Neste capítulo, examinaremos algumas questões relacionadas com a natureza das informações que são usadas na pesquisa e as ferramentas mais apropriadas para lidar com elas. O foco principal são as pesquisas quantitativas, em que os números são usados para espionar a natureza e revelar seus segredos. Mas, ainda que com menos detalhes, devotamos alguma atenção às pesquisas qualitativas e, sobretudo, à interface entre as duas categorias de pesquisa.

No que se refere à pesquisa quantitativa, o capítulo trata de uma categoria de problemas que, na maior parte das vezes, não está nos manuais de estatística. Os cursos de estatística descrevem apenas as técnicas estatísticas, que são aplicações da matemática para tratar as informações. O presente capítulo distancia-se da técnica. Aqui perguntamos quando usar a estatística, como decidir qual a melhor técnica, como decifrar os resultados e como evitar os erros mais comuns.

Pesquisar sem números: a pesquisa qualitativa[1]

Nesta seção, mostraremos os limites territoriais das pesquisas quantitativas e qualitativas, sugerindo também áreas em que elas compartilham o espaço. Muitas vezes, o que dá sentido aos números é uma análise de natureza mais qualitativa. Em outros casos, as teorias geradas por pesquisas qualitativas ganham envergadura quando são quantificadas. Discutiremos essa interface quantitativa-qualitativa, os métodos da pesquisa qualitativa e suas principais características. Freqüentemente, confrontaremos os dois métodos, pois isso permite melhor entendimento de ambos.

Diante do enorme repertório de técnicas qualitativas e a grande importância da literatura gerada por elas, o tratamento aqui apresentado é muito sucinto. Da mesma forma que este livro não substitui um manual de estatística, não há aqui qualquer pretensão de descrever como se faz, por exemplo, um grupo de discussão (também chamado de focal).

Parece desnecessário dizer que as pesquisas são feitas por pesquisadores. E os pesquisadores são de carne e osso, têm seus interesses e um repertório de ferramentas de trabalho com as quais se sentem mais à vontade. É aí que começa o problema. Há sempre a opção de usar os métodos com os quais se tem mais familiaridade e nos quais mais se confia. E também temos a liberdade de escolher os temas de nossas pesquisas. Mas essas duas liberdades podem conflitar.

Dados os nossos estilos de trabalho, podemos escolher temas relevantes que permitam ser tratados pelas ferramentas que conhecemos. Por outro lado, se nos apaixonamos por um tema, quase sempre há um método para tratá-lo que é amplamente melhor. Qualquer das duas alternativas é boa.

Até aqui vamos bem. *O que não podemos fazer é forçar nosso estilo de trabalho em determinado tema, pois ele pode não servir.*

Não podemos fazer demografia qualitativa. Também não podemos quantificar praticamente nenhuma idéia de Freud. Insistir simultaneamente em determinado método e em determinado tema pode ser um erro fatal. Na prática, é preciso encontrar os pontos de convergência entre nossas zonas de conforto metodológico e os problemas científicos que enfrentamos. Os mais quantitativos podem encontrar aspectos de um tema mais compatíveis com suas preferências, *mutatis mutandis* para os qualitativos. Mas é preciso não subestimar os sacrifícios que podem estar sendo feitos. Nos casos em que se aplicam com propriedade os métodos quantitativos, a análise qualitativa tende a ser um retrocesso. Podemos descrever a religião dos pigmeus africanos. Mas, para falar de sua estatura, só com fita métrica.

Nos últimos anos, as ciências sociais e a educação, em particular, embirraram com a pesquisa quantitativa. Eis um equívoco lamentável. Em certos temas, sem a pesquisa quantitativa, rodamos em seco. Por meio da pesquisa qualitativa, podemos entender muito sobre os processos mentais que levam as pessoas a aprender. Mas, quando estamos diante de dois métodos diferentes de ensinar, a pesquisa qualitativa é impotente em saber se um é melhor do que outro. Para isso, precisamos de bons números. E a escolha de um método pior pode afetar o nível de aprendizado de milhões de alunos. *A ideologia que condena as pesquisas quantitativas pode estar causando grande prejuízo à educação.*

A natureza da pesquisa qualitativa

Vale a pena explorar um pouco mais as características das abordagens qualitativas — *versus* as quantitativas. Evitaremos discussões tolas entre método indutivo *versus* dedutivo se partirmos da premissa de que estamos falando de pesquisadores ou futuros pesquisadores que estão a par da literatura usual sobre o tema. *Os indutivos não vão inventar a ciência nem os dedutivos desconhecem as pesquisas empíricas sobre o tema.*

Quando um pesquisador define seu roteiro de pesquisa quantitativa, nessa fase seu trabalho é dedutivo. Ele tem suas hipóteses minimamente definidas e seu objetivo é testá-las em campo. Por exemplo, ele já terá feito conjecturas sobre as causas da deserção escolar e desenha um questionário para verificar se são corretas. Assim é, e não poderia ser diferente. O pesquisador está se movendo na faixa própria do método dedutivo.

Na pesquisa qualitativa, por sua natureza, o processo é bem mais indutivo. Há uma exploração do tema de forma muito mais livre e aberta. O pesquisador está muito menos escravizado por seu instrumento. Lembremo-nos de que, na pesquisa quantitativa, depois que o questionário foi feito, testado, impresso e se inicia a pesquisa de campo, é tarde demais para descobrir que faltou uma pergunta importantíssima.

Já vi o caso de uma pesquisadora que buscava compreender os impactos da educação sobre um grupo de indivíduos. Mas esqueceu-se de incluir no questionário dados acerca dos rendimentos pessoais. Azar, tarde demais. Pouco sobrou da pesquisa. De fato, o rendimento é o critério mais crucial na hora de decidir quanto tempo passar na escola e a conseqüência mais importante para o futuro do aluno.

Na pesquisa qualitativa, há menos decisões irreversíveis, pois se trata de uma exploração permanente, em que as dúvidas, as respostas, as pistas e os novos territórios de indagação permanecem abertos até o final. O método não se fecha sobre o pesquisador. Um pesquisador que se interesse em saber por que certo perfil de alunos evadiu a escola pode fazer entrevistas em profundidade e buscar causas recônditas, como sentimentos de inferioridade ou inadequação. Mas, se quiser, pode dar meia-volta e examinar também as causas mais prosaicas, como falta de recursos para arcar com os custos de estudar.

Não obstante, tal liberdade não pode se confundir com indisciplina metodológica. *A pesquisa aberta não é um convite para vagar sem rumo, seguindo a esmo a inspiração do momento.* De fato, essa liberdade aparente pode se converter em um perigo maior, tirando o foco da pesquisa, levando a um ziguezague sem destino ou resultado. A pesquisa quantitativa impõe sua disciplina já na formulação das hipóteses e na definição dos instrumentos, ficando assim vacinada contra os instintos nômades de seu autor. A maior liberdade da pesquisa qualitativa requer uma disciplina pessoal maior para resistir à tentação de ir mudando de rumo mais vezes do que o prudente.

A complementaridade das pesquisas quantitativa e qualitativa

Ao contrário do que pensam os mais fundamentalistas, de um lado ou de outro, *há uma fertilização cruzada virtuosa entre os métodos quantitativos e qualitativos.* Cada um chega onde o outro não consegue chegar. O método quantitativo pergunta 'como' acontece, 'o que' acontece. Já o método qualitativo pergunta 'por que' acontece.

O método quantitativo descreve as manifestações exteriores do fenômeno. Medimos quanto entrou e quanto saiu em algum processo. Digamos, entraram tantos alunos na escola, os professores são tantos e têm tal perfil. A escola tem tantas salas e tantos laboratórios. O método quantitativo registra todas essas entradas e tenta medir também as saídas: quantos alunos se formaram, sabendo quanto? Para os quantitativistas mais ferrenhos, a escola é uma caixa-preta e assim permanecerá. Acham que basta cercar e medir com precisão o que entra e o que sai. Alguns pesquisadores gostariam de espiar lá dentro, mas o método não permite. Outros acham que tal bisbilhotice é inútil, não adiciona nada.

Contudo, na maioria das vezes, *a exploração qualitativa dá sentido e confiança à exploração quantitativa.* É uma ajuda valiosa. Em casos extremos, pesquisadores que usam métodos multivariados se vêem confrontados com dezenas de variáveis explicativas e coeficientes de regressão que mais complicam do que explicam. Encontramos que, estatisticamente, Y_1 explica X, mas o que quer dizer isso? Por que não optar por Y_2, que tem praticamente o mesmo coeficiente de significância? A pista, muitas vezes, vem do 'como' ou do 'por que' se daria esse efeito? Se o 'como' não é convincente, não é boa idéia ter muita fé nesses números. Ou seja, se não temos uma explicação convincente para o mecanismo que faz Y_1 mudar o valor de X, nossa associação estatística não tem tanta legitimidade.

Se nas escolas pintadas de verde os alunos aprendem mais, falta-nos uma 'teoria', um 'como' para dar sentido a tal correlação. E, sem o conforto de uma boa explicação, é melhor não fazer muita fé em tal associação estatística. Mas, se nos lares em que há mais livros os alunos mostram melhor desempenho, a correlação é mais persuasiva, pois é razoável pensar que a presença de livros aumenta a probabilidade de que sejam lidos, e ler livros é parte do processo educativo. Portanto, estamos diante de uma explicação convincente que nos leva a dar crédito aos números correspondentes. Ou seja, um 'como' mais plausível pode ser o critério decisivo para optar por uma explicação ou outra.

Em alguns tipos de pesquisa, há uma complementaridade natural na exploração, por métodos diferentes, de um mesmo tema. Podemos pensar em uma pesquisa para descobrir que proporção de fumantes tentou parar de fumar. É claramente uma pesquisa quantitativa e tem o potencial de mostrar resultados interessantes. Trata-se, em última análise, de contar os fracassos e os êxitos. Por outro lado, não é menos relevante saber o que impede as pessoas de pararem de fumar. Poderíamos continuar a pesquisa seguindo esse veio. Contudo, dificilmente chegaríamos a bom termo com uma pesquisa quantitativa para responder a essa pergunta. Nem sequer saberíamos o que incluir no questionário. Em contraste, uma pesquisa qualitativa permitiria explorar as profundidades do comportamento humano de forma muito mais criativa e percuciente.[2] Entra aqui outro aspecto virtuoso da complementaridade entre o qualitativo e o quantitativo.

Uma pesquisa qualitativa sobre as razões para não parar de fumar apontará uma variedade de causas plausíveis e possivelmente verdadeiras. Mas, se estamos interessados em montar uma campanha para levar as pessoas a pararem de fumar, interessa saber se determinada causa ocorre uma vez em cem ou cinquenta vezes em cem. Não faz sentido incluir em campanhas um fator que apenas afeta um por cento dos fumantes. A pesquisa qualitativa diz pouco sobre a prevalência dessa ou daquela causa, isto é, não nos diz se é um ou cinquenta por cento. Não obstante, a partir de seus resultados, pode ser viável construir um instrumento (tipicamente, um questionário) para tentar quantificar a importância relativa de cada fator identificado na pesquisa qualitativa. É a pesquisa quantitativa vindo ao socorro da qualitativa.

Como última iteração da interface da pesquisa quantitativa com a qualitativa, vale a pena observar que muitas pesquisas eminentemente qualitativas podem ser complementadas por números e, de fato, podem precisar seriamente de números em algumas etapas.

Uma pesquisa sobre a escravidão no Brasil tenderá a ser eminentemente qualitativa. Contudo, sem ter uma noção clara de quantos escravos entraram, quantos nasceram e morreram, a pesquisa fica sem foco, sem uma âncora que permita avaliar a magnitude do problema. Se o porte da imigração africana fosse o mesmo que o da finlandesa, estaríamos diante de um problema com ordem de magnitude muito menor.

No reinado soberano da pesquisa qualitativa

Até aqui, tentamos mostrar a pesquisa qualitativa em suas interfaces com a quantitativa. Mas a pesquisa qualitativa tem vida própria e atua em territórios totalmente inexpugnáveis para os métodos quantitativos. Pode-se dizer que a antropologia cultural é toda qualitativa — em contraste com a antropologia física, em que medir o osso é o pão nosso de cada dia do pesquisador. Uma parte da psicologia é puramente qualitativa — embora a psicometria seja quantitativa. As grandes teorias da educação — começando com Montessori, Dewey e Bruner e chegando a Piaget e Vygotsky — não aceitam números facilmente e foram concebidas de forma estritamente qualitativa.

Mas decidimos entre métodos de ensino com números e avaliamos quanto foi aprendido com testes que acabam nos fornecendo escores numéricos.

Diante dessa constatação, ocorre a pergunta inevitável: a pesquisa qualitativa tem a mesma estatura que a quantitativa ou é um mero prêmio de consolação? A resposta é emocionalmente carregada, pois há animosidades entre os fundamentalistas de ambos os lados.

Como foi dito na seção anterior, a *ciência quantitativa oferece certezas e alcances que a qualitativa não tem*. Diante de um aluno que não atingiu uma pontuação em um teste, podemos tirar conclusões claras e tomar decisões práticas. Em geral, há muito mais espaço para previsões nos assuntos em que há uma boa base quantitativa. Em que pesem todas as fragilidades das previsões econômicas, elas são eminentemente apoiadas em dados quantitativos e são suficientemente confiáveis para merecer a atenção dos governos, da imprensa e das maiores empresas do mundo.

A essência da questão não é o gosto ou a idiossincrasia do pesquisador, mas as características do objeto de estudo. A razão de a psicanálise não ser quantitativa não se deve a algum desdém de Freud pela estatística, mas sim porque não parece possível quantificar id, superego, complexo de Édipo e construtos desse naipe. O mesmo se dá com as idéias de Piaget sobre a noção de conservação. E não se trata apenas de uma fragilidade intrínseca das ciências sociais. Grande parte da botânica não é quantitativa.

Dada a grande importância da pesquisa qualitativa, vale a pena explorar mais suas características próprias. Novamente, é a diferença entre as pesquisas qualitativa e quantitativa que nos permite melhor vislumbrar as características de cada uma.

A pesquisa quantitativa busca criar uma situação experimental ou de observação que permita isolar o efeito de cada variável e caracterizar de forma precisa o impacto da 'causa' sobre o 'efeito'. Ao estudar a inteligência, queremos separar o efeito do meio ambiente do componente genético. Dessa forma, poderemos determinar a importância relativa de um e de outro. Com cobaias e experimentos de laboratórios, eliminamos um sem-número de variáveis que confundiriam as explicações. De fato, as cobaias são produzidas de tal forma a reduzir ao máximo suas diferenças genéticas. Como não podemos criar seres humanos como cobaias, as pesquisas com gêmeos univitelinos se revelou particularmente útil, pois partimos de dois seres com a mesma genética.

O pesquisador quantitativo tem uma preocupação obsessiva em controlar variáveis para melhor entender o impacto isolado de cada uma delas. O efeito do meio ambiente sobre os gêmeos se observa confortavelmente, tendo em vista que as diferenças genéticas foram controladas por um acidente natural.

Vale a pena mencionar outra diferença importante. *Na prática da pesquisa quantitativa, a definição do conceito confunde-se com a maneira de medi-lo* (ver seção "O método no mundo mais viscoso das ciências sociais", no Capítulo 2 deste livro). Repetindo o exemplo, "inteligência é o que meu teste mede", como já dizia Binet.

A definição já aponta para a quantificação. Há muitas maneiras de se pensar em renda ou produto nacional. Mas não foi por acaso que os economistas escolheram uma definição em que tudo pode ser medido. Não fosse assim, não seria possível dizer que o Piauí é mais pobre que São Paulo. Em contraste, quando dizemos que o presidente X foi melhor do que o Y, estamos em terreno pantanoso, alguns concordarão e outros não. Isso porque não temos medidas para a excelência de um presidente. De fato, não conseguimos quantificar os traços que explicam sua grandeza ou fragilidade.

Há também diferenças de objetivos. Os quantitativistas não se contentam com pouco, estão sempre em busca de leis gerais. O Santo Graal deles são os princípios universais. Einstein não se contentou com as leis de Newton, encontrando-as ainda presas a um pequeno campo de observação. Sua relatividade restrita busca um grau ainda maior de generalidade (e aplicabilidade).

Com muito mais modéstia, porém não tanta, os economistas querem explicar seu universo de estudo com princípios gerais. Não é por acaso que Keynes intitula seu livro *Teoria geral do emprego*.

Finalmente, *o quantitativista não quer suas impressões digitais na teoria e no teste*. O ideal é sempre fazer uma teoria cujas conclusões possam ser rigorosamente as mesmas, qualquer que seja o pesquisador a repetir o experimento. Ou seja, os subjetivismos devem ser expulsos de todo o processo. A assepsia da ciência é fundamental.

O pesquisador qualitativo vive em outro mundo. Sua presença no campo de estudo é muito mais promíscua. A contaminação física com o objeto de estudo — anátema para o quantitativista — é considerada uma das riquezas de sua pesquisa. *Ao mergulhar no problema, ele enxerga com os olhos de seu objeto de estudo, sente com seus sentimentos, vive seu mundo*. Seu campo de estudo é o oral, o particular, o oportuno. A amostra aleatória e representativa não interessa a seu método.

O quantitativista exorciza a complexidade. Ele simplifica para ter as certezas que busca. O qualitativista mergulha na complexidade. Para ele, é o todo que precisa ser entendido e isso só pode acontecer chafurdando em sua complexidade e explorando seus meandros. *A simplicidade falsifica, a complexidade enriquece*. Ele quer penetrar no problema, indo tão fundo quando necessário.

Para a pesquisa qualitativa, melhor ver tudo e entender pouco do que ver apenas um pedacinho e entender tudo sobre ele. Melhor olhar para dentro da 'caixa-preta' e não ver quase nada em sua obscuridade do que contentar-se em medir o que entra e o que sai dela — sob o holofote dos métodos quantitativos. *A compreensão vem do interior, e não da observação dos aspectos externos*. O pesquisador qualitativo quer descobrir. Para ele, testar teorias seria lidar com uma *simplificação grosseira da realidade*.

Seu ponto de partida está nas *narrativas*, não nas teorias ou nos números. Seu objeto de estudo é o que as pessoas dizem. Em algum momento o que é dito precisa virar texto escrito para que possa ser analisado com cuidado e desvelo. Portanto, se sua *matéria-prima é a palavra*, o primeiro processamento dessa matéria-prima é transformá-la em texto.

Há uma razão forte para a preocupação com a palavra e a narrativa. As palavras têm significados profundos para as pessoas. Elas representam entidades e idéias. A partir do estudo das narrativas, as representações vêm à tona. *E as representações afetam o comportamento das pessoas*. Não se trata de encontrar falta de lógica no pensamento ou no comportamento, mas de descobrir outra lógica.

Diante da altíssima taxa de acidentes de trânsito com adolescentes norte-americanos (que podem tirar carteira de motorista a partir dos 16 anos), foram montadas campanhas de 'marketing' social mostrando o número de vidas que estavam sendo ceifadas por uma direção irresponsável. O impacto de tais campanhas foi nulo. Pesquisas (qualitativas) subseqüentes mostraram que o adolescente se considera imortal; portanto, não é sensibilizado por ameaças de morte. Mas as pesquisas mostraram também que ele tem grande vaidade física. A ameaça de uma cicatriz horrenda é uma ameaça crível. A segunda geração de campanhas, mostrando rostos desfigurados, teve excelentes resultados.

O exemplo mostra que entender as representações da vida e da morte, da ameaça e da não-ameaça, é uma linha de pesquisa que gera resultados práticos muito mais importantes do que uma realidade estatística. Ao lidar competentemente com tais aspectos qualitativos e intratáveis por outros métodos, a pesquisa qualitativa produz resultados práticos. Em seus campos de atuação é imbatível.

Mas há um aparente paradoxo na pesquisa qualitativa. Sua meta declarada é o particular, o caso individual, é algum microuniverso. Todavia, que interesse teria um estudo sobre a filha de Piaget? Ou sobre um jovem unhado por um tigre no lago Turkana há um milhão e meio de anos? Que interesse teriam os hábitos sexuais nas ilhas Trobriand, descritos pela antropóloga Margaret Meade? Por que Agassiz, de repente, se interessou pelos peixes de água doce do Brasil?

A resposta é que os pesquisadores, usando métodos qualitativos, têm igual motivação de chegar aos universais, às generalizações, às teorias. A diferença está no caminho trilhado, não nas ambições quanto ao destino. Os exemplos apresentados anteriormente são lembrados até hoje justamente porque permitiram iluminar aspectos críticos de teorias em seus respectivos campos. No método quantitativo, os universais são diretamente buscados. *Nos métodos qualitativos, a pesquisa focaliza os particulares e as narrativas, mas em última análise são os universais que interessam.*

Daí que a validade e a possibilidade de generalização da pesquisa qualitativa terá sempre que ser um tema central. Fala-se em triangulação quando casos ou pesquisas diferentes levam a conclusões equivalentes.

Métodos e técnicas da pesquisa qualitativa

Como já foi dito, sairia totalmente do projeto deste livro examinar em detalhe as ferramentas usuais da pesquisa qualitativa. Não obstante, vale a pena apresentar de forma sumária as mais importantes.

a) *Documentos.*

Os textos escritos são a matéria-prima mais acessível e ubíqua para a pesquisa qualitativa. Tudo pode servir: jornais, livros, revistas e até blogs têm sido usados como matéria-prima para pesquisas.[3] A análise de livros-texto tem sido usada para detectar preconceitos raciais e estereótipos. Note-se que os documentos podem ser também fotografias ou vídeos. Pesquisas com fotos oficiais do período soviético mostram o desaparecimento progressivo de políticos que caíram em desgraça no Politburo. Diligentes laboratoristas usam seus pincéis para apagar os destronados das fotos. Diante de um regime opaco, tal análise permitiu acompanhar os vaivéns do poder stalinista.

b) *Observação passiva.*

A pesquisa qualitativa quer se aproximar de seu objeto de estudo. Contudo, na observação passiva há uma preocupação em não alterar o comportamento das pessoas observadas. É como o fotógrafo que dispara o obturador sem que a pessoa diante de sua lente o perceba. A foto consentida não tem a mesma espontaneidade, o mesmo frescor. Pelas mesmas razões, o que se faz ou se diz para o pesquisador é influenciado por sua presença (é o chamado Princípio da Interferência de Eisenberg). A observação passiva tenta preservar a espontaneidade do objeto de estudo e não permitir que seja maculada pelo pesquisador. Tipicamente, ouvir conversas de rua ou em bares é uma forma de observação passiva.

c) *Entrevistas.*

Adiante neste capítulo sugerimos a metáfora do 'pesquisador médico' que conversa com o paciente em contraste com o 'pesquisador veterinário' que não pode fazer o mesmo. Conversar com o objeto de estudo é o método mais direto e mais óbvio de fazer pesquisa qualitativa. Naturalmente, há várias maneiras de se conversar. Algumas são bastante soltas, como as entrevistas em profundidade. Ali buscamos uma narrativa livre, com o princípio, meio e fim tal como flui espontaneamente de nossos interlocutores. Todavia, os entrevistados tendem a andar em muitas direções e a fugir do tema principal da pesquisa. Diante de tal problema, a entrevista semi-estruturada traz a conversa de volta para o tema central. No limite, quando já conhecemos bem o tema e queremos testar a freqüência com que ocorrem certos padrões de atitudes ou comportamentos, poderíamos até ter um questionário fechado, com alternativas de respostas pré-definidas. Mas provavelmente a maior parte dos pesquisadores da área acharia que isso já não é mais pesquisa qualitativa.

d) *Grupos de discussão* (também chamados de grupos focais).

Trata-se de um método que foi popularizado pelos publicitários, em suas tentativas de entender os consumidores desse ou daquele produto. Mas seu uso se difunde por boas razões, pois se revela muito útil para entender o comportamento e as representações das pessoas — e isso tudo a um custo bastante modesto. Uma das principais características dos grupos de discussão é que o mediador joga uma pergunta para o grupo, mas não busca apenas a primeira resposta que já estava pronta ou semipronta em suas mentes. Pelo contrário, permite que, pelo debate, as idéias sejam exploradas e até que as pessoas mudem de opinião diante de argumentos mais convincentes de outros membros ou dele mesmo. O mediador vai sempre puxando a discussão para os temas em que está interessado.

e) *Observação participativa* (com todas as suas variantes).[4]

Um professor que resolva, ele mesmo, testar um novo método de ensino está fazendo algo que poderia ser visto como pesquisa participativa. Ele é observador e ator. Ele tenta fazer funcionar um experimento, no qual sua personalidade está toda presente. Mas, ao mesmo tempo, ele é também um observador que tenta entender o que está acontecendo e extrair do experimento todas as lições que consiga. Obviamente, as preocupações metodológicas de separar sua *persona* de ator de sua *persona* de observador imparcial têm que ser redobradas. Há uma longa tradição de observação participativa, e a brevidade dos comentários presentes não fazem justiça à técnica.

EXERCÍCIO DE APLICAÇÃO

Folheando revistas científicas da área de sua preferência, buscar exemplos de:

- Pesquisas cujo tratamento só poderia ser qualitativo. Justificar.
- Pesquisas que poderiam ser tratadas por métodos quantitativos ou qualitativos. Justificar o que se ganharia e se perderia de acordo com a opção de tratamento.

Figura 6.1   Características da pesquisa qualitativa

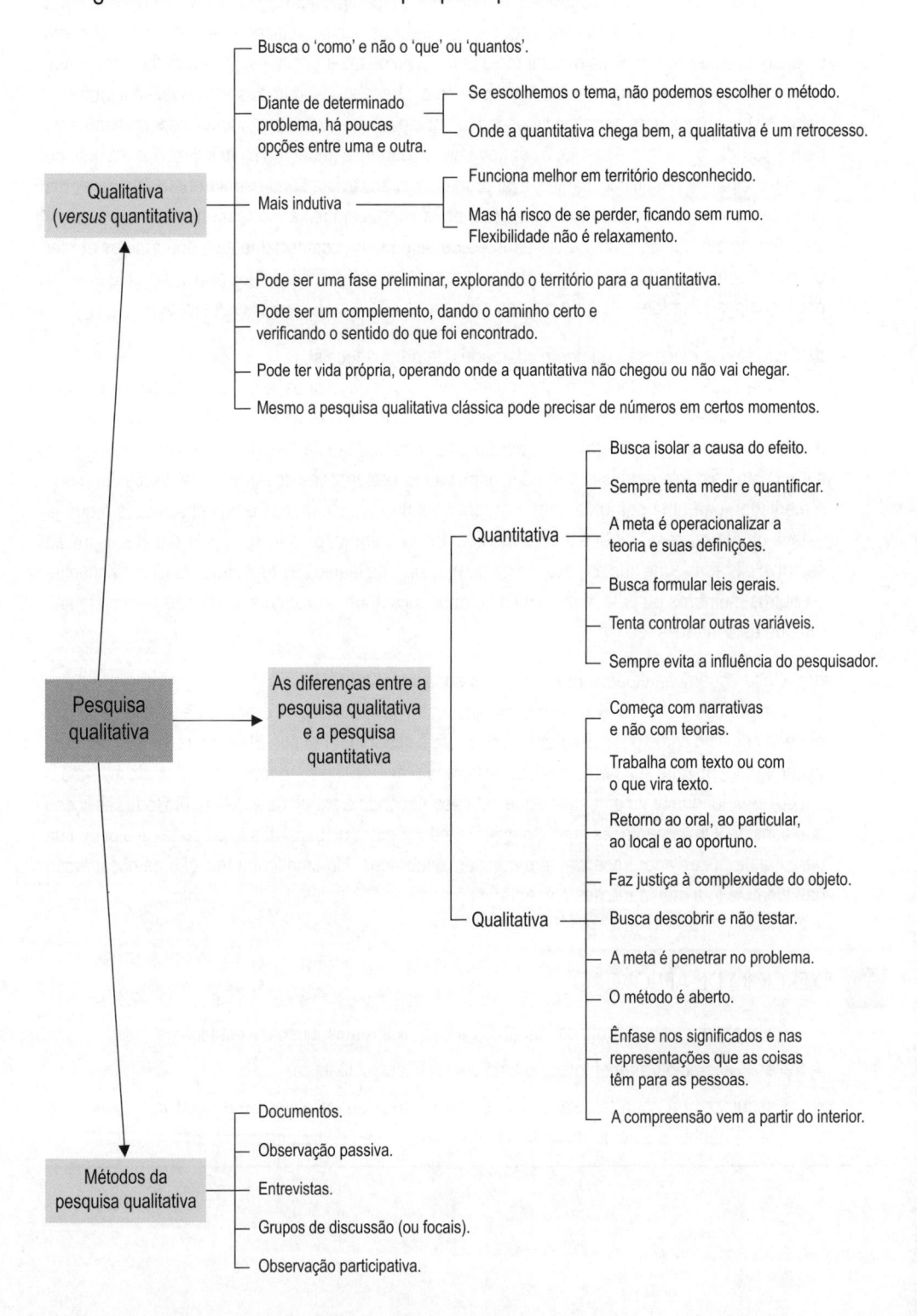

- **Pesquisa qualitativa**
  - **Qualitativa** (*versus* quantitativa)
    - Busca o 'como' e não o 'que' ou 'quantos'.
    - Diante de determinado problema, há poucas opções entre uma e outra.
      - Se escolhemos o tema, não podemos escolher o método.
      - Onde a quantitativa chega bem, a qualitativa é um retrocesso.
    - Mais indutiva
      - Funciona melhor em território desconhecido.
      - Mas há risco de se perder, ficando sem rumo. Flexibilidade não é relaxamento.
    - Pode ser uma fase preliminar, explorando o território para a quantitativa.
    - Pode ser um complemento, dando o caminho certo e verificando o sentido do que foi encontrado.
    - Pode ter vida própria, operando onde a quantitativa não chegou ou não vai chegar.
    - Mesmo a pesquisa qualitativa clássica pode precisar de números em certos momentos.
  - **As diferenças entre a pesquisa qualitativa e a pesquisa quantitativa**
    - Quantitativa
      - Busca isolar a causa do efeito.
      - Sempre tenta medir e quantificar.
      - A meta é operacionalizar a teoria e suas definições.
      - Busca formular leis gerais.
      - Tenta controlar outras variáveis.
      - Sempre evita a influência do pesquisador.
    - Qualitativa
      - Começa com narrativas e não com teorias.
      - Trabalha com texto ou com o que vira texto.
      - Retorno ao oral, ao particular, ao local e ao oportuno.
      - Faz justiça à complexidade do objeto.
      - Busca descobrir e não testar.
      - A meta é penetrar no problema.
      - O método é aberto.
      - Ênfase nos significados e nas representações que as coisas têm para as pessoas.
      - A compreensão vem a partir do interior.
  - **Métodos da pesquisa qualitativa**
    - Documentos.
    - Observação passiva.
    - Entrevistas.
    - Grupos de discussão (ou focais).
    - Observação participativa.

Sobre a arte de pesquisar com números

Pesquisas sérias e de primeira linha tanto podem ser feitas com números como sem eles. Não obstante, os resultados não merecem igual confiança, pois a pesquisa quantitativa tende a ser muito mais precisa e confiável. No entanto, a escolha entre quantitativa ou qualitativa não é arbitrária e ao sabor das preferências pessoais. A natureza do objeto de estudo e as perguntas que queremos fazer tendem a estreitar muito as alternativas possíveis.

O que se pode fazer com números e o que não se pode fazer sem eles

Nesta seção examinamos a natureza do que podemos fazer com números e sem números. Discutimos também as opções técnicas de tratamento dos dados e o que podemos extrair de sua análise.

Os paradigmas metodológicos das ciências naturais tendem a associar à mensurabilidade dos conceitos o nível de evolução ou o status de cada ciência. Já Platão propunha que "aquele que jamais busca números em coisa alguma não será ele próprio contado dentre o número dos homens famosos".[5] Ou seja, Platão era um quantitativista.

Cientistas mais arrogantes chegam a dizer que ciência é física, o resto é coleção de selos. A afirmativa é equivocada e preconceituosa. Não obstante, tem um fundo de verdade, pois há realmente uma hierarquia de ciências, balizada por sua precisão, capacidade para explicar fenômenos da natureza e, mais ainda, para prevê-los. O astrônomo sabe quando o cometa vai voltar. Mas o químico não sabe o que vai produzir ao juntar duas substâncias que não foram ainda misturadas. E, nas ciências sociais, os resultados são ainda mais esmaecidos. Discute-se até mesmo se são ciências. Mas isso parece uma discussão tola, baseada em critérios excessivamente exigentes. Além de tudo, não leva a nada, pois os historiadores vão continuar fazendo sua história, qualquer que seja o resultado de tal discussão. E continuaremos lendo os livros de história e nos educando com suas lições.

Acima de tudo, não há qualquer associação entre a maturidade de uma ciência e a relevância dos resultados para a sociedade. A astrofísica é nítida, quantitativa, expressa-se matematicamente e permite previsões. A sociologia é muito mais qualitativa do que quantitativa, suas leis são pouco nítidas, seus principais conceitos estão envoltos em controvérsias e não permite previsões com qualquer segurança. Mas lida com assuntos muito mais palpitantes em uma sociedade.

O que nos interessa inicialmente é explorar rapidamente a gênese das ciências. Retardatárias em seu desenvolvimento, as ciências sociais tomam como modelo inicial os paradigmas da física. Decorre tempo antes que tenham a maturidade para buscar seus paradigmas com independência. Enquanto a autoconfiança dos físicos em sua ciência leva à aceitação com naturalidade de conceitos rarefeitos e obscuros (como partículas subatômicas), as ciências sociais enfrentam com grande perplexidade um mundo freqüentemente refratário aos modelos mecânicos.

Não cabe aqui entrar em uma controvérsia difícil e desnecessária. Tampouco cabe negar o status científico de uma parcela substancial das ciências sociais que se mostrou até agora arredia à quantificação.

Gostaríamos apenas de sublinhar o problema prático da convivência de análises, procedimentos e resultados conduzidos com graus diferentes de rigor analítico. Muitas vezes, há áreas de uma pesquisa em que as variáveis relevantes podem ser quantificadas e analisadas estatisticamente com o uso de técnicas altamente sofisticadas. Ao mesmo tempo, outros aspectos do mesmo tema são mais refratários às técnicas estatísticas e ao mesmo nível de rigor científico. Há duas atitudes erradas diante de tal problema.

1) *O erro de deixar de aplicar critérios rigorosos nos casos em que isso é possível.*

Pelo fato de ter de se tomar decisões com base em vários aspectos refratários a qualquer procedimento estatístico, algumas pessoas acreditam que não vale a pena ser rigoroso com relação a qualquer outro fator envolvido na tomada de decisão.

2) *O erro de tomar decisões com base em fatores que podem ser mensurados e tratados por métodos quantitativos, abandonando-se outros que, pelo fato de não admitirem igual tratamento, não são menos importantes.*

Esse segundo engano é mais comum dentre pesquisadores com formação nas ciências físicas e matemáticas. De fato, existe mesmo uma tendência persistente para confundir 'rigor' com 'quantificação'.

O avanço da ciência tende a ser avaliado em termos da quantificação crescente de seus conceitos e variáveis. De fato, se a quantificação é resultado do desenvolvimento de escalas de medida e estatísticas, não cabem dúvidas de que representa um progresso. Contudo, às vezes uma análise estritamente quantitativa acaba sendo uma análise em que as variáveis mais importantes são excluídas por não serem quantificáveis.[6]

Quando estamos diante de variáveis que admitem graus de quantificação distintos, não cabe dúvida de que correm grande perigo as variáveis não quantificáveis e, mais ainda, aquelas que não aceitam sequer a mensuração em uma escala nominal.[7] A alternativa é conduzir em um nível quantitativo rigoroso a análise daquelas variáveis que se prestam a esse tratamento e, posteriormente, confrontar os resultados rigorosos de um lado com as demais variáveis. Tenta-se complementar e corrigir as conclusões baseadas apenas na análise estatística, buscando-se uma visão de conjunto em que se dá a cada variável o peso que parece ter na determinação do fenômeno.

Todavia, essa receita corre o grande risco de se transformar em mero ritual de valor não mais do que simbólico. Nos últimos parágrafos do trabalho são mencionadas umas tantas variáveis não mensuráveis que se presume ser importantes. Nada mais há, além de sua listagem e dos comentários perfunctórios a respeito de seu suposto papel. Se houve algum esforço mais persistente de interpretação e confronto, o leitor não ficou sabendo.

Mas o desafio aí está. Interpretar a realidade, dando preferência aos aspectos mais analíticos, certamente dará mais elegância ao trabalho. É possível mesmo que, como fase ou etapa no avanço do conhecimento, isso possa ser justificável. Mas temos que entender, antes de tudo, estamos interessados em tornar nossa teoria mais consoante com a realidade. A elegância dos modelos e a sofisticação da estatística não devem comprometer nossa compreensão do problema.

Economistas da educação às vezes examinam os fatores econômicos que limitam o acesso à escolaridade. Produzem pesquisas elegantes e quantificadas, aparentando alto grau de precisão. Mas há boas razões para crer que as pessoas deixam de estudar por crenças arraigadas, por falta de autoconfiança, por haverem colecionado notas ruins em sua carreira escolar, e assim por diante. Alguns desses fatores são quantificáveis, mas os dados não estão disponíveis. Outros são precariamente quantificáveis, como autoconfiança. E há dimensões como crenças e atavismos que desafiam a quantificação. Essas análises são frágeis e distorcem a realidade.

Se os economistas mostram preferências — justificadas ou não — pela quantificação, sociólogos e pesquisadores da educação tendem a caminhar em direção oposta, evitando, a qualquer custo, as estatísticas. Metem-se em análises puramente qualitativas, desdenhando olimpicamente de tudo o que possa se tornar estatística ou números. Não se trata de dizer se o erro é mais ou menos grave, mas de registrar a pobreza de análises que passam ao largo da quantificação quando ela é possível.

Quando discutimos o que um aluno pode ter aprendido na escola, estamos diante de um cipoal de alterações cognitivas que a escola pode haver trazido a ele. Esperamos que a escola contribua para seu espírito cívico, que estimule a sua imaginação. Esperamos que ensine a ler e a usar números. Sabemos que faltam medidas minimamente confiáveis para capturar o civismo adquirido na escola. Medimos muito toscamente a criatividade adquirida. Mas, em compensação, sabemos muito bem medir sua capacidade de leitura, sua compreensão do texto escrito e sua capacidade para solucionar problemas com os números.

Há uma parcela importante de educadores que deixam de lado as medidas de rendimento escolar convencionais pelo fato de não capturarem as outras dimensões em que temos dificuldade de mensuração. Nada pode haver de mais errado. Temos que medir o que se pode medir e nos contentar com análises quantitativas acerca do resto.

A complexidade do real requer uma inevitável multidimensionalidade da análise, resultando em perplexidade e em controvérsias na prática da pesquisa. Citando N. Georgescu-Roegen, o conselho *"busque os números" é sábio apenas quando não se pensa, erradamente, que é preciso encontrar números em tudo. Como diz o mestre, há um limite ao que se pode fazer com números, assim como também há um limite ao que não se pode fazer sem eles.*[8]

EXERCÍCIO DE APLICAÇÃO

Discutir a natureza qualitativa ou quantitativa das seguintes variáveis:
- felicidade;
- velocidade;
- valor (defina antes, pois significa coisas diferentes);
- inteligência;
- rendimento escolar;
- satisfação do consumidor;
- corrupção;
- criminalidade.

Justificar sua apreciação, lembrando-se sempre de que vários dos conceitos acima podem ou não ser quantificados, dependendo de como são definidos, e que há graus intermediários de quantificação (ou seja, algumas quantificações podem estar no limite do aceitável metodologicamente).

Da arte de decifrar os conceitos abstratos medidos por estatísticas

Um dos maiores problemas em uma sociedade moderna resulta do fato de que muitos dos conceitos que medem o estado de assuntos importantes ou são *conceitos inventados e longe da intuição* ou são tratados por ferramentas estatísticas complexas e igualmente discrepantes da intuição e do senso comum.

Muitas das estatísticas fundamentais para avaliar o que está acontecendo medem fenômenos abstratos, frutos de teorias de economistas ou sociólogos. Uma coisa é saber quantos bois temos hoje. Mas, quando falamos de taxas de inflação ou de PIB (Produto Interno Bruto), lidamos com conceitos abstratos. Boi existe no mundo real, PIB não.

Somente duzentos anos depois de a economia se tornar uma ciência é que foi possível destilar as teorias que geram o conceito de PIB. Há uma proximidade entre os conceitos de poupança e inflação usados pelos economistas e as observações do cotidiano. A soma de tudo o que economiza uma família é a poupança familiar. E, quando o mesmo salário não dá mais para comprar as mesmas coisas, a dona-de-casa percebe que há uma inflação de preços nos bens que compõem os gastos da família. Mas o número de hipóteses e de complicações práticas e teóricas introduzidas para calcular a taxa de inflação ou a poupança do país levam os conceitos para o mundo da abstração. Por exemplo, tecnicamente, se não há investimento, não há poupança. Eis uma afirmativa ininteligível para quem não estudou economia. Igualmente, é possível haver deflação ao mesmo tempo em que os produtos comprados por determinada família ficaram mais caros. São conceitos diferentes dos intuitivos ou cotidianos.

Na educação, temos também conceitos pouco intuitivos. Por exemplo, o Provão não media a qualidade da educação, só dizia se uma escola era melhor do que outra. Ainda menos intuitivo, as notas arbitradas são relativas. Mesmo que todas as escolas fossem maravilhosas, as menos maravilhosas ganhariam nota 'E'. Portanto, a proporção de notas 'E' seria sempre os mesmos 12 por cento, simplesmente porque isso é imposto pela fórmula usada para atribuir os conceitos.

Mas nem tudo é tão complicado assim, nem todos os erros se desculpam por conta de teorias rarefeitas. Todo curso de estatística elementar mostra que a média é um valor chamado 'tendência central', pois se situa no meio da distribuição, deixando metade das observações para cima e metade para baixo (fiquemos com essa noção para evitar uma discussão técnica sobre a diferença entre média e mediana). Diante disso, causa espanto que a manchete de um jornal afirme: "Provão revela: alunos estão abaixo da média". Ora, pela própria definição de média, próximo da metade dos alunos tem que estar abaixo dela. Ou seja, nem sequer o mais primevo conceito da estatística, a média, é entendido pelos jornalistas de um dos jornais mais sérios do país.

O conceito de empate técnico nas pesquisas de intenção de voto é novo para os não versados em estatística. É derivado de teoremas da teoria da probabilidade. Reflete a idéia de que uma amostra reproduz os resultados do universo correspondente, mas contém uma margem de erro. Dois candidatos cujos resultados mostram uma distância menor do que esse ruído ou erro amostral estão tecnicamente empatados, embora não sejam aritmeticamente iguais.

Gostemos ou não, muitos fenômenos macrossociais só podem ser captados por estatísticas abstratas e pouco intuitivas. O caso do cunhado da empregada que passou a noite na fila do INPS (Instituto Nacional de Previdência Social, atual INSS) não é indicador de sistema de saúde. Só serve para ilustrar, para contextualizar, para que se saiba do que estamos falando. No máximo, pode levantar suspeitas que precisam ser investigadas por outros métodos. Não se pode avaliar a saúde do país com esse tipo de observação. Uma vez tendo os resultados capturados por estatísticas macrossociais, podemos usar o exemplo do cunhado da empregada para facilitar a compreensão das medidas abstratas que foram usadas.

Para saber se o país está melhor ou pior, observando nas ruas ou perguntando ao motorista do táxi, podemos até ter mais inspiração para fazer perguntas interessantes e levantar hipóteses. Mas não é daí que obteremos as respostas. Para obtê-las, temos que recorrer ao que dizem as estatísticas de evolução do PIB — um conceito abstrato. Para saber se a qualidade de vida está melhor, temos que examinar o IDH (Índice de Desenvolvimento Humano). Esse índice captura uma mescla de variáveis sociais e econômicas. Mas, só para ilustrar a complexidade, o IDH não toma a renda *per capita*, mas seu logaritmo — que atenua a importância do fator econômico. Igualmente, a escolha dos indicadores e seus pesos determina quem vai se sair bem e quem vai estar mal. Ao incluir a taxa de analfabetismo, o Brasil piora de posição, dado o peso da educação que não houve no passado. Se o indicador atribuísse um peso alto e negativo para gastos militares *per capita*, o Brasil estaria dentre os países mais avançados do mundo, pois o Exército deles é diminuto.

Diante de todas essas filigranas e tecnicalidades, é muito fácil iludir com números ou confundir o não iniciado. Mas não vai daí que é tudo relativo e que a mentira com números se faz com impunidade. *Em um país maduro, para cada um que tenta mentir com números, haverá muitos que conhecem o assunto e as ferramentas estatísticas. Esses virão, imediatamente, desfazer o castelo de cartas da estatística inventada ou mal usada*. Esse é um dos papéis mais nobres e socialmente úteis dos pesquisadores.

E o que faz o leigo sem condições de matricular-se em um curso de inferência estatística? Antes de tudo, tem que estar atento para discrepâncias entre os números citados. Diante delas, tem que exigir que se confrontem aqueles cujos números não batem. E tem que julgar os argumentos e as credenciais de cada lado. Apenas com esse procedimento se dissolve a maioria das dúvidas.

Mas entender razoavelmente os grandes conceitos usados para acompanhar o desempenho de uma sociedade é cada vez mais importante. Esse é um esforço que se espera de todos. E a cultura da pesquisa e da ciência constitui-se o cardápio obrigatório para tal educação.

Se o *conhecimento de estatística elementar é quase 'cultura cívica' nos dias de hoje*, sólidos conhecimentos dessa disciplina são essenciais para qualquer pesquisador na área social. Mesmo que seu próprio trabalho seja mais qualitativo, as interfaces com informações e análises estatísticas são praticamente inevitáveis. A estatística é a linguagem dos fenômenos que só podem ser capturados quando lidamos com grupos de observações. Sem entender o que diz, é como se o pesquisador não conseguisse ler a língua em que estão os maiores repositórios da ciência mundial. Estará alienado das grandes obras científicas.

Voltando ao mote inicial desta seção, é possível e fácil mentir com números. Mas só para quem não entende de números. A estatística só ilude quem não a conhece.

EXERCÍCIO DE APLICAÇÃO

Encontrar nos jornais exemplos de estatísticas mentirosas. Explicar cada um deles.

A causação probabilística nas ciências sociais

A ciência nasce com as ciências naturais, em particular com a física e a astronomia. O método científico se nutre e amadurece no processo de fazer avançar essas ciências. Aquelas que vêm depois vão se inspirando no método das pioneiras. A economia começa falando de forças e equilíbrios, ou faz comparações com a circulação sangüínea. Tal mimetismo é perfeitamente natural e razoável. Uma ciência pega carona na outra, inspira-se na outra para gerar suas idéias iniciais.

Mas chega o momento de enfrentar as diferenças e entender sua própria natureza. Que as leis da física não se apliquem à economia não será uma revelação e não pega nenhum economista de surpresa. Mas há um aspecto fundamental que diferencia as ciências naturais das ditas ciências 'duras', sobretudo a física. Em física, dizemos que o evento 'X' *causa* a ocorrência do efeito 'Y'.[9] Uma bola que se choca com a outra, *faz* a outra andar. A lei da gravidade *faz* os corpos caírem com uma aceleração estimada por uma fórmula matemática. Ninguém puxa o gatilho para ver se acontece alguma coisa. Quando o percussor da arma impacta uma cápsula com fulminato de potássio, ela explode, desencadeando a explosão da pólvora dentro do cartucho. Em condições normais, o tiro não é uma possibilidade, mas uma certeza.

No mundo em que os físicos costumam lidar, conhecendo o valor de 'X', podemos prever o valor de 'Y'. Sabendo há quantos segundos um corpo foi lançado, podemos prever exatamente sua velocidade e em que ponto da trajetória ele estará. Para ser muito rigoroso, há sempre um errinho, mas que pode ser desconsiderado. Se o erro é muito grande, os cientistas já sabem que há outro fenômeno físico pairando por detrás e vão se meter em uma batalha sem quartel para descobrir o elemento que estava gerando a imprecisão na fórmula. A característica decisiva da física é que essas batalhas muitas vezes têm êxito.

A velocidade de uma esfera de chumbo e de uma esfera de ferro, ao cair, fica bem próxima da que rege a equação da gravitação. Mas uma bola de papel amarfanhado acelera menos. Os físicos perceberam o problema, batalharam com ele e acabaram descobrindo as leis que explicam a resistência do ar ao avanço de um corpo. Voltam assim a ter fórmulas com bom poder preditivo.

Contudo, nas ciências sociais, não é bem assim. 'X' causa 'Y'? Sim, mas de forma diferente. Sabemos que maior nível social dos pais 'causa' em seus filhos melhores resultados na escola. Também a teoria econômica nos diz que, se a taxa de juros aumentar, a inflação cai. Esses são geralmente os tipos de proposições com que lidam as ciências sociais. Em sua lógica, são leis ou teorias ou previsões do que vai acontecer com 'Y' quando 'X' se modifica. Nesse plano, não são em nada diferentes do que entendem os físicos.

Contudo, na prática, elas contêm uma diferença fundamental. Toda vez que eu cuspir para cima sei que vou receber de volta a cusparada. Mas há pais pobres com filhos bem-sucedidos na escola e pais ricos com filhos saindo-se pessimamente. E aí, como ficamos? A lei falhou?

Não falhou, porque a lei é outra. Nas ciências sociais, dizemos que, quando 'X' acontece, 'Y' *tende* a acontecer ou *costuma* acontecer. Ou seja, *a lei não é determinista, mas probabilística*. Em sua versão mais rigorosa, as leis das ciências sociais devem ser formuladas da seguinte maneira: *Quando 'X' acontece, aumenta a probabilidade de que 'Y' também aconteça*. Tecnicamente, falamos de probabilidades condicionais. Ou seja, *a ocorrência de um evento modifica a probabilidade de ocorrência de outro*.

No exemplo, há ricos com filhos de fraco desempenho na escola. Mas a maioria dos filhos de ricos sai-se melhor. Ser rico aumenta a probabilidade de o filho ser bom aluno.

Todo raciocínio em ciências sociais é probabilístico, o que significa que estamos falando do comportamento de grupos, em que há sempre casos discrepantes. A exceção individual não faz a lei das ciências sociais ser rejeitada. Ela é esperada. O que rejeita a lei ou a hipótese é quando o número de exceções ou de desvios é exagerado.

Podemos até falar de um determinismo semelhante aos da física se substituirmos 'indivíduo' por 'grupo'. O grupo dos 'ricos' tem resultados *sempre* melhores do que o dos pobres, sem exceções — embora possa haver exceções *dentro* do grupo.

Se estamos falando de critérios para fazer ciência, a pergunta óbvia é como decidir se temos exceções demais, devendo rejeitar a teoria, ou se são poucas, não justificando jogá-la fora. Para isso, temos a estatística. Em particular, temos um ramo fundamental da estatística que lida com probabilidades e inferências.

Mesmo sem entender as ferramentas técnicas da teoria da probabilidade, é preciso registrar que todos os raciocínios nas ciências sociais são probabilísticos. *Estamos sempre lidando com fenômenos em que há uma multidão de outras causas e ruídos interferindo na ação das causas em que estamos interessados.*

Antes de empurrar as ciências sociais para um gueto científico, como se fossem párias, cumpre notar que nem todas as ciências naturais são como a física e a astronomia. Por exemplo, quando falamos de antropologia física, entramos em um mundo bastante parecido com o das ciências sociais. O comprimento de um fêmur humano não será o mesmo entre diferentes pessoas, mas a distribuição de tais medidas tende a formar uma curva normal, a mesma com que trabalhamos cotidianamente nas ciências sociais. Por exemplo, a inteligência medida por testes também tende a se distribuir segundo uma curva normal.

Mesmo na lei da gravidade, já mencionada, há o arraste que traz imprecisões às estimativas de queda dos corpos. Podemos incluí-lo na equação, reduzindo a margem de erro. Mas, ainda nesse caso, restam imprecisões. É tudo questão de grau.

Nas análises estatísticas multivariadas, examinamos o efeito de um conjunto de variáveis sobre o fenômeno que gostaríamos de explicar ou prever. Para ficar no exemplo anterior, queremos saber qual o desempenho escolar de um aluno conhecendo o nível de educação dos pais, a qualidade da escola, e assim por diante. No final da análise, lidamos com o coeficiente de determinação, mostrando que a proporção das variações no desempenho educativo do aluno pode ser explicada pelas variações no grau de educação dos pais e por todas as outras variáveis que incluímos. Esse coeficiente mede a bondade da nossa teoria, isto é, quanto ela consegue explicar. Se o coeficiente é 50 por cento, isso significa que há uma variação nos resultados atingindo 50 por cento que se deve a variáveis que não incluímos ou a um ruído de fundo de eventos incontroláveis e não mensuráveis.

A importância de tais considerações no presente capítulo deve-se à necessidade de aclimatar o método e os raciocínios científicos das ciências duras ao ambiente das ciências sociais. Como comentário final, é preciso notar que, embora seu objeto de estudo seja 'mal comportado', comparado com o das ciências naturais, os raciocínios, as definições e os métodos não podem compartilhar tal indisciplina. Ou seja, *o mau comportamento do que estudamos não é desculpa para uma análise descuidada. A natureza pode ser indisciplinada, o pesquisador não.*

EXERCÍCIO DE APLICAÇÃO

Observou-se que grupos sociais com estatura mais baixa têm níveis de inteligência menor. Observou-se também que o fato de determinada pessoa ter baixa estatura não significa que tenha a inteligência menos desenvolvida.
Essas duas afirmativas podem estar simultaneamente certas? Explicar por quê.

A escolha da técnica estatística

Em pesquisas sociais que exigem procedimentos estatísticos, o responsável pelo projeto deve, necessariamente, dominar pelo menos o sentido geral das técnicas utilizadas. A combinação de um economista que não sabe estatística com um estatístico que não sabe economia raramente poderá gerar uma pesquisa aceitável. O mesmo se dá com todas as áreas das ciências sociais. Nas ciências naturais quantificáveis, é muito menos comum o desconhecimento de estatística por parte de seus praticantes.

A experiência sugere que faz muito mais sentido para o pesquisador com dificuldades na estatística consultar pessoas de sua própria área que sejam mais bem versadas nas técnicas contempladas para a pesquisa. Por exemplo, ele poderá perguntar: qual tipo de ajustamento é mais aconselhável? O que pode estar querendo dizer uma mudança de sinal em um coeficiente de regressão? Que restrições haveria ao uso da análise de variância com esses dados? Há comparabilidade entre o coeficiente de correlação de Pearson e o bisserial? Admitindo as ilustres exceções, os estatísticos tendem a não saber responder a tais questões que estão na interface entre a compreensão dos assuntos da disciplina e as ferramentas estatísticas.

Isso é o esperado. Mas, se não é necessário um conhecimento profundo de estatística, ainda assim o *pesquisador deve ter a 'visão estatística' do problema*. O estatístico, por não conhecer o problema com todos os seus meandros e suas sutilezas, jamais poderá ter essa visão. Exceto para as tecnicalidades, ou eventualmente para a execução de um roteiro de trabalho preestabelecido, o estatístico é a pior alternativa para aqueles que se sentem pouco confiantes em seus métodos quantitativos. De muito mais ajuda serão aqueles colegas de profissão ou de especialidade que têm bom treinamento em estatística.

É curioso registrar que muitos dos avanços da estatística foram obtidos por pesquisadores de alguma área substantiva que não se satisfaziam com as técnicas previamente existentes. Economistas e psicólogos têm fornecido grandes contribuições à estatística. Karl Pearson, o maior estatístico do século XX, estudou física, metafísica, biologia e tornou-se professor de alemão. Mais tarde estudou direito, mas não chegou a praticar. Spearman, outro estatístico destacado, era psicólogo e dedicou-se ao estudo da inteligência. O economista Keynes também deixou uma obra estatística importante.

Os *cursos comuns de estatística* deixam os alunos insuficientemente equipados para enfrentar os problemas encontrados nas investigações em ciências sociais. Possivelmente, isso se deve a duas características principais desses cursos:

1) *A estatística é reconstruída para o aluno a partir de uma seqüência lógico-dedutiva, freqüentemente expressa em termos matemáticos.* Trata-se da ordenação mais elegante do processo dedutivo. É como os matemáticos e estatísticos gostam de vê-la. Contudo, não é a organiza-

ção mais fácil de ser apreendida por quem está se iniciando na área. A estatística foi criada como resposta às necessidades dos pesquisadores de entender as mensagens que poderiam ser extraídas de conjuntos de números. A melhor maneira de entendê-las é exatamente no contexto de seu uso para resolver problemas práticos. Estudar a história da estatística é o melhor método para entendê-la. *A ênfase tem que ser no processo de encontrar significados nos dados, e não na reconstrução matemática das fórmulas desenvolvidas.*

2) *A ênfase dos cursos convencionais quase sempre está no exame pormenorizado de cada técnica e de suas fórmulas de cálculo. Falta foco na questão de avaliar as potencialidades e limitações de uma técnica, comparada com outras.* Ademais, as técnicas não são boas em si. No curso de uma pesquisa, é a natureza das variáveis que vai ditar a escolha da técnica a ser adotada. Portanto, faz muita falta entender melhor a natureza dos números disponíveis e as ferramentas que podem ser usadas para tratá-los.

A seguir, apresentamos a questão da escolha do método estatístico mais apropriado. Mas, para que faça sentido tal discussão, é preciso primeiro entender a natureza das variáveis sobre as quais aplicaremos nossas ferramentas.

Na estatística, nossa matéria-prima são as medidas de grandeza do mundo real. Mas nem tudo se pesa na balança ou se mede na fita métrica; nem sempre as propriedades dos números se aplicam ao que queremos estudar. Portanto, a primeira etapa do problema é determinar com que tipo de variáveis estamos lidando. Entendido isso, podemos passar à discussão de qual é a melhor ferramenta para a situação encontrada.

Há vários tipos de variáveis com que lidamos na pesquisa. Há as variáveis *quantitativas*, que podem ser cardinais ou ordinais. Em oposição, temos as variáveis *qualitativas*, também chamadas de *categóricas* ou *nominais*.

As primeiras podem ser convencionalmente medidas ou quantificadas, enquanto que nas segundas não há uma correspondência (isomorfismo) com os números que justifique essas operações. A fronteira entre os dois tipos não é rígida nem nítida, permitindo graus de mensurabilidade. Mesmo entre as variáveis convencionalmente tomadas como quantitativas, há níveis diferentes.

Dentre as variáveis cardinais, distinguimos as *escalas de razão* quando observamos uma perfeita correspondência (isomorfismo) da variável com o sistema de numeração, admitindo um zero natural. Isto é, podemos conhecer ou imaginar uma situação em que a quantidade é zero, isto é, não há quantidade. Classicamente, estamos falando do metro ou do quilograma, quando podemos dizer que cinco quilos é cinco vezes mais pesado do que um quilo. Podemos também falar de peso zero, que está marcado nas balanças. Em economia, falamos de renda nacional, que também admite um zero natural, isto é, ausência de renda.

Por outro lado, as *escalas intervalares* são usadas para as variáveis fracamente cardinais (pode-se comparar intervalos, mas não há um zero natural). Podemos falar de dois ou cinco graus de febre, mas não há temperatura zero nem podemos falar no 'dobro de febre'. Uma pessoa pode ter um QI de 123, e outra, de 99. Podemos falar da diferença de 24 pontos, mas não podemos falar de uma pessoa cuja inteligência seja o dobro de outra. Ou melhor, podemos falar, mas não tem sentido, pois não há QI zero.

Já uma variável ordinal contém uma dimensão ainda mais fraca de quantidade. Podemos dizer que uma variável que recebe um número maior é mais 'alguma coisa' do que outra que é medida por um número menor. Mas isso é tudo o que podemos dizer. Não podemos dizer se é muito maior, se é tantas vezes maior. Somente se pode falar em ordenação entre maiores e melhores. Um time que termina o campeonato em primeiro lugar está à frente de outro que tirou lugar pior. Mas não se pode dizer que o terceiro é três ou tantas vezes pior. Não se pode tampouco comparar a distância entre o primeiro e o segundo com a distância entre o terceiro e o quarto. E, obviamente, não há zero. Uma pessoa que rejeita fortemente um candidato pode receber uma pontuação de 4 em uma escala ordinal. Outra que ligeiramente desgosta pode receber 2. Mas não podemos falar que a rejeição de um é o dobro da do outro ou mesmo que faz sentido falar de uma distância entre os dois.

Finalmente, há as *variáveis puramente qualitativas ou categóricas. Ainda são variáveis que se prestam a uma análise científica convencional, pois é possível encontrar a fronteira entre elas.* Ou seja, cada categoria é mutuamente excludente. Uma observação não pode pertencer, ao mesmo tempo, a mais de uma categoria. É o branco, o roxo e o preto. É o macho e a fêmea. É o morador de Ipanema e do Alto da Tijuca. As observações não podem estar em mais de uma categoria. Não há nenhuma quantidade que varie entre elas e que possa transmitir alguma informação útil. Um não é mais ou menos do que outro em nenhum sentido útil. Podemos dizer que o Alto da Tijuca está a mais metros acima do nível mar do que Ipanema, e que a cor amarela está em uma freqüência de vibrações diferente do roxo. Podemos dizer que o macho tende a ser mais pesado do que a fêmea. Mas nada disso captura alguma dimensão que nos interesse, na maioria das vezes. Portanto, são variáveis apenas qualitativas. Podemos dar a elas números, como fazemos com os quartos de hotel. Obviamente, tais números são apenas etiquetas. De fato, os quartos às vezes recebem nomes de flores ou de personalidades históricas. Faz tanto sentido somá-los quanto faz sentido somar gerânios com orquídeas. Mas faz sentido dizer que o quarto dos 'gerânios' está vazio ou ocupado. E podemos contar os quartos ocupados entrando em uma análise quantitativa clássica.

Em um nível de abstração elevado encontramos um tratamento do assunto em N. Georgescu-Roegen.[10] Sugerimos também o artigo clássico de S.S. Stevens, "Mathematics, measurement and psychophysics",[11] e o livro de A. Kaplan, *A conduta da pesquisa*.[12] Tanto J. Simon como F. Kerlinger também apresentam capítulos simples e convincentes sobre o assunto.[13]

De modo geral, os livros comuns sobre métodos e técnicas de pesquisas, destinados a estudantes de sociologia, contêm um tratamento adequado,[14] o mesmo não se dando em geral com os textos introdutórios de estatística. William Baumol apresenta uma referência curta em seu livro *Economic theory and operations analysis*.[15]

Pressupondo uma compreensão do leitor do que sejam os tipos básicos de medidas (ou variáveis), gostaríamos de oferecer alguns comentários a respeito da escolha do método estatístico. *Uma variável ordinal tem todas as propriedades de uma categoria e mais a 'ordenabilidade' — isto é, podemos dizer que uma é mais 'alguma coisa' do que a outra. Uma variável que aceite uma escala intervalar preenche todas as exigências de uma escala ordinal e possui ainda a comparabilidade de intervalos. Uma escala de razão analogamente é também uma escala intervalar e mais 'alguma coisa'.* Há uma hierarquia nas escalas, de tal modo que, à medida que aumenta o grau de correspondência (isomorfismo) da variável com os números reais, uma nova propriedade é atendida e são satisfeitas todas as exigências das medidas anteriores.

Dessa forma, *não há erro em usar uma estatística menos 'exigente'* do que é possível com certa variável. Podemos usar a correlação de ordem com duas variáveis intervalares, e até mesmo usar, em uma escala categórica, variáveis que atendam às exigências de uma escala de razão.[16]

Mas, por outro lado, quanto mais o método estatístico aproveita sua correspondência (isomorfismo) com o número, mais uso é feito das propriedades dos números. Na prática, isso significa que mais informação é extraída dos dados, são matematicamente mais ricos os procedimentos e mais precisos e úteis os resultados. Resumindo, *são mais frutíferos os métodos estatísticos que exigem mais correspondência com as propriedades dos números.*

Se tenho uma distribuição de renda das pessoas, posso estabelecer uma freqüência de corte e estabelecer um limite. Isso me permite definir um grupo de ricos e outro de pobres. Minha distribuição de rendimentos pessoais torna-se uma variável qualitativa, admitindo duas possibilidades: ricos e pobres. Podemos usar essas duas alternativas categóricas para as análises estatísticas que vamos realizar. Não há erro nisso. Mas a análise vai ser mais menos potente e menos precisa, pois estamos jogando fora uma informação preciosa. Tratamos todos os ricos como igualmente ricos, não distinguindo aqueles que estão próximos dos pobres e os milionários e bilionários. Se riqueza conta na determinação do desempenho educativo dos filhos (uma possível hipótese que queremos testar), poderíamos também dizer que mais riqueza conta mais. Uma análise tomando a renda bruta e não a dicotomia pobre/rico vai testar também essa hipótese, permitindo até dizer se, a partir de certo nível de riqueza, mais dinheiro ainda resultará em melhor desempenho. Ou seja, a dicotomia joga fora as informações contidas na riqueza, que é uma variável eminentemente quantitativa.

Na Figura 6.2 resumimos e exemplificamos os tipos de variáveis.

Vencida essa etapa de identificação das variáveis, podemos passar à escolha dos tratamentos estatísticos cabíveis em cada um dos casos. Apresentamos a seguir, na Figura 6.3, um resumo dos principais tratamentos estatísticos, organizado com base no número de variáveis e sua natureza. Obviamente, trata-se de uma simplificação extrema, diante de uma pletora de ferramentas estatísticas que não cessam de aumentar.

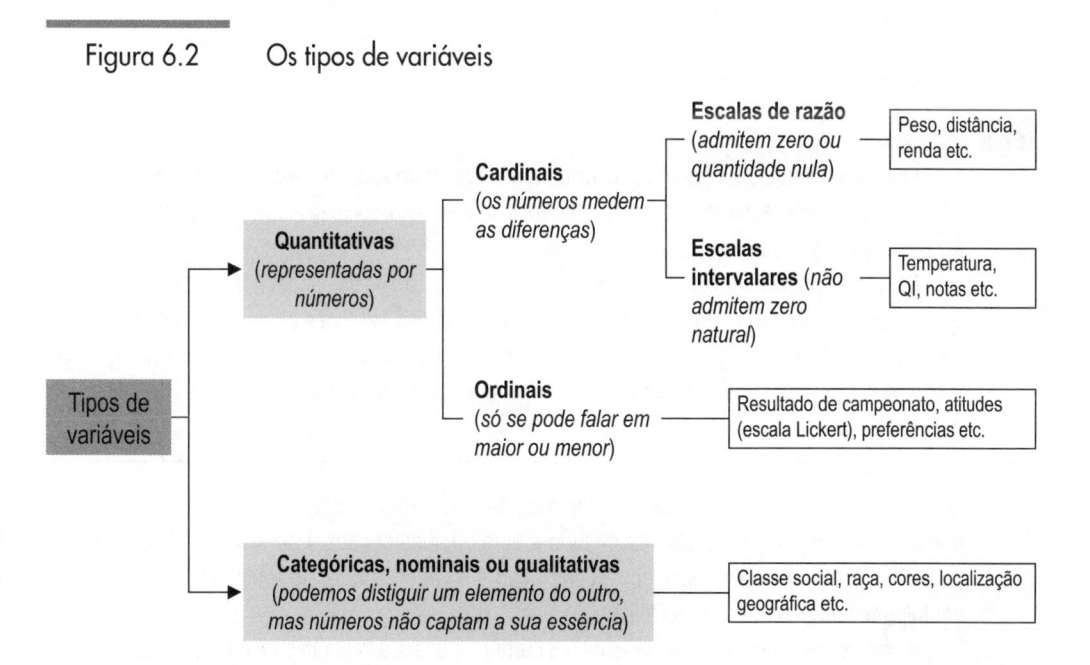

Figura 6.2   Os tipos de variáveis

Tipos de variáveis
- **Quantitativas** (*representadas por números*)
  - **Cardinais** (*os números medem as diferenças*)
    - **Escalas de razão** (*admitem zero ou quantidade nula*) — Peso, distância, renda etc.
    - **Escalas intervalares** (*não admitem zero natural*) — Temperatura, QI, notas etc.
  - **Ordinais** (*só se pode falar em maior ou menor*) — Resultado de campeonato, atitudes (escala Lickert), preferências etc.
- **Categóricas, nominais ou qualitativas** (*podemos distiguir um elemento do outro, mas números não captam a sua essência*) — Classe social, raça, cores, localização geográfica etc.

Figura 6.3   Critérios de escolha do método estatístico

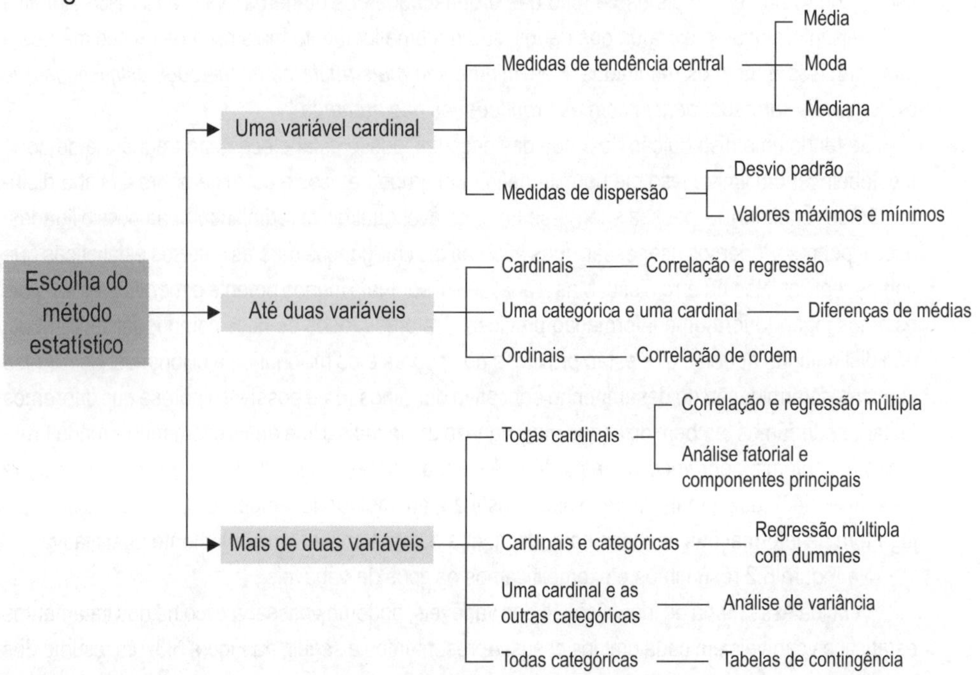

```
                                                                    ┌─ Média
                                        ┌─ Medidas de tendência central ─┼─ Moda
                                        │                           └─ Mediana
             Uma variável cardinal ─────┤
                                        │                           ┌─ Desvio padrão
                                        └─ Medidas de dispersão ────┤
                                                                    └─ Valores máximos e mínimos

                                        ┌─ Cardinais ──────── Correlação e regressão
Escolha do                              │
  método     Até duas variáveis ────────┼─ Uma categórica e uma cardinal ──── Diferenças de médias
estatístico                             │
                                        └─ Ordinais ──────── Correlação de ordem

                                                                    ┌─ Correlação e regressão múltipla
                                        ┌─ Todas cardinais ─────────┤
                                        │                           └─ Análise fatorial e
                                        │                              componentes principais
                                        │
             Mais de duas variáveis ────┼─ Cardinais e categóricas ─── Regressão múltipla
                                        │                              com dummies
                                        │
                                        ├─ Uma cardinal e as ────── Análise de variância
                                        │  outras categóricas
                                        │
                                        └─ Todas categóricas ───── Tabelas de contingência
```

> A Figura 6.3 pode ser interpretada como um *fluxograma de decisões* quanto ao método estatístico a ser utilizado. A escolha da ferramenta estatística baseia-se em dois critérios: 1) *Quantas variáveis?* 2) *As variáveis são quantitativas ou categóricas?*

EXERCÍCIO DE APLICAÇÃO

Queremos estudar os fatores que incidem nos resultados em um vestibular competitivo (como os das universidades federais). A variável dependente — a ser explicada — é a pontuação na primeira fase do vestibular.

Escolher as variáveis que poderiam explicar a pontuação no vestibular (família, escola cursada etc). Analisar cuidadosamente a natureza de cada uma das variáveis independentes escolhidas, decidindo se são quantitativas (ordinais ou cardinais) ou qualitativas. Note que o objetivo aqui não é chegar a um projeto de pesquisa correto, mas tão-somente examinar a natureza das variáveis escolhidas, quaisquer que sejam.

Uma vez feita a identificação da natureza das variáveis, a Figura 6.3 permite, quase automaticamente, estreitar a escolha do método a uma ou duas opções. Por exemplo, duas variáveis cardinais levam-nos a escolher entre correlação e regressão que, de resto, são técnicas mais complementares do que competitivas.

A dificuldade maior no uso da Figura 6.3 certamente terá a ver com a identificação da natureza das variáveis. Decidir se uma variável deve ser tratada como cardinal ou ordinal ou se outra variável será ordinal ou categórica é tarefa que pode ser difícil e delicada. Aliás, nem sempre as distinções são nítidas e definitivas.

O problema se agrava pelo fato de que alguns pesquisadores, para se beneficiarem das vantagens de certos métodos, tratam suas variáveis com técnicas que pressupõem propriedades que elas não possuem. Por exemplo, tratam escalas de atitudes como se fossem variáveis cardinais. Os resultados de tais processamentos não são necessariamente errados, mas têm que ser interpretados com extrema cautela.[17] Jamais podemos nos esquecer da precariedade do que estamos fazendo ou permitir que tais resultados venham a se perder no meio de usos mais legítimos da estatística.

Por outro lado, não há erro estatístico em tratar uma variável cardinal como ordinal ou mesmo como categórica. Por exemplo, podemos classificar níveis de renda por categorias e montar uma tabela cruzando esses grupos com a localização geográfica de cada um deles. No entanto, cada vez que tratamos uma variável cardinal como categórica estamos usando um método que joga fora informação. Isto é, as diferenças de renda dentro de cada categoria são ignoradas e perde-se a grande capacidade de síntese das medidas mais potentes. De fato, um simples coeficiente de correlação sumaria tudo o que diz uma tabulação cruzada entre duas variáveis.

Os cursos convencionais de estatística dão pouquíssima ênfase a questões desse teor, refletindo também a pouca atenção que a maioria dos textos de estatística presta ao assunto. Foge ao escopo deste livro discutir questões sobre a essência do que medem as variáveis. Limitamo-nos aqui a esclarecer alguns problemas e sugerir ao leitor interessado alguns livros em que essas distinções podem ser encontradas.

Sumariando os parágrafos anteriores, vemos que:
1) *A natureza ('física') da variável determina quais propriedades dos números podemos imputar a ela*, demarcando um limite ao tratamento metodologicamente aceitável;
2) *As razões de eficiência dos métodos aconselham utilizar o mais potente possível*, isto é, aquele que nos permita usar ao máximo as propriedades dos números que estão subjacentes ao que medimos. No caso acima, ao transformar renda em categorias, estamos jogando pela janela informações importantes.

Vemos, portanto, que não há realmente tanta liberdade na escolha do método estatístico. *De um lado, há o imperativo metodológico de não imputar à realidade propriedades que ela não tem e, de outro, o princípio de eficiência ou da economia que nos leva a tirar dos dados o máximo possível de informações.*

A única exceção realmente importante a essa regra ocorre em situações concretas em que existem variáveis de diferentes graus de mensurabilidade e temos interesse em examiná-las simultaneamente, quer para efeito de simplificar a análise, quer para avaliar a importância relativa de cada uma delas. Nesses casos podemos optar por uma estatística menos potente, mas que satisfaça às exigências de quantificação da variável mais fraca.

EXERCÍCIO DE APLICAÇÃO

Voltar ao exercício anterior e, tomando as variáveis escolhidas, pensar em uma estratégia de análise estatística. Que ferramentas estatísticas poderiam ser utilizadas? Que vantagens e desvantagens teria cada uma das possíveis alternativas de análise?

Testes estatísticos: regras de decisão ou medida de confiança?

Os manuais introdutórios de estatística apresentam os testes de hipóteses em sua formulação mais depurada, isto é, o 'controle de qualidade'. Os exemplos mais clássicos são os testes que visam testar por amostragem se determinado produto se conforma às normas técnicas exigidas, digamos pela ABNT (Associação Brasileira de Normas Técnicas) ou ISO (International Organization for Standardization). Se as lâmpadas da amostra 'queimam' com mil horas, quando a norma prescreve 2 mil horas, a estatística nos permite dizer se estamos diante de uma flutuação amostral ou se realmente as lâmpadas do lote inteiro estão abaixo dos padrões. No limite, se testarmos apenas uma lâmpada, ela pode queimar segundos depois de ligada. Não ocorreria a ninguém condenar todo o lote por conta dessa lâmpada defeituosa, mas, se testamos 50 lâmpadas, a probabilidade de pescar por acaso somente as lâmpadas defeituosas se reduz enormemente. Se a amostra for de 500 lâmpadas, podemos ter muita confiança na média obtida.

Razões didáticas sugerem-nos, de resto, que, sendo esse o caso mais simples, deve ser o primeiro contato do estudante com as regras de decisão em estatística. O comprador não deseja receber uma partida de lâmpadas que tenha uma vida útil inferior às especificações. Ao produtor não interessa ver rejeitada uma mercadoria que, na realidade, está em boas condições. Com base em ensaios com uma amostra de lâmpadas, há que decidir se a partida obedece ou não às especificações. A divergência de interesses entre comprador e vendedor sugere claramente a necessidade de se estabelecer *ex ante* uma regra de decisão que prevalecerá até o fim, custe o que custar. Isto é, o cliente tem que aceitar as lâmpadas, acreditando que são boas, ou o produtor tem que ver condenado o lote inteiro.

Transposto para o processo científico, o mesmo esquema teórico de teste de hipóteses apresenta já uma configuração menos nítida. Trata-se agora de um pesquisador tentando decidir se aceita ou não sua própria hipótese nula — isto é, a hipótese de que as associações encontradas não são verdadeiras para o universo considerado, mas apenas o produto da flutuação amostral. Ou seja, deu azar de tirar pessoas pendendo para esse ou para aquele lado.

O prejuízo acarretado por uma decisão errada é muito menos tangível. A tentação de relaxar o intervalo de confiança para aceitar uma hipótese marginalmente significante é também muito grande. Mas, de toda maneira, a teoria é clara: a hipótese a ser testada é definida antes de o teste ser realizado e o nível de significância estatística é estabelecido de forma definitiva. Só então é feito o teste e a hipótese nula é aceita ou rejeitada. Esse é o caso clássico e mais comum nas pesquisas. Essa é a ortodoxia convencional na pesquisa.

Contudo, dificuldades maiores aparecem adiante, em duas classes de situações: 1) podemos estar diante de uma pesquisa em que *não temos uma hipótese a testar*; 2) em outros casos, há uma série de medidas estatísticas em que simplesmente *não se requer uma hipótese* ex ante.

É preciso não ser mais realista do que o rei e impor testes de hipóteses quando isso não faz sentido. É preciso saber o porquê de tais ortodoxias, e não ser vítima delas.

Quando fazemos análise fatorial ou de componentes principais, nossas ambições *ex ante*, em termos teóricos, são bastante modestas. Partimos de um conjunto de variáveis, cujo número nos parece excessivo ou intratável. Nosso objetivo é simplesmente descobrir quais são as variáveis mais importantes ou inventar variáveis que sintetizem os conjuntos de informações originais. Definindo um novo conjunto de variáveis 'sintéticas' (ou inventadas), o conjunto inicial passa a ser abandonado — por conveniência de cálculo e de análise. Não há inferências causais, há simplesmente um processo algebricamente complexo, mas epistemologicamente simples de eliminação de variáveis redundantes ou menos úteis na análise.

Conforme mencionado, há também associações entre variáveis sem que tenhamos uma expectativa mais nítida quanto a alguma associação clara. Em tal situação, a configuração teórica de 'teste de hipótese' torna-se inaplicável. *Não é possível testar uma hipótese que não existe.* Não obstante, o arcabouço formal dos testes de hipóteses é ainda muito conveniente. *Os valores dos parâmetros que obedecem a uma distribuição conhecida podem ser usados para que se meça a probabilidade de que os resultados reflitam a real associação entre variáveis ou meramente uma flutuação estocástica.* Mas a rigidez de decidir por antecipação qual o critério de aceitação das associações encontradas é espúria e artificial.

É muito importante que se entenda tratar-se de algo, em essência, diferente do teste de hipóteses. O arcabouço algébrico é exatamente o mesmo, mas o significado e os usos, completamente diferentes. No teste de hipótese 'apostamos' em alguma teoria e estabelecemos antecipadamente que níveis de risco estamos dispostos a aceitar. Daí em diante, o computador pode encarregar-se não só da aritmética como também da decisão. Nossa interferência nessa fase é não apenas redundante, mas proibida.

Quando não temos hipóteses, a comparação de nossos parâmetros com as distribuições teóricas (uma distribuição normal ou um 't' de *Student*, digamos) dá-nos a medida da probabilidade de que os resultados sejam devidos a flutuações de amostragem, em vez de uma real associação entre as variáveis. O *teste de hipóteses torna-se uma escala ou uma medida de confiança na estreiteza da relação encontrada.* Tal medida não passa de uma estatística descritiva, como a média, a variância ou o coeficiente de correlação. Ou seja, se a diferença existe com um por cento de probabilidade de erro, estamos diante de associações mais estreitas do que se fosse significativa apenas com cinco por cento.

Podemos ajustar uma equação de regressão múltipla sem que tenhamos ex ante um conjunto de hipóteses bem delineado. A estatística 't' de *Student* permite-nos, então, conhecer as variáveis em que há melhor aderência dos dados, facilitando a comparação do poder de explicação de cada uma delas e dando-nos a conhecer a probabilidade de que a associação encontrada seja devida ao acaso. No entanto, não testamos nenhuma hipótese, simplesmente medimos probabilidades.

Constitui uma ortodoxia metodológica injustificável tentar aplicar a teoria nítida e refinada dos testes de hipóteses em situações exploratórias ou em situações em que não se buscam testar hipóteses. Finalmente, é preciso considerar que o teste estatístico não é nem o único nem necessariamente o melhor instrumento de validação. A explicação teórica e a verificação empírica caminham quase paralelamente. Os progressos de um lado reforçam a confiança do outro.

Convencionalmente, as hipóteses testam a congruência teoria-fato na direção dos dados empíricos validarem a teoria. Mas, ao mesmo tempo, na medida em que encontramos uma boa explicação teórica para o problema, os resultados estatísticos encontrados adquirem maior confiança. Em fases iniciais de uma investigação, ambas as direções precisam ser consideradas.

Se os fatos não estão de acordo com a teoria, talvez não sejam os fatos relevantes, talvez o método de quantificação seja excessivamente grosseiro, talvez a amostra seja excessivamente pequena. Ou talvez estejamos perdidos em um mar de números e medidas. Não há como evitar o choque eventual da teoria com fatos que a contestam. Contudo, em última análise, os fatos são decisivos. Se discrepâncias persistentes não podem ser conciliadas, a teoria precisa ser reformulada ou simplesmente cai por terra.

Mas não é bem assim quando tentamos, ainda em nossos esforços iniciais, entender algum fenômeno. Se determinado experimento falha, é também possível que a relação entre X e Y que queremos verificar esteja, em nosso experimento, sendo mascarada pela interferência de uma variável mais forte Z — que pode ou não estar quantificada ou mesmo ser quantificável. Outra possibilidade é que o nível de 'ruído' seja excessivamente alto. Nesse caso uma fonte de dados mais puros faz-se necessária.[18]

Diante de problemas complexos ou em que precisamos de um grau elevado de confiança nos resultados, torna-se necessário validar a teoria pela consistência de resultados obtidos com amostras diferentes e em contextos diferentes. É a validação por meio da congruência entre resultados empíricos de amostras diferentes, que costuma ser chamada de *metapesquisa*. Se uma hipótese é testada em amostras diferentes e verificamos que a natureza dos resultados é equivalente (isto é, mesmo sinal, mesmo formato das curvas etc.), tal resultado pode ser tão importante quanto a significância dos testes.

Em uma pesquisa, buscamos testar a hipótese de que as pessoas criadas na zona rural obteriam níveis de renda inferiores ao daquelas de origem urbana (dado o mesmo nível de educação e idade). Em praticamente todos os casos, as diferenças de rendimento não eram estatisticamente significativas. No entanto, em todos os onze casos em que foi testada, havia uma diferença de rendimento na direção prevista. Isso pode ser tão importante como validação de teoria quanto o critério ortodoxo do teste de hipótese. Ou seja, finalizamos a pesquisa com a forte sugestão de que o ambiente da zona rural leva a níveis mais baixos de renda.

Devemos lembrar-nos de que freqüentemente encontramos resultados estatisticamente significativos em diferentes experimentos, mas que confirmariam hipóteses diametralmente opostas e, portanto, conflitantes. Na prática da pesquisa, isso é parte das lutas e perplexidades.

Estamos discutindo procedimentos muito delicados e às vezes um pouco vexatórios para aqueles que tentam estabelecer limiares de ortodoxia metodológica incompatíveis com o desenvolvimento das ciências sociais. Mas, se é isso o que se faz no dia-a-dia da pesquisa, não há por que evitar discutir abertamente.

Seja como for, estamos sempre convivendo com pelo menos uma imposição ortodoxa do método científico: não podemos esconder dos leitores os critérios e os procedimentos utilizados. É preciso dizer claramente se o teste veio antes da hipótese, se a teoria está sendo validada por consistência entre os testes ou se é a teoria que está validando o teste. A relação entre teoria e fato não é em geral tão cristalina quanto desejamos. Há certas conclusões que não podemos tirar sem oferecer ao leitor a possibilidade de avaliar os critérios utilizados, pois são inferências frágeis e baseadas em resultados algo opacos. Mas assim é a prática da pesquisa.

Hipótese sem teste

Na seção anterior, tentamos mostrar que, se não há hipótese, naturalmente não pode haver 'teste de hipótese', embora a estrutura formal da inferência estatística possa ser usada para explorar o relacionamento entre variáveis. Examinaremos, em seguida, uma situação diametralmente oposta:

freqüentemente temos hipóteses que gostaríamos de testar, mas para as quais nem sempre o teste é possível. Há duas situações importantes em que isso pode ocorrer.

Quando trabalhamos com uma amostra que atribui à população características observadas nessa amostra, corremos sempre o risco de que essas características não reflitam as da população-matriz por terem sido geradas pelo processo estocástico da amostragem. Por meio dos testes de hipóteses ficamos conhecendo a probabilidade de, de forma errônea, imputar à população características somente observáveis na amostra. Em tais situações, permanecemos no território convencional dos testes estatísticos. Mas, conforme nos chama atenção Georgescu-Roegen, *quando, em vez de uma amostra, lidamos com toda a população, os testes de hipóteses não têm razão de ser*.[19]

Por exemplo, se quisermos saber se a proporção de mulheres na população do Estado de Minas Gerais difere de 50 por cento, podemos fazer uma pesquisa por amostragem. A pesquisa vai mostrar uma proporção que só por coincidência será 50 por cento. Testa-se, então, a probabilidade de a proporção encontrada diferir significativamente de 50 por cento, por conta da flutuação inerente ao processo amostral ou se realmente a distribuição não é de 50 por cento. Entretanto, se dispomos do Censo Demográfico do Estado, ele nos mostra a proporção de homens e de mulheres para o universo. Nesse caso, não há teste de hipótese. Grande ou pequena, a diferença entre 50 por cento e a proporção encontrada tem que ser aceita como real.

É bem verdade que nem sempre é clara a distinção entre o que é a amostra e o que é um universo. No exemplo citado, Minas Gerais é o universo. Mas poderia também, em outro contexto, ser definido como uma amostra dos estados da Federação. Nesse caso, faria sentido testar a hipótese de a proporção encontrada em Minas ser representativa do Brasil. Todavia, é de fundamental importância caracterizar bem o problema que estamos tentando examinar; de outra forma, poderemos incorrer em erros metodológicos grosseiros.

Há uma segunda situação em que os testes não são possíveis. A probabilidade de erros aleatórios pode ser calculada quando conhecemos o formato analítico da distribuição considerada. Quando sabemos que a variável examinada tem sua distribuição determinada por um número muito grande de fatores aditivos e independentes, sem que nenhum deles predomine, podemos supor que sua distribuição é adequadamente descrita por uma curva normal (ou de Gauss). Se esse for o caso, a distribuição das médias das amostras será também descrita por uma normal. Os testes de hipóteses pertinentes, no caso, baseiam-se em comparações com os parâmetros da curva normal — que é conhecida e bem estudada.

Se, pelo contrário, as variáveis que buscamos estudar não se distribuem de acordo com a curva normal ou com outras funções conhecidas, a coisa então se complica muito. Freqüentemente lidamos com distribuições assimétricas como, por exemplo, a distribuição agregada de renda ou da propriedade. Nesse caso, é de esperar que com uma distribuição de renda muito desigual a hipótese de normalidade da distribuição das médias das amostras não seja suficientemente realista, no caso de que a amostra não seja aleatória, imparcial e com um número de observações suficientemente grande. E, como não conhecemos as características dessa distribuição, coisa alguma podemos testar com segurança utilizando os testes convencionais.

Diversos pesquisadores já se preocuparam com essa questão, buscando avaliar o nível de imprecisão introduzido por distribuições não normais quando testadas por métodos que pressupõem normalidade.[20] Nossa atitude deve ser cautelosa. Se a distribuição é desconhecida, os testes de hipóteses convencionais deverão, em princípio, ser rejeitados até que se mostre empiricamente sua validade. Observa-se, não obstante, certo descaso por parte de grande número de pesquisadores que, na ânsia de testar algo, aplicam sem qualquer constrangimento testes pressupondo-se normalidade em distribuições desconhecidas ou sabidamente assimétricas — como as distribuições agregadas de rendas.

As estatísticas não paramétricas freqüentemente oferecem-nos alternativas seguras e engenhosas para situações em que trabalhamos com distribuições 'malcomportadas'. Sucede, entretanto, que os testes não paramétricos não são suficientemente conhecidos. Além disso, são de aplicação mais restrita, obrigando-nos, muitas vezes, ao uso de medidas estatísticas menos convenientes ou menos poderosas. O teste da mediana, por exemplo, obriga-nos a usar a mediana, e não a média, o que muitas vezes pode complicar enormemente os métodos de análise.

Mas e se não for possível testar a hipótese? A resposta é que simplesmente não a testamos. Não há mandamento epistemológico que nos obrigue a testar hipóteses. Faz parte da ortodoxia metodológica o mito de que há que se testar alguma hipótese, custe o que custar. Nada poderia haver de mais errado. O teste de hipótese não é uma condição *sine qua non* da investigação científica e é sumamente deplorável que se tenha tornado um símbolo de status para investigadores menores.

Possivelmente, a obra mais importante em economia no século XX foi escrita por Keynes, que deixou também uma contribuição importantíssima na formulação da teoria das probabilidades. É revelador, portanto, que Keynes não 'teste hipóteses' em sua *Teoria geral do emprego*, embora inúmeras hipóteses ousadas sejam propostas. Simplesmente, com os dados de que dispunha, não cabia o teste.

O teste de hipótese é uma maneira formal e elegante de mostrar a confiança que pode ser atribuída a certas proposições. Se essa confiança pode ser medida e estabelecida, é injustificável a omissão do teste. Mas, quando a natureza dos dados ou do problema não nos permite avaliar formalmente essa confiança, não há desdouro para a ciência ou para o investigador em dizer apenas isso em seu relatório de pesquisa.

De onde virão os números?

Os números usados em nossas pesquisas têm que vir de algum lugar. Podemos coletá-los pessoalmente, podemos usar fontes secundárias. Podemos optar por amostras grandes, obtendo mais confiança nos resultados, mas pagando o preço de ter mais trabalho ao longo do caminho. Podemos coletar os dados por etapas, permitindo-se assim corrigir erros enquanto ainda lidamos com amostras limitadas. Aqui discutimos as vantagens e as desvantagens dessas múltiplas possibilidades de lidar com informações quantitativas.

Dados primários ou secundários?

A justificativa mais usual para não se fazer pesquisa empírica é a 'falta de dados'. Ainda que, em alguns casos, isso possa ser mera desculpa, a identificação das informações necessárias à investigação é sempre uma dificuldade séria.

Paralelamente às questões discutidas na seção anterior, uma das principais opções é a decisão de coletar os próprios dados (primários) ou utilizar-se de dados secundários. Há vantagens e desvantagens em cada uma das alternativas.

Os *dados secundários, na maior parte dos casos, não oneram o orçamento da pesquisa* — por estarem disponíveis a custos baixos ou nulos. Além disso, são de acesso imediato. Isso permite *reduzir imensamente o tempo* necessário para se obterem resultados. Com efeito, não é incomum que pesquisadores ocupem três quartos da duração da pesquisa na coleta de dados. Essa não é uma consideração menor. Tempo gasto em busca de dados é tempo subtraído da análise. E, certamente, decifrar as informações é a parte mais nobre e mais criativa de uma pesquisa.

Outro fator a se considerar é a abrangência do universo considerado e o tamanho da amostra. Somente os recursos e as economias de escala de órgãos especializados em coletas de dados (como o IBGE — Instituto Brasileiro de Geografia e Estatística) conseguem cobertura nacional ou mesmo regional, além de amostras com muitos milhares de observações.

Porém, há o outro caso óbvio em que simplesmente não existe o dado coletado. Além disso, em muitas situações, faz sentido coletar os próprios dados, mesmo que dados secundários existam. A coleta dos próprios dados tem pelo menos três tipos de vantagens:

1) *Sendo um levantamento sob medida, torna-se possível coletar todas as variáveis necessárias,* definidas e medidas exatamente da maneira mais interessante para a pesquisa. Em uma pesquisa sobre desemprego industrial, por exemplo, poderíamos perguntar aos empresários quantas máquinas estão parcial ou totalmente ociosas. Um Censo Industrial não incluiria perguntas desse teor, por serem excessivamente especializadas.

2) *Há variáveis que ou são difíceis de ser quantificadas ou espera-se relutância, reticência ou má-fé nas respostas.* Não obstante, podem ser críticas para verificar nossas hipóteses. Coletando nossos próprios dados, tendo um objetivo específico em vista, justificam-se todas as precauções cabíveis. Talvez seja necessário medir a mesma coisa de várias maneiras. Podemos pensar em medir status socioeconômico pela educação do pai, da mãe e pela renda percebida. Quem sabe, dividir a pergunta em várias fases ou partes, introduzindo-se cheques e controles. A equipe pode ser especialmente treinada para perceber certas nuances nas respostas.

3) Em muitas situações, quando conhecemos imperfeitamente a natureza do fenômeno que tentamos analisar, *o processo de coleta nos põe em contato direto e pessoal com o objeto de nossa investigação.* Voltando ao exemplo do desemprego, os empresários podem sugerir-nos idéias, justificar seu comportamento, propor soluções, levantar dúvidas e mesmo questionar a própria validade dos dados em que seríamos levados a acreditar.[21]

São esses aspectos que a nosso ver deverão ser considerados quando optamos por dados de segunda ou de primeira mão.

EXERCÍCIO DE APLICAÇÃO

Tomar um número de uma revista científica da área de sua preferência. Examinar que fontes de dados foram usadas em cada um dos artigos. Escolher os exemplos mais interessantes e discutir o que se ganhou e o que se perdeu por trabalhar com dados primários ou secundários.

Dados agregados ou estudos de caso?[22]

O objeto da atividade científica é a "classificação metódica dos fatos, seguida pela identificação de suas relações e seqüências repetitivas".[23] Buscamos regularidades ou padrões de associação que não são idiossincráticos aos fatos que, por acaso, estamos examinando, mas sim comuns a toda categoria de fatos semelhantes. Ou seja, não interessa saber que Joãozinho é mau aluno porque lhe caiu um tijolo na cabeça quando era pequeno. Isso é um acidente, sem interesse científico, por muito que atrapalhe Joãozinho e martirize seus pais. Mas interessa saber que Pedrinho é bom aluno, porque sua família acompanha muito de perto sua educação e zela para que faça todos os deveres. Ou seja, o cuidado dos pais é um assunto genérico, pois interessa-nos saber em que medida o desvelo dos pais com a educação afeta o nível de aprendizado.

Um estudo científico pode buscar a identificação dessas relações mediante o estudo de pedaços de diferentes tamanhos do universo dos fatos considerados. Pensemos nos casos extremos. De um lado, temos os estudos agregados, em que examinamos o próprio universo, isto é, o total daquela população que queremos pesquisar. No outro extremo estão os estudos de caso, em que examinamos apenas uns poucos exemplos das unidades consideradas. No limite, passamos do estudo quantitativo para o qualitativo, na medida em que se reduz o tamanho do universo estudado. Mas frisemos: *mesmo no estudo de caso, o interesse primeiro não é pelo caso em si, mas pelo que ele sugere a respeito do todo.*

Os dois extremos permitem estudos respeitáveis. Por exemplo, existem muitos estudos em que se utiliza o censo demográfico, no qual constam todos os brasileiros. Por outro lado, Jean Piaget construiu suas teorias observando o comportamento de seus filhos. Mas, na prática, em pesquisa raramente ficamos nos extremos.

Vejamos o que se ganha e o que se perde quando caminhamos em uma ou em outra direção. Num *estudo agregado, não há problemas de representatividade*. Não há erro amostral, isto é, a chance de que, por acaso, selecionemos todos os obesos ou capengas do mundo, terminando por obter resultados que não são representativos da população. Estudamos já o universo completo dos elementos que nos interessam. Se queremos conhecer a idade média dos alunos de uma classe, perguntando a todos, obtemos resultados que são rigorosamente corretos.

Quando utilizamos uma amostra, estimamos as características do universo a partir dela, o que envolve erros. Mas é preciso que se afirme logo: a estatística nos permite estimar com precisão a magnitude do erro. Tomamos a idade de dez alunos — em uma turma de quarenta — e supomos que a média dos dez é uma boa estimativa da média da classe toda. Mas será? A estatística nos diz qual a probabilidade de que o desvio entre a média da população e a média da amostra ultrapasse determinado valor.

No extremo oposto, nos estudos de caso, em vez de apresentar um teste de representatividade, o pesquisador deixa as inferências relativas ao todo por conta da capacidade de julgamento do leitor, daquilo que Pascal chamou de *esprit de finesse*.[24] Piaget navegou no espaço de abstrações inspiradas pelo comportamento de seus filhos. Nada de amostra nem de estimativas de erro. Aos leitores cabe decidir se todas as crianças são como os filhos de Piaget.

Diante de um problema em que nossos conhecimentos são particularmente escassos e rudimentares, podemos fazer uma análise incompleta do todo (estudos agregados) ou conhecer bem uma pequena parte que não sabemos até que ponto é representativa desse todo (estudo de caso).

A prática da pesquisa leva à necessidade de fazer opções nessa direção. Não parece que seja uma situação em que posições *a priori* se justifiquem. Em cada caso concreto, o pesquisador terá que se definir por certo nível de agregação.

Para exemplificar o tipo de raciocínio implicado em uma pesquisa que fizemos sobre investimento em educação, optamos pelo estudo de casos em uma comunidade industrial.[25] Isso porque havíamos considerado injustificável um alto grau de agregação, tendo em vista que: 1) não havia evidência empírica de que os pressupostos necessários para o cálculo das taxas de retorno fossem aceitavelmente realistas; 2) os dados censitários existentes eram de qualidade desconhecida; 3) para algumas variáveis cruciais, os dados simplesmente não existiam em nível agregado (inteligência, variáveis de status etc.); 4) apenas com grande risco pode-se conduzir uma análise estritamente econômica de questões educacionais sem um conhecimento aceitável dos parâmetros institucionais e sem perder de vista as dimensões não econômicas da educação. Atender a essas exigências em nível nacional acarretaria um aumento exagerado dos custos.

Argumentos desse teor não devem ser entendidos como uma defesa dos estudos de caso como uma estratégia melhor. Trata-se apenas de ilustrar as justificativas que levaram a um estudo de caso em uma situação concreta.

EXERCÍCIO DE APLICAÇÃO

Escolher um tema que seja particularmente do seu agrado, algo que você gostaria de estudar. Sua abordagem seria um estudo de caso ou você poderia fazer o estudo com dados mais agregados? Justificar sua escolha e as vantagens e as desvantagens da opção que você escolheria.

Vale a pena um estudo-piloto?

Um automóvel ou avião jamais entra em linha de fabricação antes que sejam produzidos alguns protótipos, com os quais se testam diferentes aspectos do desempenho e problemas de fabricação. Por mais competentes que sejam os engenheiros, não é possível prever todas as dificuldades e solucionar na prancheta (ou no computador) todos os problemas. Uma pesquisa compartilha dessas dificuldades, especialmente quando envolve coleta de dados ou processamento eletrônico complexo. O questionário pode não funcionar, os respondentes podem reagir ou se mostrar esquivos, a amostragem pode ser inviável e a amostra ser grande ou demorada demais. O teste de programas de computador com amostras muito grandes é dispendioso e difícil. A variável pode não ser captada pelo índice utilizado. As relações podem não ser significativas — o que poderia ser verificado com muito menos dados.

Conduzimos, há algum tempo, uma pesquisa que envolveu um *survey* de diversos grupos educacionais. Achávamos que poderíamos reduzir consideravelmente o custo da amostra entrevistando apenas pessoas que tivessem completado algum curso (isto é, abandonando aqueles que tivessem o ensino fundamental, médio ou superior incompletos). O estudo-piloto mostrou que essa suposição era falsa; o entrevistador tinha que ir a muitos domicílios até que encontrasse respondentes que satisfizessem à condição de não ter cursos incompletos. A seleção dos entrevistadores havia sido também incorreta. Foram selecionados os melhores estudantes de uma faculdade de economia; o trabalho de campo mostrou-se enfadonho e desinteressante, dadas as elevadas expectativas e aspirações intelectuais desses estudantes. No levantamento subseqüente, com uma amostra maior, os enumeradores (ou entrevistadores) foram substituídos, com muito sucesso, por professoras primárias. Ademais, o estudo-piloto mostrou que algumas das perguntas não estavam sendo compreendidas, enquanto outras não tinham poder de discriminação.

Por muitas razões, freqüentemente *vale a pena um estudo-piloto*, isto é, uma miniatura da pesquisa que queremos realizar. Nela, *quase todos os erros e equívocos se apresentam e sua correção tende a ser indolor*. Uma pergunta deixada de fora de um questionário pode trazer perdas importantes de informação. A pesquisa-piloto detecta o erro e permite corrigir a omissão. Quase tudo o que pode dar errado aparecerá na fase piloto.

Por outro lado, em muitas pesquisas realmente não cabe um estudo-piloto na acepção convencional do termo. Por exemplo, quando estamos simplesmente reunindo dados já coletados, processando informações censitárias ou estimando custos de diversas escolas. Mas, mesmo nesses casos, há quase sempre a opção de começar simultaneamente em todas as frentes ou de fazer a análise por partes.

Vejamos um exemplo concreto em que foram estimados os custos de escolas técnicas. Poderíamos haver iniciado a coleta de informações em todas, simultaneamente. De fato, haveria até algumas vantagens nesse procedimento. Mas pareceu-nos que seria melhor começar e terminar em uma única escola e somente então processar simultaneamente as restantes. Por mais detalhada que seja a metodologia de cálculo, ainda assim sua aplicação em um caso concreto envolve dificuldades, decisões e erros. A experiência de investigar uma escola do princípio ao fim permitiu uma simplificação considerável nos procedimentos.

EXERCÍCIO DE APLICAÇÃO

Se você tivesse que fazer uma pesquisa para saber que proporção de colegas tem acesso a um computador, como você procederia? Faria um piloto do questionário antes de aplicar a todos? Ou considera o assunto muito simples, não merecendo tais precauções? [Sugestão: tome cuidado ao definir 'acesso', pois pode significar coisas muito diferentes.]

Tamanho da amostra e aleatoriedade[26]

Na prática da pesquisa, raramente a opção fica entre universo e amostras ou estudo de casos específicos. Trata-se quase sempre de escolher entre amostras maiores e menores, conjuntos mais ou menos amplos de casos a serem examinados. Essas escolhas são críticas para a viabilidade e praticidade do estudo de um lado e, do outro, para sua confiabilidade e interesse. Quanto maior a amostra, mais confiáveis os resultados. Mas e se a amostra é grande demais e o excesso de dados e de tarefas trava a pesquisa? No outro extremo, e se o caso é muito pequeno e idiossincrático, impedindo saltar para hipóteses mais gerais?

Raramente é possível examinar toda a população ou todo o universo cujos atributos estamos tentando analisar. Não podemos medir a inteligência de toda a população brasileira, não é possível testar a qualidade de cada saco de café exportado pelo Brasil, não é possível aplicar um questionário de status socioeconômico a cada escola do Estado do Rio de Janeiro. Recorre-se, conseqüentemente, ao exame de uma amostra, isto é, de uma fração dessas populações.

No século XX, foi possível demonstrar formalmente que, *se escolhermos essa amostra por um processo aleatório (isto é, um processo não tendencioso em que a probabilidade de escolha de cada indivíduo seja a mesma), então a amostra terá a maior probabilidade de reproduzir os parâmetros de população.* Mais ainda, dispomos de fórmulas estatísticas que nos permitem avaliar a magnitude provável do erro cometido. Como a criação de uma amostra aleatória implica um procedimento simples de sortear alguns indivíduos, não é de espantar que as técnicas e a prática de amostragem aleatória tenham se difundido tanto. Esse é o legado da teoria da probabilidade.

Não existem justificativas para radicalismo algum nessa área. No entanto, o radicalismo existe, e isso pode ser nitidamente verificado na discussão de projetos de pesquisa. Diante de um problema, cuja verificação envolve um levantamento com aplicação de questionários, é freqüente ouvir dizer que o *survey* não é viável devido à impossibilidade de extrair uma amostra aleatória. Por exemplo, em se tratando de um estudo de acompanhamento de egressos de uma escola, não seria possível escolher aleatoriamente os alunos a serem entrevistados em virtude das dificuldades práticas de sua localização. Sendo assim, o tópico deveria ser abandonado.

Adam Smith, o mais famoso dos economistas, construiu sua teoria da divisão do trabalho e da especialização das funções baseando-se em uma fábrica de alfinetes da Escócia. Marx estudou a mais-valia em uma fábrica de tecidos de um amigo de Engels. Marshall, outra grande figura do pensamento econômico, escreveu baseado na observação casual do comportamento de seus colegas e professores de Cambridge. A obra de Freud, em boa parte, se alicerça em sua experiência clínica em Viena, quando atendia pessoas com sérios distúrbios emocionais.

Não há nenhum critério metodológico que nos forneça razões imperativas para a amostragem aleatória. A ciência meramente diz para usar toda a evidência disponível (o Princípio da Evidência Total) e usá-la com rigor e eficiência. Não há uma fronteira entre o cientificamente válido e o não válido que seja aplicável historicamente entre disciplinas ou mesmo de uma situação para a outra. A precisão das mensurações astronômicas feitas por Newton e Galileu seriam hoje totalmente inaceitáveis mesmo para o mais bisonho estudante de física. Os critérios de rigor nas definições exigidos na física seriam fatais para quase tudo o que se faz nas ciências sociais.

O que é inaceitável cientificamente é usar um procedimento menos rigoroso do que seria possível naquele momento histórico e naquela situação. Há que respeitar as fronteiras da ciência, que incluem apenas aquela fração da realidade que pode ser empiricamente examinada e aquelas proposições cuja validade não depende de juízos de valor ou pressupostos metafísicos; se isso for feito, qualquer problema pode ser tratado ou estudado com seriedade. Mas, além disso, o que nos garante que o tratamento é científico não é alguma regra rígida e imutável — como a necessidade de usar amostras aleatórias —, mas o princípio geral de que devemos adotar o tratamento mais rigoroso disponível para que nosso procedimento seja eficiente.

Seria inapropriado e metodologicamente inadmissível aplicar questionários em uma escola, em uma amostra que não seja gerada aleatoriamente, já que isso não só é viável, como também fácil. Mas como não há meios de obter uma amostra aleatória de ex-alunos, a amostra que for possível obter é perfeitamente justificável. A diferença está na interpretação dos resultados e nas precauções a serem tomadas antes de generalizar os achados.

Uma amostra aleatória permite-nos inferências a respeito da população com uma precisão e um conhecimento das margens de erro que não é possível em outros tipos de amostra. Se um terço de nossa amostra aleatória é composta de alunos provenientes de outras comunidades, poderemos afirmar, com margem de erro calculável, que nossa população tem um terço de imigrantes. Tal afirmativa não pode ser feita para uma amostra não aleatória. Por exemplo, se muitos dos estudantes de fora retornaram ao seu local de origem, eles não serão encontrados na amostra possível em um estudo de acompanhamento. Nessa situação, se encontramos que um terço veio de fora, provavelmente teremos um erro na estimativa, pois a população de ex-alunos terá, de fato, uma proporção muito maior de imigrantes, pois os que retornaram não poderão ser localizados.

Todavia, a *amostragem não aleatória pode fornecer-nos informações extremamente úteis e importantes*. Grande parte de nossa herança científica baseou-se nesse tipo de amostra. Entretanto, não podemos aplicar a ela aquelas propriedades de que gozam as amostras aleatórias.[27]

Uma vez que nossa amostra não é aleatória, torna-se necessário considerar o grau de viés (*bias*) introduzido. Além disso, o viés não tem a mesma importância em todas as variáveis medidas pelo questionário ou pela entrevista.

Em uma pesquisa que fizemos com ex-alunos de economia de uma universidade, a amostragem consistiu em tentar entrevistar todos os economistas que pudessem ser localizados.[28] A proporção real dos economistas que estavam lecionando em faculdades era certamente muitíssimo diferente da proporção encontrada na pesquisa. Isso porque a coleta da amostra esteve a cargo de professores da própria faculdade, que, portanto, mais facilmente localizaram seus próprios colegas de magistério, deixando escapar uma proporção maior de economistas que não ensinam. No entanto, não temos razões para crer que a preferência dos entrevistados por livros-texto norte-americanos ou franceses seja fundamentalmente afetada pelo viés da amostra. Ou seja, não parece haver uma associação entre escolha da nacionalidade dos autores de livros e a decisão de ensinar ou não.

Uma fonte muito freqüente de distanciamento entre amostra e universo é o que os estatísticos chamam de *auto-seleção*. Trata-se da existência de fatores que, ao mesmo tempo, influenciam a formação do grupo que estamos tentando examinar e também afetam a natureza do que buscamos entender. Se quisermos fazer uma pesquisa para verificar o estado de saúde da população, nada mais fácil do que entrar em uma academia de ginástica, onde todos os recursos para a avaliação estão presentes, as pessoas já estão vestidas para o exame e a circulação de pessoas é muito grande. Do ponto de vista de conveniência, o argumento é definitivo. Mas acontece que freqüentam as academias pessoas que cuidam bem mais de sua saúde do que o cidadão comum. Ou seja, a população das academias se *auto-seleciona*, decidindo associar-se pelo fato de ser saudável e zelosa da sua forma física. Os resultados não representam o universo, pois estará influenciado pela presença desproporcional de pessoas que vivem cuidando da saúde. Os resultados superestimam o estado de saúde da população.

Um hospital seria também um lugar bom para fazer diagnósticos desse tipo, mas nessa escolha chegamos a outro extremo da auto-seleção por saúde. Obviamente, vão para os hospitais as pessoas cuja saúde está de uma forma ou outra comprometida. Há uma auto-seleção na direção oposta. Os pacientes do hospital subestimam o estado de saúde da população.

Vejamos outro caso clássico de auto-seleção. Um caso difícil para os epidemiologistas é a proporção de óbitos em hospitais. À primeira vista, um hospital em que morrem menos pacientes deveria ser melhor. Mas não é bem assim. Os melhores hospitais atraem doentes mais graves, cuja esperança de sobrevida é muito mais curta. Ou seja, por ser excelente o hospital recebe uma proporção exagerada de doentes terminais, aumentando sua taxa de mortalidade. O exemplo oposto é de hospitais que se recusam a receber pacientes com poucas perspectivas de recuperação com o objetivo de melhorar suas estatísticas de mortalidade.

A importância da amostra aleatória depende, em boa parte, do tipo de informação que queremos derivar dos dados. Podemos distinguir duas situações diversas. Se em nossa pesquisa buscamos estimar, por meio da amostra, a distribuição da população, a importância da amostragem aleatória é muito grande. Em amostras aleatórias as diferenças entre os parâmetros da amostra e da população são devidas exclusivamente ao acaso, isto é, à flutuação de amostragem. A amostra não aleatória introduz distorções não mensuráveis e incontroláveis na maior parte dos casos. No exemplo citado, a proporção de graduados que ensinam economia é uma estimativa distorcida da proporção que encontraríamos se entrevistássemos todos os graduados — pelo viés já mencionado.

Mas a amostra aleatória é menos importante quando estamos tentando identificar características das pessoas ou relações entre as variáveis. Esse tipo de problema é muito menos sensível à não-aleatoriedade da amostra. As questões mais importantes da ciência têm mais a ver com relações causa-efeito ou interação do que com mensuração de parâmetros. Nos exemplos citados, Adam Smith, Marx e Marshall tentavam entender a regularidade de comportamento e associação entre variáveis, prescindindo por isso seu trabalho dos rigores da amostragem aleatória. Voltando a um exemplo anterior, apesar de a amostra de economistas não ser aleatória, poderíamos ter legitimamente examinado o relacionamento, por exemplo, entre o salário dos economistas e sua idade, a relação entre empregador e origem socioeconômica, e assim por diante.

EXERCÍCIO DE APLICAÇÃO

Procurar em jornais ou revistas alguma matéria que trate de pesquisa sobre a preferência de votos de eleitores. Escolher uma publicação que ofereça o máximo de detalhes no processo de amostragem. Diante do estudo, fazer as seguintes perguntas: há algum vício no mecanismo de amostragem? Há alguma sugestão de auto-seleção da amostra que gere viés? Parece haver alguma conclusão imprópria por causa da natureza do processo de amostragem?

Pesquisador veterinário ou pesquisador médico?

> "O segredo da mediocridade do mundo acadêmico
> é receber de segunda mão sua experiência."[29]
>
> Alfred North Whitehead

Um veterinário examina um animal, apalpa, verifica a temperatura e o ritmo cardíaco, faz exames de sangue e do que mais possa precisar e, com base nisso, faz seu diagnóstico, receitando em seguida o que lhe parece cabível. Um 'pesquisador veterinário' procede de maneira análoga.

Seu problema é, digamos, interpretar ou prever o comportamento dos industriais. É formulado um modelo de comportamento, examinam-se algumas séries transversais, são feitas algumas projeções e extrapolações e, com base nisso, derivam-se as recomendações e conclusões.

Um médico não difere do veterinário nos exames que faz. De forma alguma ele verifica cada um desses pontos com menos minúcia. Mas a grande diferença está no fato trivial de que, além disso tudo, ele pergunta ao paciente o que está sentindo, o que obviamente o veterinário não pode fazer.

Esse raciocínio leva-nos então ao 'pesquisador médico' que, além das análises estatísticas, pode perguntar aos industriais por que eles se comportaram de tal ou qual forma e como pretendem agir diante de uma nova situação que se possa apresentar. Acreditamos muito na relevância de informações que se baseiam na graça da palavra com que são dotados quase todos os industriais.

Um balanço, ainda que não tenha seus dados falseados, ou um questionário de censo industrial diz relativamente pouco das forças que governam as decisões de uma pequena empresa. Por exemplo, a decisão de usar uma tecnologia poupadora de mão-de-obra pode ter sido motivada pela intenção de reduzir o tempo que a administração despende com problemas e incidentes que envolvam mão-de-obra (e não pelo custo direto de uma folha de pagamento maior). Embora essas dimensões possam vir a ser quantificadas, o mero conhecimento do problema depende de contatos pessoais e entrevistas demoradas em empresas.

Quando um pesquisador pergunta a um produtor quantas pessoas trabalham em sua empresa, as informações são em geral corretas e podem ser usadas literalmente, digamos, em uma função de produção. Contudo, uma pergunta sobre suas intenções com relação à expansão do quadro de pessoal não admite a mesma interpretação. Há mesmo evidência no sentido de que há sempre divergência entre o comportamento indicado em uma entrevista e o comportamento observado *ex post*. Mas daí a dizer que a informação é inútil vai uma grande distância. Outras ciências sociais como a sociologia e a psicologia operam cotidianamente com informações que não podem ser tomadas literalmente. Um psicólogo pode identificar distúrbios emocionais profundos em uma pessoa aparentemente normal, a partir de questionários projetivos que jamais interrogam diretamente o paciente com relação a sua saúde mental.

Os economistas se defrontam com casos muito mais simples do que esses. Em suas perguntas, não há um grau tão elevado de circunlóquio. As indagações são diretas. Quer em entrevistas desestruturadas, quer por meio de questionários, as perguntas referem-se diretamente aos problemas que, de fato, interessam. Trata-se apenas de tomar as respostas como um dado, como um componente da resposta a ser interpretada ou mesmo convertido em algo que faça sentido.[30]

Até aqui conduzimos nossos argumentos em um nível modesto de ambição. Dissemos, em outras palavras, que *a realidade pode ser apreendida não apenas por dados e cifras impessoais, mas também por nossos poderes diretos de observação*. Acreditamos na importância desse conhecimento adicional. Gostaríamos neste ponto de ampliar o escopo dessa discussão e entrar em uma questão epistemológica mais séria. O restante desta seção talvez se mostre difícil para alguns leitores.

A economia surgiu e prosperou como ciência mais indutiva do que dedutiva. Pode-se dizer que nas contribuições clássicas a observação e a percepção individuais do autor tiveram papel de destaque.[31]

Porém, nas últimas décadas, a análise econômica tem se desenvolvido de maneira a tornar-se cada vez mais uma ciência dedutiva. De resto, é essa evolução que coloca a economia como a mais 'exata' das ciências não exatas. Contudo, esse maior rigor analítico é obtido às expensas de um distanciamento crescente da realidade. A quantificação é feita com duros sacrifícios da riqueza de conteúdo das definições. Os próprios conceitos fundamentais já representam abstrações intuitivamente difíceis.

Em contraste com a tradição clássica, muitos dos economistas de hoje habitam um mundo dedutivo, trabalhando com um enfoque axiomático e valendo-se apenas de uma observação de segunda mão da realidade. Sem dúvida, em comparação com as outras ciências sociais, o elevado conteúdo analítico é o ponto forte da economia. Mas tal superioridade permanece um mero potencial não explorado, na medida em que não há real sensibilidade para a escolha dos axiomas e uso dos resultados. Não foi por pura coincidência que no início da década de 1970 os discursos presidenciais da Royal Economic Society, da American Economic Association e uma conferência de honra desta última tenham versado sobre esse assunto.[32]

Nossos comentários dirigem-se não àqueles economistas que, por suas funções, são inevitavelmente levados a se envolver pessoalmente com indústrias, fazendas e pessoas — talvez esses precisassem mesmo de um pouco mais de abstração. Falamos ao pesquisador, ao economista de gabinete, de universidade ou de assessoria de governo.

Para o economista Phelps Brown, a divergência entre a ciência econômica e os problemas práticos são cada vez mais a causa de muitos desapontamentos.[33] O mesmo autor recoloca a advertência de Marshall de que "os economistas lidam com o homem tal como é: não com uma abstração ou homem econômico, mas com um homem de carne e osso..."[34]

O comportamento humano pode ou não ser explicado pelos axiomas propostos. A dificuldade envolvida em todas essas prescrições está no fato de que não se propõe o abandono do terreno conquistado no plano teórico-analítico, mas sim uma forma de síntese, de coexistência do abstrato e do concreto no mesmo pesquisador e na mesma análise. Proposições gerais e simplificadas devem ser visualizadas ou sentidas como coisa tangível, efetivamente observada e vivida.

Talvez os físicos possam satisfazer-se com a conveniência matemática de postular a existência de uma partícula subatômica.[35] Contudo, não acreditamos que nas ciências sociais tais conveniências analíticas possam dispensar o conhecimento em primeira mão do nosso objeto de estudo.[36] Essa operação da mente a múltiplos níveis de abstração nada tem de fácil. No entanto, quer-nos parecer que, até o momento, ela tem sido uma capacidade sistematicamente presente nas grandes figuras do pensamento econômico e social. Com teorias econômicas bastante divergentes, Marx e Keynes a todo momento exibem essa habilidade de pular da abstração para a observação concreta e pessoal. "A capacidade para oscilar entre níveis de abstrações com facilidade e clareza é o traço que identifica o pensador imaginativo e sistemático."[37]

E onde, na prática, vamos buscar essa sensibilidade para o real? Como passar do livro de texto, da formação analiticamente rigorosa para o emprego adequado desse instrumental? Ainda que a custo de propor uma classificação um tanto artificial, gostaríamos de propor dois caminhos: a história e a observação pessoal e direta.

O estudo da história é uma parte essencial do treinamento de um cientista social. A teoria do livro-texto deverá ter como "complemento e corretivo o aprendizado com os historiadores a respeito das coisas reais e sua complexidade. Qualquer problema prático da economia, ademais, se apresenta como uma situação histórica, e nossa capacidade para entendê-lo é, na realidade, nossa capacidade para entender a História. A situação histórica é caracterizada pela variedade da natureza humana, o poder das personalidades, o domínio da moda nas idéias e nos comportamentos. Estudar História serve também como propedêutica, como proteção contra a miopia do especialista e a ingenuidade dos grandes sistematizadores".[38]

Wicksell, também economista, expressa opinião semelhante ao afirmar que os modelos matemáticos têm por função "facilitar a argumentação, tornar mais claros os resultados e, dessa forma, prevenir contra possíveis falhas no raciocínio — e isso é tudo".[39]

Discutindo limitações no uso da matemática, Georgescu-Roegen leva o argumento mais longe, afirmando que ficamos fascinados pelos méritos dos modelos a ponto de *pensar apenas no bisturi e esquecer o paciente*. Por essa razão, temos que nos lembrar sempre de que *o modelo não tem valor, a não ser como teste de algum raciocínio*. O modelo corresponde à reconstrução formal da explicação que produzimos. Se nossa lógica estiver incorreta, isso será imediatamente denunciado pelo modelo. A apresentação formalizada de uma teoria demarca sua maturidade analítica, permite a exploração de conseqüências lógicas — que podem servir de verificação à teoria — e possibilita o exame de suas analogias e semelhanças estruturais com outras teorias.

O caminho da formalização tem absorvido o esforço de uma fração talvez majoritária dos economistas nas nações mais avançadas. Contudo, a identidade e a complexidade do fato econômico tem sugerido a vários economistas contemporâneos que, em última análise, era a escola histórica que estava no caminho correto.[40] O desafio que deparamos é conseguir uma convivência produtiva entre a formalização e a história.

O outro caminho é a observação direta. Ou, melhor dito, é o outro retorno à origem, ao fato (protocolo) que deu origem às abstrações (*construtos*). Falamos aqui das observações feitas efetivamente por meio dos sentidos. O *'fato' econômico é muito pouco 'fato' e muita abstração*. É preciso que o investigador enxergue por detrás da teoria o que constitui o fato da economia.

Por isso, estamos propondo que o economista seja 'médico', e não 'veterinário'. Com isso queremos dizer, pelo menos, que os pesquisadores não se devem tornar refratários ao conhecimento de primeira mão, às fontes informais e às não oficiais.

Mas há coisas mais específicas que se podem dizer a respeito disso. Inicialmente, vamos ver o que não estamos querendo propor. Certamente, não está em pauta uma receita precisa de que é necessário manter uma prosa de trinta minutos com cada diretor de empresa incluída na amostra. Estamos sugerindo, isso sim, que o pesquisador viva sua pesquisa, que os atores tornem-se para ele personagens íntimos. Antes da pesquisa ou durante a mesma, é preciso saber do que se está falando.[41]

O *antropólogo tradicional possivelmente poderia aprender muito com o economista* em termos de parcimônia na expressão dos pensamentos, no rigor analítico e na generalização dos resultados. Mas gostaríamos também que *os economistas fossem um pouco mais antropólogos em seu método de ver o mundo*.

Gostaríamos de ver o economista usar mais seus sentidos, não adquirindo tudo o que sabe de segunda mão, por meio da palavra escrita por alguém que, possivelmente, não tem mais conhecimento do que ele do que está dizendo. É perfeitamente possível, por exemplo, visitar fábricas sem aprender absolutamente nada de relevante, assim como é possível viajar sem aprender. Seria ingênuo esperar que toda e cada uma dessas experiências seja necessariamente fértil. Continuando com o mesmo exemplo, importa dizer que, sem visitar fábricas, ficamos privados até mesmo da possibilidade de vir a entender certas coisas (não estamos falando de condições suficientes que não cremos existir na produção de conhecimento científico).

A maioria das pessoas toma explanação como sendo idêntica a compreensão, mas, na realidade, há uma grande diferença. Agora, por exemplo, há muita coisa que posso explicar a vocês. Posso dar-lhes inúmeras sentenças para ajudá-los a construir um modelo intelectual de como funcionamos. Talvez alguns de vocês sintam a coincidência entre essas sentenças e explanações com a vida real, isso é o que chamo de compreensão.[42]

Devemos aprender a examinar e interpretar nosso trabalho intelectual por meio da nossa experiência ou vivência [...] Estamos pessoalmente envolvidos no produto intelectual com o qual lidamos [...] O homem moderno tem tão pouca experiência pessoal e, no entanto, a experiência é uma fonte tão importante para o trabalho intelectual original. Acredito que a característica do pesquisador maduro é sua capacidade de confiar e ao mesmo tempo ser cético com relação à sua experiência. Essa confiança ambígua é indispensável para a originalidade em qualquer iniciativa intelectual.[43]

Em termos da formação profissional do economista (ou de outro cientista social), concordamos com E. Phelps Brown quando ele diz que "após terminada a universidade, 'de longe' a melhor preparação para uma carreira profícua consiste em ir para uma organização que trabalhe com problemas práticos; em parte para entender como são pouco úteis grande número de refinamentos teóricos".[44]

Se disso tudo podemos tirar *uma regrinha de aplicabilidade ampla, esta seria: dê exemplos.*[45] Isso é, ao mesmo tempo, um exercício importante, um teste para o que está sendo dito em nível de abstração superior e um favor ao leitor que, dessa forma, passa a compreender muito mais facilmente de que trata nosso argumento. É instrutivo saber que o silogismo chinês para estar completo exige que seja exemplificado.

Se os exemplos não surgirem, tanto pior para a abstração. Se o autor não sabe de que concretamente está falando, não há muitas esperanças de que os leitores venham saber.

O cientista não é um mero arquivador de fatos, pelo contrário, ele deve conformar-se aos fatos. A sanção da verdade é uma fronteira exata que o cerca de uma forma que não acontece com o poeta ou o pintor. O hábito de testar e corrigir os conceitos pelas suas consequências na experiência tem sido a mola mestra no movimento de nossa civilização (a partir de Copérnico) [...] Este é o hábito da verdade, sempre dedicado, sempre urgente.[46]

EXERCÍCIO DE APLICAÇÃO

Buscar em um jornal de primeira linha um artigo sobre um assunto de sua escolha. Buscar em uma revista científica outro artigo sobre o mesmo assunto. Para exemplificar, poderia ser um artigo sobre inflação na revista *Veja* e outro sobre o mesmo assunto na *Conjuntura Econômica*. Comparar em um e outro o uso de entrevistas *versus* a análise fria de dados estatísticos. Mostrar, nesse caso específico, o que se ganha ou o que se perde com um ou com outro método.

Veja a seguir, na Figura 6.4, um esquema referente a todas as possibilidades de lidar com números.

Figura 6.4 Como conseguir os números

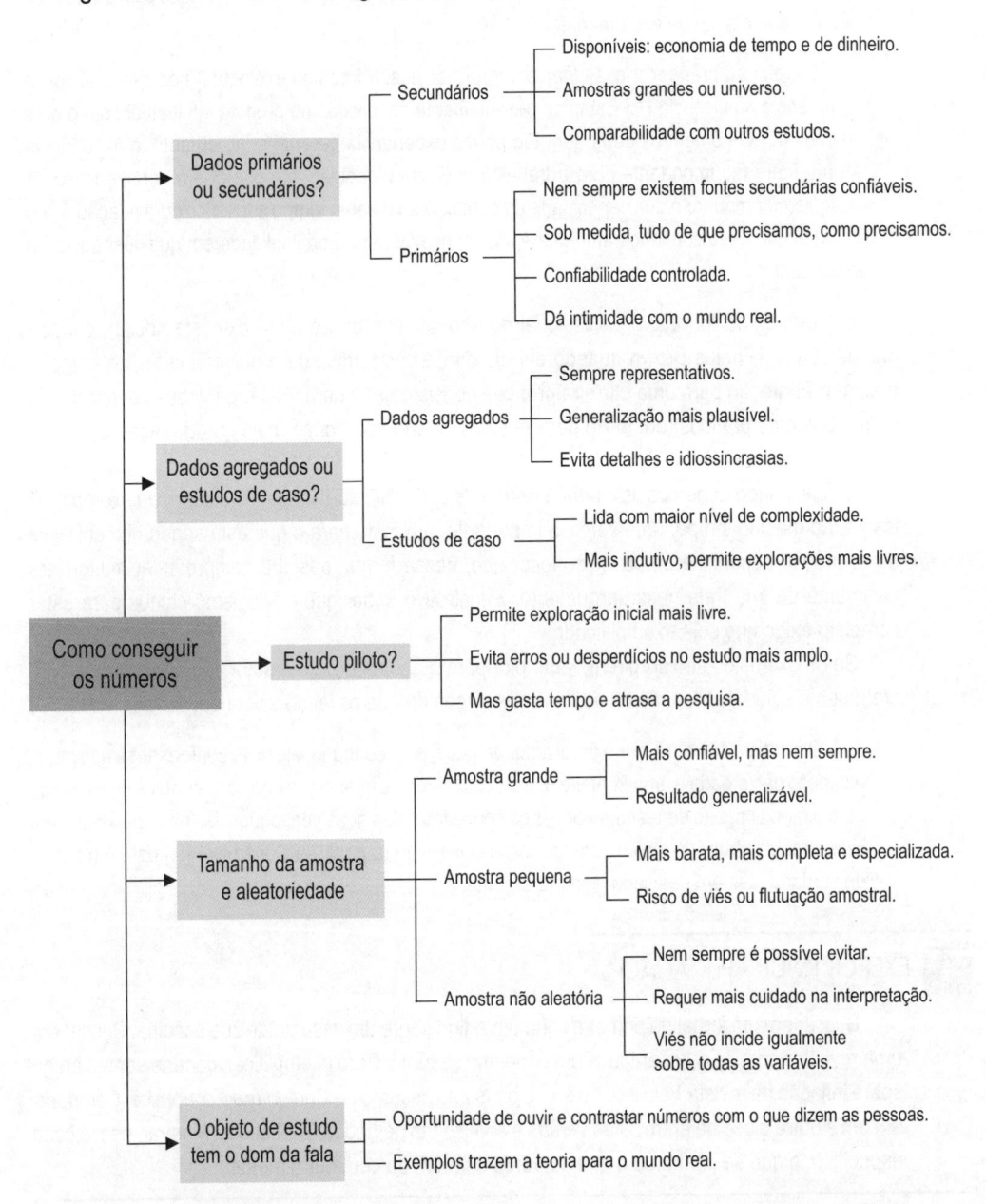

- Como conseguir os números
  - Dados primários ou secundários?
    - Secundários
      - Disponíveis: economia de tempo e de dinheiro.
      - Amostras grandes ou universo.
      - Comparabilidade com outros estudos.
    - Primários
      - Nem sempre existem fontes secundárias confiáveis.
      - Sob medida, tudo de que precisamos, como precisamos.
      - Confiabilidade controlada.
      - Dá intimidade com o mundo real.
  - Dados agregados ou estudos de caso?
    - Dados agregados
      - Sempre representativos.
      - Generalização mais plausível.
      - Evita detalhes e idiossincrasias.
    - Estudos de caso
      - Lida com maior nível de complexidade.
      - Mais indutivo, permite explorações mais livres.
  - Estudo piloto?
    - Permite exploração inicial mais livre.
    - Evita erros ou desperdícios no estudo mais amplo.
    - Mas gasta tempo e atrasa a pesquisa.
  - Tamanho da amostra e aleatoriedade
    - Amostra grande
      - Mais confiável, mas nem sempre.
      - Resultado generalizável.
    - Amostra pequena
      - Mais barata, mais completa e especializada.
      - Risco de viés ou flutuação amostral.
    - Amostra não aleatória
      - Nem sempre é possível evitar.
      - Requer mais cuidado na interpretação.
      - Viés não incide igualmente sobre todas as variáveis.
  - O objeto de estudo tem o dom da fala
    - Oportunidade de ouvir e contrastar números com o que dizem as pessoas.
    - Exemplos trazem a teoria para o mundo real.

Desinformação e fraude

Até agora, lidamos com o erro como se fosse uma peça que a natureza prega nos pesquisadores. Seria uma safadeza, uma brincadeira de mau gosto de uma natureza que não quer se tornar conhecida.

Mas há outros atores tentando nos iludir. Há os enganos inocentes, pura burrice, diríamos. E há aqueles de má-fé, com agendas que levam alguns a falsear as informações e a maquiar os dados. Esta seção lida com os *riscos de sermos iludidos, não pela natureza, mas por pessoas*. E as pessoas nos iludem com dados, números e argumentos que parecem verossímeis. É preciso aprender a lidar com tais ameaças.

Informação e desinformação

É parte da formação do pesquisador aprender a se proteger contra a informação errada e contra a desinformação. Não é difícil avançar bastante nesse aprendizado. Pelo menos, os erros grosseiros podem ser evitados com certa facilidade. Vejamos as perguntas que devemos fazer:

- Quem disse? Tem currículo para ser levado a sério?
- Como ficou sabendo? Quais são as suas fontes?
- Os autores estão disponíveis para serem argüidos e mostrarem de onde e como obtiveram os dados?
- O que está dito faz sentido?
- Ficou o não dito pelo dito? Muita contrafação é contrabandeada pelo que não é dito, mas parece que foi dito.
- A conclusão segue das premissas (o risco do *non sequitur*)?

Comecemos sabatinando os autores. Obviamente, se não estão nomeados e identificados, já é um péssimo sinal. Na maioria das vezes, não merecem crédito.

Que reputação o autor tem a oferecer? Quando economistas respeitados como Delfim Netto ou Edmar Bacha falam de dívida externa, é diferente de um padre falando do FMI (Fundo Monetário Internacional) ou um bispo falando da Alca (Área de Livre Comércio das Américas). Uns entendem, outros, não. Não se trata de acreditar em Delfim Netto ou em Bacha, mas de desqualificar imediatamente a opinião sobre economia de quem não se submeteu à disciplina de estudar essa matéria por muitos anos.

Aliás, é preciso perguntar se a pessoa realmente disse o que quer que seja ou alguém está usando seu santo nome em vão. É comum ouvirmos: "Professor doutor Fulano disse..." Mas será que disse mesmo? *Onde está a citação original, e não a citação da citação*?

Nas revistas de cunho acadêmico há um *corpo editorial* com gente conhecida na área cujos nomes emprestam confiança ao periódico. Como são pessoas com uma reputação a defender, não querem seu nome em revista que publique porcaria ou irrelevâncias. Em muitos casos, ameaçam sair se a revista não melhorar (nos campos profissionais em que atuo, pertenço ao corpo editorial de alguns periódicos científicos. Mais de uma vez já ameacei retirar meu nome pela falta de qualidade dos artigos que estavam sendo publicados).

A Internet é o veículo eletrônico para tudo, inclusive para alimentar pesquisas sérias. Mas é também o veículo ideal para o boato, pois permite total impunidade para o autor. A Internet é catastrófica desse ponto de vista. Não há responsáveis, não há autores, não há reputações construídas por décadas de trabalho sério. Não há a quem reclamar. A Internet não tem dono. *É a informação instantânea e a impunidade eterna*. A Internet permite dizer o que não se tem prova e o que não é verdade. Ou seus usuários aprendem a questionar o que lêem ou aumentará cada vez mais a volatilidade das informações e desinformações.

Obviamente, há um extraordinário acervo de materiais confiáveis na Internet. Mas é preciso saber triar. Os sites do IBGE, da National Science Foundation ou dos jornais e revistas sérios são mais do que confiáveis, pois há formas de verificar os conteúdos, há responsáveis com a cabeça ameaçada por causa de deslizes, há reputações em jogo.

Um primeiro teste de confiabilidade consiste em perguntar: *se for mentira, quem paga o preço se for desmascarado? Se não há cabeças a prêmio, cuidado!* Se o e-mail circula em listas enormes, não se podem achar os autores e, portanto, impera a impunidade. Cuidado!

Portanto, no caso da Internet, a regra é simples: quem assina e se torna responsável pela notícia? É conhecido? É confiável? Tem algo a perder? Com essas perguntas, eliminamos mais de 99 por cento dos boatos eletrônicos.

Mas, ainda assim, para o trabalho de cunho mais acadêmico, isso é pouco. Há milhões de sites com informações úteis e interessantes. Mas sua confiabilidade não fica evidente, pelo menos à primeira vista. A Internet traz extraordinária riqueza de informações, bastando apenas pressionar algumas teclas no Google. Mas traz também novos níveis de risco na qualidade da informação.

Nos tempos pré-Internet, as informações estavam apenas nas bibliotecas, cujos critérios de seleção de acervo sempre foram cautelosos. A segunda linha de proteção estava nas bibliografias dos professores, nos rodapés e nas orientações dos artigos consagrados.

A Internet virou tudo de pernas para o ar. Em vez de informações poucas mas confiáveis, fomos inundados. Corremos o risco de receber engodos, mentiras, fraudes ou, simplesmente, coisas escritas por pessoas sem maiores credenciais na área. Todo cuidado é pouco.

Mesmo as notícias da grande imprensa são fonte freqüente de enganos. Sobre a imprensa menor e a marrom, nem sequer cabe comentar. Até revistas respeitadas às vezes escorregam em conceitos econômicos. A revista *Veja* disse em uma matéria que a dívida do Brasil somava 60 por cento da riqueza nacional. Na verdade, confundiu produção (PIB) com riqueza. Produção é o que produzem as fábricas. Riqueza são as próprias fábricas e tudo mais. Admitamos que seja um erro de boa-fé, mas ainda assim é um erro.

Devemos sempre *indagar se a afirmativa favorece a posição daquele que a apresenta*. Quando o governo mostra estatísticas desfavoráveis de sua gestão, é mais crível do que quando mostra as favoráveis. As notícias que contrariam as posições de quem as apresenta merecem mais credibilidade. Devemos sempre nos perguntar: para que time torce quem está dando a informação? Ganha ou perde com ela? Terá algum preconceito, consciente ou inconsciente, que o leve a escolher esse ou aquele resultado?

Há erros que podem ou não ser por pura ignorância ou ingenuidade.

Por exemplo, estatísticas de trânsito podem mostrar que a maioria dos acidentes ocorre nos horários de cinco a sete horas da tarde. Concluímos que sair de casa em tais horários é mais perigoso? É o caso clássico do não dito pelo dito. O que não foi dito é a probabilidade de acidentes *por automobilista*, hora por hora. Como no fim da tarde há mais carros na rua, há mais acidentes — em termos absolutos. Mas não foi dito que a probabilidade de ocorrer um acidente com uma pessoa é maior nessa hora, embora o leitor menos avisado possa tirar essa conclusão.

Comparado com o mesmo mês no ano anterior, registra-se um aumento de acidentes. Pode parecer uma patologia social que se agrava, mas pode ser também que o Carnaval foi comemorado nesse mês, havendo sido em outro no ano anterior.

Outro exemplo de uso impróprio de números: quando falamos que o número de cursos técnicos de prótese dentária dobrou no último ano, temos que dizer quantos havia antes. Se havia apenas um, um segundo que se instale é um aumento de cem por cento. O número não está errado, mas sem saber quantos havia fica difícil dar sentido a tal aumento.

Ainda outro exemplo clássico de equívoco de interpretação: observou-se um aumento nas mortes por doenças degenerativas à medida que as sociedades tornam-se mais ricas e mais desenvolvidas. Parece razoável supor que o progresso traz malefícios à saúde, agravando a incidência de câncer e doenças cardiovasculares. Mas tal explicação é, em grande medida, equivocada. As doenças degenerativas têm incidência muito maior em pessoas mais velhas. E nas sociedades mais prósperas a proporção de pessoas mais velhas é extraordinariamente maior. No Brasil da época de Oswaldo Cruz, a expectativa de vida era de pouco mais de 30 anos. Hoje se aproxima de 70. Nos países mais prósperos já ronda os 80. É óbvio que há muito mais gente vivendo o bastante para ter enfermidades degenerativas.

Eis um exemplo de estatísticas certas sendo combinadas para sugerir uma conclusão falsa. Um defensor da obrigatoriedade dos diplomas de administrador de empresas mencionou em uma conferência que 500 mil empresas fecham menos de um ano depois de terem sido criadas, deixando 700 mil desempregados. Mostrou também pesquisas do Sebrae (Serviço Brasileiro de Apoio às Micro e Pequenas Empresas) indicando que, dentre outras razões, a falta de boas práticas administrativas era um fator importante do fracasso de tantas empresas. Tal argumento demonstraria a importância da boa formação e dos diplomas de administrador. Ora, as estatísticas citadas sugerem também que essas empresas tinham, em média, 0,3 empregado, além do dono. Bem sabemos que empresas desse porte não poderiam ter administradores formados (dentre outras razões, não há administradores para tantas empresas, pois há milhões de empresas no Brasil). As estatísticas citadas são verdadeiras e é até possível que deva haver uma obrigatoriedade de diplomas (não é minha opinião), mas as estatísticas não dão respaldo às teses do conferencista.

EXERCÍCIO DE APLICAÇÃO

Fazer uma pesquisa sobre dois casos específicos de fraude em ciência. Comparar ambos. [Sugestão: use o Google ou outro buscador de sua preferência.]

Vacinas contra a mentira estatística

Já se escreveu um livro com o título *Como mentir com estatísticas*.[47] Tornou-se um best-seller e um campeão de citações. E não sem razão, pois há muitas estatísticas falsas e há uso falacioso delas.

Não obstante, quando vemos os muitos descrentes de todas as estatísticas governamentais e das estatísticas em geral, aqui entramos em outra faixa de problemas. É o agnosticismo corrosivo e pernicioso à vida política.

Portanto, temos que indagar o que se pode dizer das estatísticas do governo nas últimas décadas. E a resposta é muito clara e firme. Tomando os números do IBGE, estamos diante de dados coletados e analisados segundo bons cânones profissionais.

Por uma felicidade histórica, fugindo do fascismo de seu país, veio para o Brasil o grande demógrafo Giorgio Mortara, um judeu italiano. Por dez anos ele forjou as tradições de bom trabalho estatístico do IBGE. Portanto, é preciso entender a lógica da máquina que produz as estatísticas. Ela é composta de gente tecnicamente bem preparada e que pertence a todos os partidos. Não há como manter segredos. É possível até atrasar a divulgação de dados por razões políticas. Mas não são conhecidos casos de manipulação ou falsificação grosseira de estatísticas. Pode haver pequenos desvios como uma defasagem na cesta de bens usada para calcular a inflação. Mas não passa muito disso.

Não obstante, quando chegamos no uso e nas interpretações, aí é outra história, pois há muito mais espaço para dar mais ênfase a isso ou aquilo — ou mesmo, para interpretar erroneamente os dados. O governo de Fernando Henrique Cardoso falava do aumento da esperança de vida, da queda da mortalidade infantil, dos ganhos na educação. A oposição falava na persistência das desigualdades, da violência que crescia e do desemprego. Podem estar todos certos e usando estatísticas verdadeiras, mas a seleção do que usar é diferente, pois cada um quer demonstrar idéias diferentes. Com a troca de governo, mudam as estatísticas escolhidas pela situação e pela oposição.

Obviamente, é aí que se deve tomar extremo cuidado. *Há uma grande diferença entre a existência de estatísticas laboriosamente coletadas e suas interpretações equivocadas* (por exemplo, em mais de uma vez os próprios funcionários do MEC erraram ao interpretar os resultados do Provão). Pior, o que às vezes passa por estatística, são números inventados a esmo por governantes e oposições levianas. Muito comuns são os erros de memória. Alguém ouviu, lembrou mais ou menos, citou, mas citou um tanto errado, em geral, de forma a demonstrar de maneira mais convincente o peixe que está vendendo. Durante o mesmo mês, um presidente e um ministro da educação mencionaram números medindo a proporção de jovens que terminam o ensino fundamental com discrepância de dez pontos percentuais. E pelo que sugerem as estatísticas oficiais ambos estavam equivocados.

Quando discutimos o uso das estatísticas, podemos tomar como ponto de partida a famosa frase do ministro Rubens Ricupero (quando conversava com um jornalista sem saber que o microfone estava ligado). Com toda candura, ele admitiu que o governo mostra os resultados bons, não mostrando os outros. Pela inconfidência involuntária, teve que renunciar. Mas vale refletir sobre o que ele disse. No Brasil de hoje, as estatísticas oficiais estão todas lá, as favoráveis e as desagradáveis. Não estão censuradas ou maculadas. Às más notícias o governo não vai dar grande publicidade. Cabe às oposições estarem atentas a essas estatísticas menos lisonjeiras.

Todavia, aqui nos interessa explorar os abusos da estatística. Isso porque a mentira em estatísticas tem muitos disfarces. Inspirado no livro *Como mentir com estatísticas*, apresentamos a seguir nosso programa de vacinação.

a) *As trapaças na amostragem.*

Sabemos que se passarmos toda a tarde jogando uma moeda e observando se sai cara ou coroa terminaremos o dia entediados e com uma proporção de caras muito próxima de 50 por cento. Mas se jogamos a moeda apenas cinco vezes podemos ter quatro caras e uma coroa. Se isolamos esse grupo de lançamentos, poderíamos dizer que aquela moeda produz 80 por cento de caras, omitindo que apenas lançamos a moeda cinco vezes. Portanto, amostras pequenas demais falseiam a realidade, ao mesmo tempo em que criam a ilusão de um dado 'científico'.

Já mencionamos anteriormente o efeito 'auto-seleção', em que a mecânica de geração da amostra escolhe mais pessoas com determinadas características. Se pesquisarmos em um estádio de futebol qual a proporção de torcedores fanáticos, é óbvio que encontraremos um número que superestima a devoção dos brasileiros a esse esporte. Mas poucos deixarão de notar a má-fé em alguma interpretação indevida dessas estatísticas. O perigo está em desvios menos óbvios.

Estive uma vez no México e liguei a televisão enquanto esperava um amigo que me buscaria para jantar. Comentei, muito impressionado, sobre a abundância de anúncios de bebidas alcoólicas na televisão. Meu amigo mostrou o tolo engano da minha conclusão. Havia ligado a televisão na primeira hora da noite em que se permitiam tais anúncios. Para atingir uma audiência mais ampla, as empresas de bebidas concentravam naquela meia hora grande parte de sua publicidade.

Há situações bastante comuns, em que o perigo reside no fato de que o respondente tem boas razões para mentir.

Quando estava fazendo minha tese de doutorado, conduzi uma pesquisa por amostra de domicílios, em que a renda do morador era uma das variáveis mais importantes. Deparei-me com um endereço na rua principal da cidade, indicando um rendimento equivalente a um salário mínimo. Ora, como verificamos, era o questionário do comerciante mais próspero da cidade. Sua resposta era uma mera tecnicalidade, pois correspondia à sua declaração de rendimentos ao Fisco. Esse comerciante tinha todas as razões do mundo para não declarar sua verdadeira renda, pois isso sairia muito caro.

É interessante registrar um estudo de caso de um fator sistêmico levando à falsificação de estatísticas. Os jornais noticiaram uma queda na matrícula da escola básica. Por que seria? Uma das razões era o endurecimento dos critérios de contagem. Como há subsídios (Fundef — Fundo de Manutenção e Desenvolvimento do Ensino Fundamental) baseados no número de alunos matriculados, os municípios superestimavam o número de alunos. O medo de ser apanhado na malha fina dos critérios mais rígidos levou a estatísticas mais realistas. Ou seja, a redução não foi no número de alunos, mas na mentira estatística.

b) O instrumento não mede o que deveria medir.

Nas distribuições simétricas — em que a curva que representa os números tem os dois lados mais ou menos simétricos — tanto faz se usamos média, mediana ou moda. Os números são praticamente os mesmos. Mas, em distribuições assimétricas, essas medidas divergem consideravelmente e torna-se crítica a escolha de qual delas usar. Sabidamente, nossas distribuições de renda são assimétricas, com muitas pessoas com rendas mais baixas e poucas pessoas com rendimentos elevados. Se compararmos a renda média do brasileiro com a renda média, digamos, de um país do antigo bloco soviético, encontraremos diferenças relativamente pequenas. Contudo, tais diferenças subestimam as diferenças de bem-estar do grosso da população, pois nossa renda média é trazida para cima pelo peso de alguns poucos que são muito ricos. Se usássemos a renda modal, ou mesmo a mediana, as distâncias seriam muito maiores, indicando uma grande diferença na distribuição de renda.

Em um nível puramente interpretativo de conceitos, os resultados na curva normal não são 'normais' (no sentido de serem desejáveis). A palavra 'normal' pode também ser usada em estatística quando queremos nos referir a resultados usuais ou esperados. Uma estatística de 50 mil crimes por ano no Brasil é normal, isto é, repete mais ou menos o ano anterior. Nem por isso é alguma estatística lisonjeira para o país. A palavra 'normal' tem três significados: é o nome de uma distribuição com certas propriedades (a curva de Gauss), é o resultado esperado, por haver sido observado antes, e tem também um sentido valorativo, em contraposição a 'anormal'. É preciso sempre saber de que estamos falando.

Os resultados 'na média' não são 'médios'. A média é um número usado como uma taquigrafia mental para representar a distribuição como um todo. Se dissermos que, na média, as modelos têm 170 cm de estatura, estamos usando uma taquigrafia muito boa, pois as modelos foram selecionadas pelo atributo principal de que todas vestem roupas com o mesmo número. Mas, se calculamos a estatura média de um grupo de desportistas, incluindo jóqueis e jogadores de basquete, e encontramos também 170 cm, isso tem outro significado. É possível que não haja uma só pessoa entre 165 e 175 cm de estatura (para não falar de pessoas com 170 cm). São todas bem mais altas ou bem mais baixas. Portanto, tais médias têm significados diferentes. No primeiro caso, estão todas as modelos muito perto da média. No outro caso, não há pessoas sequer perto dela. Se somos estilistas, conhecer a média é pouco, pois uma roupa para modelos de 170 cm servirá como uma luva para todas. Uma outra para as duas categorias de desportistas, se produzidas para a média de 170 cm, não vestirá um só corretamente. Daí a preocupação dos estatísticos de medir também o formato da distribuição. Em geral, usa-se a variância (que é a média geométrica dos desvios sobre a média). Mas há outras medidas mais simples.

Na mesma linha de entender conceitos abstratos, os resultados abaixo da média não são necessariamente maus. No tempo do Provão, educadores, jornalistas e autoridades iludiram-se com as notas atribuídas aos cursos. As notas eram dadas pela posição relativa de cada curso. Os melhores cursos ganhavam 'A', e os piores, 'E'. Mas isso não quer dizer que 'A' é ótimo e 'E' é péssimo. Se a área é toda deficiente, uma nota 'A' não faz com que seja bom o melhor curso. E se todos os cursos fossem maravilhosos, ainda assim, os menos maravilhosos ganhariam 'E'. Não podemos confundir melhor com bom ou pior com mau. São conceitos diferentes. Um é relativo (melhor/pior) outro é absoluto (bom/ruim).

c) *Ilusionismo com números.*

As regras para operar com números são aprendidas desde o início da escola e raramente oferecem dúvidas ou perplexidades. Mas os números são usados para medir alguma coisa e a conexão do número com essa 'coisa' presta-se a ambigüidades e distorções. Portanto, é preciso cuidado.

Algumas ambigüidades são tolas. Por exemplo, quando um norte-americano diz que uma peça tem uma polegada de diâmetro e o tradutor diz que a peça tem 2,56 cm, não há erro no número. Porém, contrabandeou-se uma mensagem de precisão que a medida original não tinha. Uma polegada sugere um tamanho aproximado, enquanto que as decimais introduzidas na tradução parecem dizer que estamos diante de uma mensuração precisa.

Se à porta de um elevador lotado o ascensorista perguntar o peso de cada um, vai receber respostas que podem errar, cada uma, por um par de quilos a mais ou a menos. Para evitar a sobrecarga, tal precisão da soma obtida é suficiente. Mas, se algum passageiro minucioso puxar sua calculadora e tirar a média de peso do grupo tal como relatado por cada passageiro, terminará com um número que contém várias decimais. Esse segundo número sugere um elevado grau de precisão. Mas, na verdade, sofre de toda a imprecisão contida nas respostas oferecidas pelos passageiros. Ou seja, as decimais enganam, sugerindo uma exatidão que não existe.

É preciso cuidado para não confundir pontos percentuais com porcentagem. Suponhamos que a inflação passou de 5 para 10 por cento. Se queremos minimizar o aumento, diremos que aumentou de cinco pontos percentuais (10 − 5 = 5 pontos). Se quisermos ser alarmistas, diremos que aumentou 100 por cento. Ambos os números são tecnicamente corretos, mas é preciso cuidado para não se deixar enganar.

Igualmente, não nos deixemos *iludir com a aritmética da porcentagem*. Suponhamos uma mercadoria com um preço de 100 reais. Se ganha um desconto de 50 por cento, passará a custar 50 reais. Mas e se o vendedor aumentar o preço em 50 por cento? Voltará para 100 reais? Por simetria, o primeiro impulso é dizer que sim, pois havia perdido 50 por cento do preço na queda e teve um aumento de 50 por cento, mas um aumento de 50 por cento leva o preço apenas para 75 reais. Para que recupere seu valor, terá que aumentar 100 por cento. A razão é simples. O 50 por cento de queda incide sobre um preço de 100. O novo aumento terá que ser expresso como uma proporção de 50.

As séries temporais são o alvo preferido dos velhacos e dos mentirosos por serem uma das maneiras mais fáceis de mentir com números. Os jornais mostram a evolução da renda nacional, da inflação, da produção de tratores. Sem tais números, quaisquer análises econômicas são perfeitamente sem sentido. Mas estaremos sempre diante de uma questão perfeitamente honesta e inevitável: em que ano começar a série e em que ano acabar? Contudo, uma questão honesta pode ter uma resposta desonesta ou tendenciosa.

Diante de um ziguezague de taxas de crescimento, um analista que queira mostrar uma visão rósea, toma um ano baixo e termina em um ano alto. Outro, mais amargo, começa em um ano alto e acaba em um baixo.

A escolha do período de tempo considerado também leva a conclusões diferentes. Há estimativas de crescimento do PIB brasileiro desde o fim do século XIX até os dias de hoje. Tomando o primeiro ano para o qual há estimativas de PIB, 1870, e tomando o ano de 1987 como data final, encontramos que o Brasil cresceu 157 vezes, o Japão 84 vezes e os Estados Unidos 53 vezes. Esses foram os três países de mais rápido crescimento no período. Portanto, o Brasil foi o campeão mundial de expansão econômica. Mas, se tomamos as duas últimas décadas do século XX, o crescimento brasileiro foi medíocre comparado com o restante do mundo. Os dois períodos são perfeitamente apropriados para entender o desempenho do país. Mas temos que ter claríssimo o que estamos fazendo, pois as ilusões, os desentendimentos e as falsificações resultam de escolhas não explicitadas dos períodos iniciais e terminais.

d) *Um gráfico pode mentir mais do que mil palavras.*

Os gráficos são construídos a partir de números. Mas no momento de fazer o desenho abre-se um grande espaço para se criarem falsas impressões. A charlatanice clássica é escolher as escalas de medida de acordo com o que queremos demonstrar. Se queremos demonstrar uma grande evolução dos números, representamos os números com escalas em que uma pequena variação ocupa muito espaço no papel grande. Se queremos minimizar as variações, usamos escalas pequenas. Vejamos a Figura 6.5 a seguir.[48]

Figura 6.5   Impacto visual da mudança de escala

São dois gráficos construídos a partir da mesma tabela. O primeiro dá a impressão de que a produção cresceu muito no período. O segundo dá a impressão de que quase não mudou. Na verdade, representam ambos a mesma série histórica. Só que no primeiro a diferença de tonelagem é representada por 35 milímetros e no segundo essa mesma diferença é representada por 2 milímetros. Um teste fácil para pôr a descoberto tais estratagemas consiste em verificar se o gráfico desce até o nível zero. No caso, o primeiro não desce, pois isso exigiria uma folha de papel maior do que a página do livro. Nesse gráfico fisicamente enorme veríamos que a variação aparece pequena. Portanto, é enganoso.

Um exemplo mais discreto apareceu num renomado jornal paulista. Uma pesquisa com os leitores mostrou que esse jornal era o mais confiável do país. O gráfico da Figura 6.6 foi mostrado no jornal. Observe-se, contudo, que o gráfico, mostrando um índice de zero a 100, foi cortado nas duas extremidades. Ou seja, não começa no zero e acaba bem antes do 100. Essa eliminação das pontas da distribuição faz a diferença entre esse jornal e outro que ficou em segundo lugar parecer mais significativa do que é. Se o gráfico abrangesse de zero a 100, a diferença pareceria visualmente menor ou quase insignificante, pois os números mostram que é de apenas dois pontos percentuais.

O segundo embuste clássico consiste em usar desenhos, figuras e imagens, em vez de barras. Na Figura 6.7, buscava-se representar a produção de petróleo, cujo preço cresceu no período de 454 por cento. Mas o gráfico utiliza barris de petróleo para ilustrar o crescimento. O barril maior é 4,54 vezes mais alto, refletindo corretamente a alta de preços observada. Contudo, o barril maior tem também mais diâmetro e, portanto, um volume que aumenta por uma função cúbica da altura. Calculando, vemos que o volume dos dois varia de 4.280 por cento. Esse gráfico sugere um crescimento muito maior do que o real. Cria a impressão de uma inflação de preços muito maior do que a realmente observada.[49]

EXERCÍCIO DE APLICAÇÃO

Buscar em jornais e em revistas exemplos de uso indevido ou desonesto de gráficos. Mostrar a causa da ilusão, discutindo se foi proposital ou acidental. [Sugestão: especular se o erro favorece a posição ou tese do autor.]

Da sutil arte de lidar com as informações   153

Figura 6.6   A disputa pela preferência referente a jornais

A DISPUTA PELA PREFERÊNCIA
Pontos obtidos no Índice de Prestígio de Marca (IPM)

Jornal	
O Estado de S. Paulo	66
Folha de S.Paulo	64
O Globo	45
Valor Econômico	44
Gazeta Mercantil	42
Zero Hora	37
Estado de Minas	35
Jornal do Brasil	34
Correio Brasiliense	28
Correio Popular	28

Fonte: Meio&Mensagem

Figura 6.7   A ilusão dos volumes

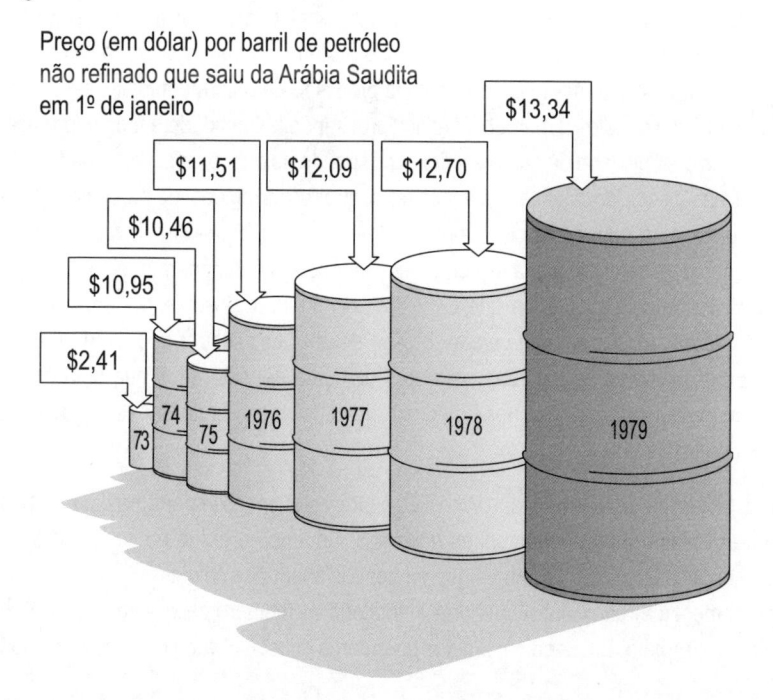

Preço (em dólar) por barril de petróleo não refinado que saiu da Arábia Saudita em 1º de janeiro

- 73: $2,41
- 74: $10,95
- 75: $10,46
- 1976: $11,51
- 1977: $12,09
- 1978: $12,70
- 1979: $13,34

> **PRINCÍPIOS DE INTEGRIDADE GRÁFICA**[50]
>
> 1) A representação de números, tais como fisicamente medidos na superfície do próprio gráfico, deve ser diretamente proporcional às quantidades numéricas representadas.
> 2) Deve ser usada uma identificação clara e detalhada do que está sendo medido, de forma a impedir qualquer distorção gráfica ou ambigüidade. As informações importantes devem estar no próprio gráfico. Fatos importantes devem ser identificados.
> 3) Mostre as variações nos dados, e não variações no desenho. Tudo deve ficar constante, exceto os dados cuja variação está sendo ilustrada.
> 4) Séries temporais com valores monetários devem ser deflacionadas. Em alguns casos, podem ser representadas por números índices.
> 5) Gráficos não devem citar números fora de contexto.

e) *Epílogo da luta contra o ilusionismo com números.*

A possibilidade de medir e expressar conceitos científicos com números é a marca mais sólida do avanço de uma ciência. Isso significa que não podemos abrir mão deles. Mas o perigo de sermos vítimas do ilusionismo, dos erros propositais e de toda sorte de embustes é real e próximo de todos nós. *Só há uma vacina contra as mentiras com números: conhecer estatística.* Grande parte das prestidigitações estatísticas evapora diante do domínio dos conceitos básicos das regras dessa ciência ao mesmo tempo preciosa e traiçoeira.

Fraude, pseudociência e quase ciência

Não há policiais, detetives ou inimigos verificando o trabalho dos cientistas no seu cotidiano. Sua palavra é tomada como verdadeira. O método não protege contra a mentira, a invenção deliberada de dados, a fraude e a má-fé. Os padrões da profissão permitem detectar o erro honesto, mas não alcançam o desonesto. O método científico pressupõe honestidade e toda a formação do cientista visa criar a credibilidade de que o escrito corresponde ao que foi observado ou feito. Cabe aos outros cientistas discordar das interpretações, encontrar erros lógicos, de procedimento ou de método. Mas a prática e o método da ciência não foi feita para captar mentira, invenção de dados ou manipulações escusas da evidência — como esconder dados que negam a teoria.

Há e houve fraudes. Descobriu-se que Cyril Burt, consagrado pesquisador em psicometria, havia inventado dados. Ficou também célebre o caso de um pesquisador que usou uma caneta de feltro para produzir manchas em suas cobaias. Faz cerca de vinte anos que uma brasileira, assistente de um pesquisador famoso nos Estados Unidos, foi acusada de fraude, embora o caso jamais tenha sido esclarecido.

Recentemente, o cientista coreano Hwang Woo Suk anunciou avanços importantes, por clonagem, na obtenção de células-tronco com embriões humanos. Segundo o artigo no periódico *Science*, seriam cópias genéticas de onze pacientes que se beneficiariam das células.

Mas o castelo começou a ruir quando um norte-americano — membro da sua equipe — abruptamente abandonou o projeto. Em seguida, um dos co-autores acusou Hwang de exagerar o número de colônias de células criadas. Não ficou muito claro se apenas alguns resultados foram manipulados ou se as fotos eram verdadeiras. Ao que parece, ele gastou mais óvulos do que admitiu para criar cada colônia de células.

Mas a gravidade do assunto foi tamanha que, após uma só semana de investigação, a equipe da Universidade de Seoul indicada para o caso foi a público denunciar a fraude. Hwang desculpou-se publicamente, pediu demissão do cargo de professor e jamais poderá receber mais fundos públicos para pesquisas. Além disso, os cientistas coreanos pedem punições para ele. Todos os outros trabalhos do mesmo autor começaram a ser esmiuçados na busca de mais fraudes.

O que veio depois demonstrou ser a fraude ainda mais séria do que parecia à primeira vista. Mas o que é relevante para o tema da presente seção é que as punições e o opróbrio vieram com menos de uma semana após eclodir o escândalo, muito antes de haver sido concluída a investigação. O que se viu em um primeiro levantamento foi o bastante. Trata-se de um cientista brilhante, capaz de mobilizar 40 milhões de dólares de fundos de pesquisa e cuja carreira não pode haver sido uma seqüência de fraudes. Desabou sua vida profissional, mesmo antes de se descobrir se fraudou muito ou pouco. Acontece que a ciência é tão vulnerável a tal tipo de má-fé que basta pouco para desencadear uma seqüência formidável de punições e denúncias.

Considerando o volume de pesquisas que se realizam no mundo, *as denúncias de fraude somam muito pouco*. Só em medicina, há mais de 10 mil revistas científicas sérias. Os casos de fraude são quase nada diante da torrente de pesquisas publicadas. Ainda assim, a fraude assusta a comunidade científica, pois põe em xeque a honestidade do que fazem. De fato, uma crise de confiança no comportamento dos pesquisadores seria um desastre para a ciência. Não é possível fiscalizar o comportamento de centenas de milhares de pesquisadores trabalhando a sós em seus laboratórios. Se resolvessem inventar dados ou mentir quanto aos resultados, o edifício da ciência desabaria. Daí os sustos e as indignações quando alguns poucos casos vêm à luz.

Mas nem tudo é fraude pura e simples. Há também *mistificação e ambigüidade*, sobretudo nas ciências sociais, em que o teste empírico das teorias é menos robusto. Criam-se, nesse caldo de cultura, pseudociências, e também a inflação de palavras obscuras fingindo exprimir idéias profundas.

Um físico canadense chamado Alan Sokal submeteu à publicação um artigo em uma revista representativa de uma nova corrente científica francesa, *Social Text* ("Transgressing the boundaries: towards a transformative hermeneutics of quantum gravity", publicado em 1996).[51] Após a publicação, foi à imprensa e denunciou a revista por haver publicado um texto absoluta e completamente sem significado ("A physicist experiments with cultural studies").[52] Havia usado as palavras da moda e gerado um texto aparentemente científico, mas que era propositadamente sem qualquer idéia ou nexo. Desnecessário dizer que se criou um misto de escândalo com mal-estar. Além do vaivém de artigos com acusações e defesas, o próprio Sokal escreveu um livro sobre o assunto.[53]

Na ciência, operamos com uma regra fácil e aceita por todos: *o que sai publicado em revistas com conselhos editoriais sérios pode ser aceito como satisfazendo aos controles de qualidade da ciência*. Há casos de exceção, mas são muito pouco numerosos. Já que não atendem a tais requisitos merecem menos confiança.

Mas ainda assim essas revistas não podem se vacinar contra a desonestidade pura e simples do pesquisador que inventa dados. Diante de tal impossibilidade, o método científico vai depender da replicabilidade dos resultados, na medida em que um achado surpreendente ou curioso tende a levar outros pesquisadores a repetir os experimentos ou pesquisas para ver se encontram a mesma coisa.

O caso da publicação do texto de Sokal na revista *Social Text* situa-se no limbo da seriedade do grupo que patrocina a revista. Não se trata absolutamente de fraude ou desonestidade grosseira, como a falsificação ou a invenção de dados. É a fronteira nebulosa entre o uso requerido de jargão técnico e o aproveitamento de tais palavras pouco conhecidas para impressionar os leitores, sem dizer absolutamente nada.

EXERCÍCIO DE APLICAÇÃO

Buscar em livros, artigos ou jornais parágrafos que usem palavras complicadas, mas que parecem não dizer nada ou não ser compreensíveis. Analisar cuidadosamente o parágrafo. Em seguida, consultar alguém da área, pedindo que traduza o que está dito para um leigo.

Notas

1. Para um tratamento mais completo dos métodos qualitativos, sugerimos: Uwe Flick, *Uma introdução à pesquisa qualitativa*. Porto Alegre: Bookman/Artmed, 2004.
2. O exemplo foi retirado do livro de Trisha Greenhalgh, *Como ler artigos científicos*. Porto Alegre: Artmed, 2005, p. 176.
3. Há uma grande riqueza de técnicas, como análise de discursos, histórias de vida.
4. É quase ilimitado o número de técnicas participativas. Por exemplo, etnometodologia, interacionismo-simbólico, método clínico (usado por Freud e Piaget).
5. Filebo, p. 17. Citado por N. Georgescu-Roegen, *Analytical economics*. Cambridge: Harvard University Press, 1967, p. 42.
6. Em uma análise de mercado, o 'clima de confiança na economia' pode ser a variável mais importante. Contudo, não se presta à mensuração segundo uma escala nominal, que é a menos exigente. Podemos classificar os empresários conforme sejam 'otimistas', 'inquietos', 'retraídos', 'revoltados', 'otimistas e retraídos' etc. Mas raramente conseguimos aplicar definições operacionais e triá-los em cada uma dessas categorias.
7. Por exemplo, ao medirmos o resultado da educação apenas pelo número de alunos ou de escolarizados, estaremos abandonando uma das variáveis mais importantes, que é a qualidade da educação, isto é, as modificações introduzidas no conhecimento, na personalidade e no comportamento do aluno.
8. N. Georgescu-Roegen, op. cit., p. 45-46.
9. Há uma enorme e espinhosa controvérsia acerca do que é causação em ciência. Mas não é um assunto que cabe no presente livro.
10. N. Georgescu-Roegen, op. cit., p. 17-46.
11. S.S. Stevens, "Mathematics, measurement and psychophysics". In: *Handbook of experimental psychology*. Nova York: Wiley, 1966, Capítulo 1.
12. A. Kaplan, *A conduta da pesquisa*. São Paulo: Herder/Edusp, 1969, Capítulo 5.
13. J. Simon, *Basic research methods in social science*. Nova York: Random House, 1969, Capítulo 20; F. N. Kerlinger, *Foundations of behavioural research*. Nova York: Holt, Rinehart e Winston, 1964.
14. Por exemplo, W. Goode e P. Hatt, *Métodos de pesquisa social*. São Paulo: Companhia Editora Nacional, 1969, Capítulo 17.
15. William Baumol, *Economic theory and operations analysis*. Englewood Cliff: Prentice Hall, 1961, p. 332-335.
16. Por exemplo, dividir uma distribuição de idade em três categorias e usá-las em uma tabela de contingência.
17. Por exemplo, as escalas de status baseadas em prestígio ocupacional são, a rigor, ordinais. A média aritmética ou o desvio padrão se apóia no valor linear (ou métrico) do intervalo entre os números atribuídos a cada observação. Conseqüentemente, quando aplicadas a uma distribuição de status, pressupõem uma propriedade que não existe ou que não faz sentido para a variável: a distância entre o status 'sete' e 'seis' (7 – 6 = 1) passa a ser considerada na fórmula como a metade da distância entre os níveis 'três' e 'um' (3 – 1 = 2). Não obstante, é possível fazer uma comparação sugestiva entre duas distribuições de status, tomando suas médias

aritméticas. Se a diferença das médias for grande (seria especioso e injustificável testar estatisticamente a significância dessa diferença) e o perfil das distribuições não for fundamentalmente diverso, podemos nos utilizar dessa medida tão conveniente para estabelecer qual das distribuições tem status superior.

18 Por exemplo, o efeito do sexo sobre o nível de renda só pode ser empiricamente verificado depois de controlarmos o efeito de educação, idade etc.

19 N. Georgescu-Roegen, "A critique of statistics in relation to social phenomena". In: *Revue Internationale de Sociologie*, vol. V, n. 3, 1969, p. 356-367.

20 Comentários e bibliografia sobre essa questão podem ser encontrados em F.N. Kerlinger, op. cit., p. 257-259.

21 Nem sempre o chefe do projeto envolve-se pessoalmente na coleta de dados. Torna-se sumamente importante então a cooperação de sua equipe de campo: a equipe deve entender a natureza da pesquisa, suas dificuldades e objetivos. São necessárias conferências periódicas e, se possível, relatórios escritos de cada um dos pesquisadores. A experiência indica que esses relatórios contêm muitas vezes informações e aspectos que, de outra forma, passariam despercebidos.

22 Esta seção é uma adaptação do artigo do autor, "Investimento em educação no Brasil: uma réplica". In: *Pesquisa e planejamento*, vol. I, n. 2, dez. 1971, p. 393-394.

23 Karl Pearson, *The grammar of science*. Londres: J. M. Dent., 1892, p. 21.

24 *Esprit de finesse* é a capacidade para perceber nuances ou diferenças sutis.

25 C.M. Castro, *Investimento em educação no Brasil: um estudo socioeconômico de duas comunidades industriais*. Guanabara: Ipea, 1974.

26 Esta seção foi baseada em artigo do autor, "A ortodoxia metodológica nas ciências sociais". In: *Pesquisa e planejamento*, vol. 1, n. 1, jun. 1972, p. 160-162.

27 Como no exemplo citado, quando sabemos a direção do viés, podemos simplesmente dizer que 'mais de um terço' é de fora. Em outros casos, os resultados seriam apenas sugestivos; se encontramos um terço, não é plausível supor que a proporção de imigrantes na população seja a de um sexto ou de dois terços. A amostra não aleatória dá-nos uma ordem de grandeza, o que, na ausência de melhores dados, pode ser uma informação útil se usada com a devida cautela.

28 C.M. Castro, "O que faz um economista?" In: *Revista Brasileira de Economia*, n. 4, set./dez. 1970.

29 "The secondhandness of the learned world is the secret of its mediocrity." Tradução livre.

30 Mesmo nas ciências naturais os instrumentos podem introduzir distorções no sistema, que devem ser corrigidas. Em circuitos de baixa amperagem, uma medição de voltagem terá um viés (*bias*) para baixo devido à resistência interna do voltímetro que drena corrente do circuito.

31 Observação equivalente poderia talvez ser feita em outras ciências sociais. Preferimos, entretanto, limitar nossas observações à economia.

32 E. Phelps Brown, "The underdevelopment of economics", *Economic Journal*, mar. 1972; W. Leontief, "Theoretical assumptions and non-observed facts", *American Economic Review*, mar. 1971; N. Georgescu-Roegen, "Economics of production", *American Economic Review*, maio 1970.

33 E. Phelps Brown, op. cit., p. 2.

34 A. Marshall, *Principles of economics*. Londres: MacMillan, vols. I e II, 1920.

35 H. Margenau, *Open vistas*. New Haven: Yale University Press, 1961, Capítulo 5.

36 Note-se que estamos tomando uma atitude conflitante com a de certas alas mais ortodoxas da análise de sistemas; nessas alas, os processos são considerados 'caixas pretas' (cujas entradas e saídas conhecemos) e prevalece um grande desinteresse pelo que está dentro delas.

37 C. Wright Mills, *The sociological imagination*. Nova York: Grove Press, 1959, p. 34.

38 E. Phelps Brown, op. cit.

39 Knut Wicksell, *Value, capital and rent*. Londres, 1954, p. 53. In: N. Georgescu-Roegen, *Analytical economics*, op. cit., p. 124.

40 N. Georgescu-Roegen, *Analytical economics*, op. cit., p. 124-125.

41 Em uma investigação que realizamos sobre ensino técnico, a cada momento notamos que os dados dos cartões perfurados faziam sentido apenas quando nos reportávamos a algum fragmento de conversação com o encarregado de treinamento da Empresa A ou com o engenheiro supervisor da seção de montagem da Empresa B etc.

42 Friedrich Perls, *Gestalt theory verbatim*. Toronto: Bantam Books, 1969, p. 27.

43 C. Wright Mills, op. cit., p. 196-197.

44 E. Phelps Brown, op. cit., p. 2.

45 C. Wright Mills é particularmente enfático nesse ponto (op. cit., p. 224): "Nunca escreva mais do que três páginas sem ter em mente pelo menos um bom exemplo".

46 Jacob Bronowski, *Science and human values*. Nova York: Torchbooks, 1959, p. 37, 61.
47 Darrell Huff, *Como mentir com estatísticas*. Tradução de Alda B.S. Campbell. Rio de Janeiro: Editora Financeira, 1968. Disponível em: http://www.univ.com.br/acmm/Leituras/Como_mentir/TXT/capa.htm.
48 Ibidem.
49 Gráfico reproduzido de Edward Tufte, *The visual display of quantitative information*. Connecticut: Cheshire Press, 2001, p. 62.
50 Traduzido e adaptado de Edward Tufte, ibid., p. 78.
51 Disponível em: http://www.physics.nyu.edu/faculty/sokal/transgress_v2/transgress_v2_singlelife.html. Acesso em: 15 abr. 2006.
52 Disponível em: http://www.physics.nyu.edu/faculty/sokal/lingua_franca_v4/lingua_franca_v4.html. Acesso em: 15 abr. 2006.
53 Alan Sokal e Jean Bricmont, *Imposturas intelectuais*. Rio de Janeiro: Record, 1999.

CAPÍTULO 7

A LOGÍSTICA DA PESQUISA

Neste capítulo discutiremos a prática da pesquisa do ponto de vista de sua logística, de seu entrelaçamento com a instituição em que ela se realiza e com aqueles que têm papel de orientação ou supervisão. Falaremos de recursos, de orientação de teses, de acabamentos e de cronogramas.

Orçamentos e custos

A preparação de um orçamento é sempre uma das maiores causas de perplexidade para os noviços na gerência da pesquisa. Claramente, é a prática que transformará a pesquisa em uma rotina sem grandes emoções, do ponto de vista de sua fluidez administrativa. Que fiquem as emoções apenas no processo intelectual de criação.

Ainda que sob o risco de simplificar excessivamente, gostaríamos de sugerir que, na realidade, há três itens caros na pesquisa: a *folha de salários* das pessoas envolvidas, a *pesquisa de campo* e a *informática*. O exercício de preparar um orçamento de pessoal reduz-se essencialmente à questão de fixar uma remuneração para os participantes e um cronograma para a pesquisa. Se tivermos uma idéia realista do tempo necessário para sua conclusão, basta apenas estimar quanto a equipe custará durante esse período. Obviamente, dito assim, parece muito simples. Mas não é.

A arte do bom 'orçamenteiro' está em conhecer a complexidade das tarefas e o ritmo de trabalho daqueles que vão se incumbir do trabalho. Pela sua própria natureza, as pessoas trabalham em ritmos diferentes. Algumas simplesmente são mais lentas, outras, mais minuciosas ou profundas. Esses *ritmos vitais são difíceis de serem modificados,* e, se o orçamento não é feito sob medida para a pessoa, é fácil prever que o cronograma não será cumprido e que os recursos financeiros ficarão aquém das necessidades. Como em muitas outras ocasiões neste livro, voltamos ao velho tema da experiência e do olho clínico que vem junto com ela. *Quem nunca fez não sabe e deve aconselhar-se com quem tem quilometragem no assunto.*

Pesquisas de campo e gastos com informática são ridiculamente fáceis de serem subestimados. Somente pesquisadores experimentados com esse tipo de estimativa podem avaliar esses custos de maneira realista, com base na pesquisa tal como definida nos termos de referência. Os custos de computação excedem facilmente as estimativas baseadas no tempo efetivo de processamento. As pesquisas de campo prolongam-se indefinidamente e, muitas vezes, têm que ser interrompidas antes de sua conclusão.

O melhor guia para essas estimativas é o custo de trabalhos minimamente semelhantes incorridos em outras pesquisas. É sempre interessante obter essa informação, ainda que seja de outras instituições de pesquisa. Provavelmente, ouviremos alguns casos de subestimativas escandalosas nos prazos e orçamentos. O erro dos outros deve ser usado para nosso benefício.

Quem prepara os cronogramas?

Cada pesquisador tem seu ritmo de trabalho, sua maneira de trabalhar e certo nível de conhecimento com relação a um problema específico. Conseqüentemente, diante de um projeto de pesquisas, sua participação é absolutamente necessária na preparação dos cronogramas. Ademais, há um componente psicológico. Se o encarregado do projeto não participa da discussão dos termos de referência e de seu cronograma, ele tampouco se sentirá responsável por sua execução.

Assim como os termos de referência, *o cronograma não pode se transformar em um deus ex machina*. Não pode de maneira ditatorial ser ungido ao critério último e absoluto na condução da pesquisa. Contudo, o cronograma é um instrumento de controle, uma transcrição para o papel de um planejamento de atividades. Acima de tudo, deve ser um entendimento claro e leal quanto à maneira pela qual a pesquisa deverá ser conduzida. Qualquer tentativa de impor unilateralmente um cronograma pode levar a um dilema desagradável. Ou ele passa a ser um instrumento de cobrança pura e simples, ou mesmo de coerção, perdendo-se conseqüentemente qualquer possibilidade de controle de qualidade, ou perde sua utilidade de instrumento monitor, passando a ter valor puramente ornamental.

O primeiro caso é muito usual nas empresas de consultoria, em que os prazos são às vezes irrealistas ou incompatíveis com a qualidade desejada, mas mantidos a qualquer preço. O segundo caso é comum nas burocracias públicas em que o planejamento da pesquisa se distancia de seu executor; os cronogramas e termos de referência são preparados por gente que não participará do projeto, tampouco tem experiência de pesquisa naquela área — e quiçá em área nenhuma.

Outro caso clássico são os cronogramas ditados pelos prazos oficiais da pós-graduação — ou da Capes (Coordenação de Aperfeiçoamento de Pessoal de Nível Superior), no caso de bolsas. Se o cronograma está balizado pelo encerramento dos prazos máximos de entrega, não cumpri-lo pode simplesmente resultar em perder a chance de obter um mestrado ou doutorado após anos de labuta.

A duração da pesquisa: sacrificar prazo ou conteúdo?

É sempre possível tornar a pesquisa um pouquinho melhor. E, quase sempre, isso implica gastar mais tempo. Nesta seção discutiremos rapidamente o problema de se saber quando parar.

À medida que vai evoluindo a pesquisa e os tropeços e atrasos vão ocorrendo, aparecem situações em que é necessário *sacrificar ou a qualidade prevista da pesquisa ou permitir atrasos nos cronogramas*. Temos que decidir se vale a pena interromper uma pesquisa de campo que se está arrastando e não pode ser acelerada. Ou decidir se vale a pena processar novamente um conjunto de dados, introduzindo uma variável de controle que pode ser relevante. Ou também decidir até que ponto se justifica melhorar a apresentação e burilar o estilo.

Não há resposta *a priori* para essas indagações. Contudo, como filosofia geral de trabalho, parece-nos que uma instituição que se especializa em pesquisas do tipo diagnóstico e assessoramento de centros de decisão mais freqüentemente terá que sacrificar a qualidade ou a abrangência do conteúdo, insistindo nos prazos especificados. Pelo contrário, uma instituição de pesquisas de cunho mais acadêmico preferirá abrir mão dos prazos e manter intacta a qualidade. Suas pesquisas são menos 'perecíveis' e, por outro lado, menos urgentes. Algumas semanas a mais podem significar um trabalho significativamente melhor.

Não seja esse o argumento usado, entretanto, para procrastinar indefinidamente toda e qualquer pesquisa. Todos os pesquisadores podem confortavelmente dizer que com mais tempo a pesquisa ficará melhor. Isso não é uma desculpa, mas uma verdade. Contudo, será que o avanço possível justifica atrasar o começo de outra que pode ser igualmente relevante? Na prática da pesquisa, acidentes ocorrem, palpites podem mudar orientações para melhor, certas informações esquecidas podem vir a ser necessárias. Pode ser preciso interromper certas linhas de investigação, ainda que isso implique perda total de alguma fase da pesquisa. Novas maneiras mais interessantes de resolver o problema podem surgir. Não há argumento genérico que substitua o julgamento caso a caso e o bom senso.

Freqüentemente, pode acontecer de a pesquisa evoluir não no sentido de que testes empíricos exijam revisão, mas sim na transformação de seus objetivos. Uma pesquisa de avaliação econômica de treinamento técnico pode evoluir na direção de explorar questões de psicologia da aprendizagem. Uma pesquisa sobre desemprego pode transformar-se em uma pesquisa sobre inovação tecnológica.

A chefia da instituição responsável ou o orientador de teses terá que enfrentar esse tipo de situação. Um dos critérios decisivos possivelmente será a natureza do programa de pesquisa. Se o caráter da pesquisa é externamente imposto por contratos ou programas de governo, o interesse científico talvez tenha que ser sacrificado pela fidelidade aos termos de referência. Mas, se há um mínimo de flexibilidade nessa área, não há por que se prender a um documento que, de necessidade, foi feito sem o conhecimento daquilo que foi explorado no próprio curso da pesquisa.

As grandes descobertas da ciência não estavam previstas nos termos de referência do projeto em que foram feitas, se é que houve projeto. Newton e Einstein não tinham seus sistemas gerais previstos em termos de referência. Normalmente, uma investigação sugere a direção em que o esforço subseqüente deverá se concentrar: se em empreendimentos paralelos, se em explorações tangentes. Ou o caminho é estéril e será forçoso retroceder, recomeçando em outra direção. Usualmente, essas decisões coincidem com o fim de um projeto e o princípio de outro. No entanto, há casos em que decisões importantes têm que ser tomadas ao longo da investigação. Pode ser que a pesquisa tenha levantado um filão importante que justifique maior esforço.

Das maneiras naturais de se dispor mal do tempo: excesso de dados e escassez de análise

A prática da pesquisa indica que, na maioria dos trabalhos, existe uma seqüência aceitavelmente previsível de etapas. Da mesma forma, a duração de cada uma delas, embora possa variar de uma pesquisa para outra, segue uma distribuição que nada tem de caótica. Não é viável fazer com que um modelo padronizado de pesquisa ou uma série rígida de procedimentos imponha-se sobre as necessidades percebidas ao longo do trabalho. Essa disciplina draconiana é indevida, injustificável e corresponde a uma compreensão errada do papel ou das funções de tais padronizações. Contudo, tampouco podemos ir ao outro extremo e ignorar algumas generalizações que se destilam da experiência. A seguir, tecemos algumas considerações sobre uma das mais importantes.

Toda pesquisa tem uma fase inicial em que se definem seus objetivos, se examina a literatura pertinente e, enfim, se planeja o trabalho. Essa fase normalmente culmina com aquilo que chamamos termos de referência ou projeto de pesquisa. Mas, ao contrário do que pode acontecer, esse documento deve ser entendido como um subproduto do processo de planejamento e da pesquisa, e não como um objetivo em si. Segue-se então uma fase de coleta de dados, sejam eles de primeira ou de segunda mão. A próxima fase é o processamento dos dados, envolvendo ou não informática, de acordo com o tipo de pesquisa. Em seguida temos então sua análise e interpretação. Finalmente, temos a redação do trabalho, chamando-se a atenção para o fato de que parte dela pode preceder o final da análise. Finalmente, há um período de revisão que envolve a circulação do trabalho entre leitores, orientadores, críticos, amigos etc. Nessa fase, as revisões de estilo e as dúvidas quanto à clareza têm que ser atendidas, e a apresentação física do trabalho, mais cuidada.

Podemos pensar em uma seqüência correta de duração de cada uma das fases, como ilustrado a seguir.

Seqüência correta

| Planejamento | Coleta de dados | Processamento | Análise | Redação | Revisão |

Há, contudo, outra seqüência que poderíamos chamar 'natural' e que corresponde à manifestação de *duas grandes forças naturais: trata-se do alongamento das fases iniciais e do encurtamento das finais*. Essa redução é produzida pela inelasticidade dos prazos — ou seja, não dá para atrasar. A seguir está ilustrada a seqüência 'natural'.

Seqüência 'natural'

| Planejamento (+) | Coleta de dados (+) | Processamento (+) | Análise (−) | Redação (−) | Revisão (−) |

A fase de planejamento encontra seus obstáculos naturais na produção do malfadado 'projeto de pesquisa' e na *procrastinação do início da pesquisa*, gerada pelos dramas existenciais. Nessa fase, a pesquisa ainda não começou; seu autor não sabe como iniciar e tem medo de fazê-lo. Daí sua tendência escapista. Continuar revendo a literatura é uma desculpa perfeita, havendo sempre um livro a mais a ser lido e mais um artigo que surge de última hora.[1] A *redação do projeto é também traumática*. O autor entende que aí se deverá resolver uma série de problemas que, na realidade, constitui o objetivo da pesquisa e que não poderia ser atendida antes.

A coleta de dados é prejudicada por dois tipos de problemas. Freqüentemente, há um erro no desenho amostral, pois é *planejada uma amostra excessivamente grande*. Essa amostra é grande tanto no que se refere à significância dos parâmetros — e a sua representatividade — quanto no tempo necessário para obtê-la. Amostras ineficientes ou simplesmente grandes demais caracterizam a vasta maioria das pesquisas. Em segundo lugar, o autor *não é capaz de se antecipar à infinidade de pequenos problemas* administrativos e logísticos que ocorrem no curso da coleta. Todo otimismo com relação a autorizações para entrar em escolas, fábricas ou repartições é totalmente infundado. Facilmente levam-se seis meses para tramitar uma permissão para entrevistar alunos em uma escola ou duas. No caso do uso de dados secundários, aquilo que parecia existir muitas vezes nunca chegou a ser coletado. Entrevistadores de campo exibem uma assustadora taxa de deserção e têm que ser substituídos no meio do caminho. Freqüentemente, o tempo previsto para a coleta de dados amplia-se enormemente. O pesquisador termina, então, tendo consumido uma fração muito grande de seu tempo para coletar muito mais dados do que na realidade necessitava.

O processamento de dados, quando é feito em computador, oferece imensas perplexidades. O pesquisador não conhece o que pode fazer o computador e tampouco sabe dialogar com o programador, vendo neste uma tábua de salvação e a ele entregando todo o seu programa, todo o seu trabalho, na ilusão de que em poucos dias receberá os resultados. Desaparecem os programadores — já vi pesquisas interrompidas pela crise de divórcio do programador. Não funcionam os programas e o tempo passa. Fracassam os pesquisadores por não entenderem que a informática não é um apêndice estranho a seu trabalho, mas sim uma parte integrante. *Quem deve conhecer toda a estatística envolvida é o pesquisador. O programador não é professor de estatística.*

Chega então, finalmente, a fase de análise, já espremida e sacrificada no cronograma, uma vez que os prazos finais aproximam-se. Acossado pelas advertências sobre prazos e iludido pela pouca familiaridade com o que seja uma análise, o pesquisador se limita às interpretações mais imediatas das primeiras tabelas em que põe a mão. Há dados demais e não há tempo para manipulá-los. Há muitas variáveis e o tempo mal dá para examinar as distribuições de freqüência de cada uma delas. O que passa então por análise nada mais é do que a limpeza analítica dos dados, sua depuração e arrumação em categorias básicas. A relação entre páginas de textos e páginas de tabelas nos fornece uma idéia da habilidade do pesquisador para extrair resultados interessantes e importantes dos dados. Tabelas demais em geral denunciam análise de menos. O autor se esquece de que *não são os números que dão sentido à interpretação, mas a interpretação que dá sentido aos números.*

Ainda mais premido pelos prazos, vem o momento de redigir e concluir o trabalho. A revisão da literatura foi feita e refeita ao início, já estando a essas alturas imaculadamente polida, o mesmo se dando com a descrição da amostragem e a metodologia. Mas a *análise, coitadinha, atrofiou-se, perdeu a imaginação.* Das expectativas grandiosas do começo já não resta quase nada.

A redação não deve ser entendida como um processo de congelamento gráfico daquilo que parecia haver sido descoberto na análise. É muito mais. *No processo de passar para o papel, de forma articulada e rigorosa, as idéias crescem, amadurecem, lançam raízes.*

O que tínhamos em mente antes de escrever é uma pálida imagem, uma sombra mortiça daquilo que finalmente sai no papel. Mas isso não é um processo que acontece instantaneamente. E, sobretudo, se a análise foi atabalhoada e não há idéias para passar para o papel, não há o que crescer.

O processo de revisão oferece grande potencial de enriquecimento. Assim como massa de bolo, o *trabalho tem que 'descansar'*. Nesse período, cabe visitar outros pesquisadores amigos e, quem sabe, inimigos. O esforço artesanal de preparação e certos mecanismos psicológicos nos tornam excessivamente aliados de nosso trabalho. É preciso um pouco de tempo para perder parte do amor por ele, para vê-lo com mais perspectiva e mais espírito crítico. E é quando adquirimos essa perspectiva que o trabalho pode ser mais bem articulado e mais bem defendido.

O que vemos então nas formas espontâneas de se dispor do tempo é uma compressão progressiva de cada fase subseqüente da pesquisa. Infelizmente, cada uma dessas partes corresponde a uma etapa mais e mais nobre, mais e mais criativa e com um potencial cada vez maior de valorizar o trabalho. Com exceção da escolha do tema e do desenvolvimento de uma estratégia geral, as primeiras fases de um trabalho são puramente mecânicas. Não contêm grande potencial de afetar a natureza da contribuição que se pretende do trabalho — exceto no sentido de evitar algum erro grave, cometido a princípio e que pode pôr a perder todo o esforço. Como grande generalização, diríamos que há *incontável tendência para que as pesquisas tenham dados demais e análise de menos.*

EXERCÍCIO DE APLICAÇÃO

Entrevistar alguém que tenha terminado uma tese ou monografia há pouco tempo. Aplicar os princípios do capítulo na sua entrevista. Verificar em que medida o autor escapou ou não das formas 'naturais' de organizar mal o tempo. Comentar.

Nota

1 Devemos nos lembrar que Darwin, após ter todo o material de que necessitava para demonstrar suas idéias, decidiu completar mais ainda sua evidência por meio de uma pesquisa sobre moluscos que consumiria cerca de dez anos. Somente depois desse estudo, finalmente, redigiu o ensaio em que expõe sua teoria evolucionista. Esse escapismo parece ter sido determinado por causas emocionais e dúvidas religiosas.

CAPÍTULO 8

O IMPACTO DO RESULTADO DA PESQUISA

Ao fim e ao cabo, para que tanto esforço? Por que fazemos pesquisa? Certamente, não é pelo dinheiro, pois é pouco e suado, considerando o enorme investimento requerido para aprender o ofício de pesquisador. Pelo prazer lúdico de duelar com a natureza, tentando decifrá-la? Em parte, pode ser isso. Mas é pouco. No fundo, queremos que nossas pesquisas façam alguma diferença, que sejam notadas e que alguém as leve a sério. Se isso é verdade, por que sabemos tão pouco do resultado que produzem? De fato, é inacreditável como os pesquisadores vão pela vida afora sabendo tão pouco acerca do impacto de seu trabalho.

Este capítulo é uma tentativa muito imperfeita de responder a tais perguntas. Imperfeita porque o assunto permanece envolto em um véu de ignorância.

Em geral, os objetivos da pesquisa devem determinar sua natureza, e não o contrário. Portanto, parece imperativo entender para que ela serve. O conhecimento novo trazido por uma pesquisa pode eventualmente ter algum impacto sobre o mundo real. Antes que mergulhemos nos labirintos do tema, vale observar que, de fato, a pesquisa faz diferença. *A pesquisa conta, embora seus caminhos sejam tortuosos.* No caso particular das ciências sociais, pode afetar as decisões que são tomadas em temas tratados por ela. Mas o roteiro dessa informação, da mesa do pesquisador ao centro de decisão, pode seguir rotas fundamentalmente diferentes. Ou pode encalhar no meio do caminho. Até certo ponto, essa diferença de caminhos está associada ao tipo de pesquisa realizada. Mas as rotas da pesquisa podem ser labirínticas. Pior: os labirintos têm muitos becos sem saída.

Começaremos nossas indagações relendo o que se sabe sobre transmissão de informações. Em seguida, passaremos a falar de um detalhe importante que é a capacidade do pesquisador de se comunicar efetivamente com as pessoas que poderiam tomar decisões diferentes se conhecessem o conteúdo de suas pesquisas. Depois, mergulharemos na tentativa de responder à pergunta inevitável: como a pesquisa transita entre seu autor e alguém que possa fazer algo com ela, se é que isso acontece?

Quem lê textos com que não concorda?

Até que ponto a fé no impacto da ciência se justifica? Qual o poder de uma pesquisa para mudar os acontecimentos?

Antes de entrar mais especificamente nessas questões, talvez valha a pena passar em revista resultados bem mais genéricos sobre transmissão de informações. Sabemos que, em assuntos ligados a questões sociais de relevo, a informação ou o conhecimento científico não vêm, em geral, despidos de conotações ideológicas, tampouco encontram automaticamente um público disponível para absorver mensagens que ponham em cheque posições previamente assumidas.

B. Berelson e G. Steiner, em seu livro clássico,[1] resumem a literatura sobre comunicações de massa:

1) As pessoas tendem a ver ou a escutar aquelas comunicações que são favoráveis ou apropriadas a suas predisposições. É mais provável que vejam e escutem comunicações compatíveis do que neutras ou hostis. Quanto mais interessadas no assunto, mais provável tornar-se tal atenção seletiva.

2) As pessoas costumam conversar mais sobre assuntos controversos com outras de opinião similar do que com aquelas que não concordam com seu ponto de vista.

3) Levando em consideração os conhecimentos por nós adquiridos, chega-se à conclusão razoável de que, em ocasião oportuna (se não houver informações específicas à disposição que demonstrem o contrário), qualquer correlação entre o comportamento das comunicações e as características de cada pessoa em questão é mais resultado da exposição seletiva do que uma prova dos efeitos das comunicações.

4) Quando uma pessoa pode ler ou escutar por sua livre escolha, ela seleciona determinadas informações ou escuta certos programas e não dá atenção às demais comunicações.

Em suma, independentemente de a pessoa estar ciente desse fato ou não, ela escuta o que deseja escutar e lê as informações que apóiam aquilo em que quer acreditar. No entanto, os processos que levam as pessoas a selecionar apenas as informações que gostariam de receber tampouco é muito estrito, de maneira que existe um grupo significativo de pessoas que acaba por ler e escutar informações contrárias ou independentes de sua curiosidade ou opiniões (por exemplo, falta de conhecimento prévio do conteúdo). Às vezes também não há esforço para selecionar as informações favoráveis. Contudo, *o determinante mais significativo da exposição continua a ser o interesse.* O fator contrário mais importante para a auto-seleção de comunicações é a mera acessibilidade: as pessoas tendem a ver e a escutar as comunicações que correspondem a seu nível de alcance imediato.

Não terá passado despercebido que as pessoas de direita lêem jornais de direita. E também sabemos o que as pessoas de esquerda lêem. Muito poucos desafiam suas crenças lendo os argumentos do lado oposto. É pena que assim seja, mas infelizmente é a verdade.

Os parágrafos anteriores não nos levam muito longe, exceto talvez na direção do ceticismo. Congruente com esse caráter inconcluso, não há entre pesquisadores um denominador comum de opiniões sobre o impacto da pesquisa. Não obstante, existe uma literatura crescente sobre o assunto, em alguns casos, lidando com exemplos concretos.

Talvez o mais surpreendente seja a grande proporção de pesquisadores que não dedicaram qualquer atenção a esse ponto. Alguns tomam a eficácia da pesquisa como um axioma que não merece maior atenção. Outros, de tão céticos, deixam-nos sem saber por que continuam a se dedicar a essa atividade, exceto talvez pelos aspectos estéticos.

Portanto, os resultados de Berelson e Steiner não criam espaço para um otimismo ingênuo quanto à viagem segura da pesquisa até seus destinatários finais e, menos ainda, sobre sua disposição em levar em consideração seus resultados — a não ser que seja para legitimar suas posições.

Quem lê uma pesquisa chata?

Passamos agora a comentar a influência do tipo de publicação sobre a probabilidade de a pesquisa tornar-se conhecida ou ser levada a sério. Cientistas e pesquisadores não se assustam com artigos e monografias longas e herméticas. De fato, esperam que as comunicações importantes tenham essa roupagem. Por outro lado, torcem o nariz para publicações de cunho mais 'jornalístico' e tendem a desvalorizar seus autores — sobretudo quando são acadêmicos como eles. Não é incomum que desdenhem colegas que escrevem obras de divulgação científica, por mais sérias que possam ser. Aliás, não se lembram que Einstein escreveu livros popularizando suas idéias — por exemplo, *Como vejo o mundo*.[2]

Mas, para os leitores não especialistas, o oposto é verdadeiro. Os detalhes metodológicos são incompreensíveis ou aborrecidos, o excessivo cuidado ao dizer as coisas é irritante e o tamanho pode ser a sentença de morte nas chances de que seja lido o trabalho. Para quem toma decisões, a comunicação ideal tem apenas uma página. Em última análise, *se a pesquisa vai ser lida, é o destinatário da publicação quem deve determinar o estilo, o tamanho e o tratamento do assunto*. Afinal de contas, não se pode obrigar as pessoas a lerem relatórios de pesquisa.

Há muitos erros de comunicação ao escrever para os não iniciados. Grande número de pesquisadores realmente escreve somente para seus colegas de profissão, sem o menor esforço para ampliar a faixa de comunicação de seu trabalho.[3] A escolha do tema facilmente pode seguir os modismos da literatura especializada, mas repugna a muitos atender às necessidades concretas de ser compreensível para as pessoas responsáveis por tomar decisões.

Inevitavelmente, é preciso desenvolver pesquisas fundamentais que não sejam regidas pela necessidade de utilização imediata dos resultados. Mas é preciso também capitalizar aqueles resultados que têm o potencial de enriquecer ou iluminar a tomada de decisões, não permitindo que essa informação se perca por problemas de comunicação.

A linguagem rombuda ou tecnicista não é necessária em todas as fases do discurso científico. Em que pese ser essencial o rigor das definições e a complexidade dos métodos na conduta da pesquisa, *é sempre possível comunicar os resultados importantes com uma linguagem mais acessível a pessoas menos preparadas naquele campo de especialização*.

Outro aspecto que deve ser lembrado é o veículo de comunicação dos resultados, bem como o esforço do pesquisador em fazer chegar seus resultados até o que poderíamos chamar 'destinatário final'. Se um pesquisador apenas escreve em periódicos especializados, cuja clientela se exaure nos especialistas da área e cujo estilo usual afugenta todos os demais mortais, pode acontecer que resultados importantes jamais sejam traduzidos em linguagem acessível e divulgados em veículos de acesso aos tomadores de decisão. *O vácuo editorial entre o periódico especializado e o consumidor da pesquisa* pode ser reduzido por meio de um esforço pessoal do autor em publicar seus resultados de forma mais amena e acessível. Ou isso pode ser feito por instituições que tentariam sistematicamente traduzir em uma linguagem menos técnica resultados de pesquisa de importância potencial para a tomada de decisões.[4]

Existe também uma questão de dedicação e insistência. Há uma *tendência natural do pesquisador em perder o interesse por tudo aquilo que está acabado e resolvido*; quando é publicado um artigo ou um livro, muitos meses depois de estar pronto, o pesquisador obviamente está trabalhando em outra coisa que o polariza. Já perdeu grande parte do interesse por seu trabalho passado, não estando mais disposto a insistir, reescrever e forçar a divulgação de suas idéias.

Em suma, há um enorme espaço para o aperfeiçoamento da tradução dos resultados de pesquisas em uma linguagem agradável e atraente. Os pesquisadores são culpados de particular negligência nessa área.

Se a pesquisa é boa, devemos acreditar nela?

A comunidade científica confia e tem paciência para lidar com o processo lento e tortuoso do método científico. É um dos dogmas de fé dos cientistas a crença de que esse processo é 'incontível' e inevitável. A prioridade da verdade científica — alijando conveniências políticas e a possibilidade de intervenção imediata na realidade — é um dos axiomas implícita ou explicitamente aceitos pelos cientistas.

A formação do pesquisador clássico leva-o a uma atitude intransigente e, até certo ponto, distanciada com relação às implicações dos resultados de sua pesquisa. Sua lealdade está com o processo de conduzir a pesquisa, com o progresso da ciência e com a fidedignidade de seus resultados. A conseqüência — ou inconseqüência — social de seu trabalho não pode ou não deve afetar a maneira de conduzi-lo nem o destino dado aos resultados obtidos. Isso tanto pode significar um tratamento frio e desapaixonado a tópicos candentes e de grande repercussão, como uma decisão mecânica de tornar públicos resultados inconvenientes ou politicamente inoportunos. Não se trata de concordar ou não com tal atitude, mas meramente de registrar que é assim.

Há uma fé no 'poder das idéias', isto é, na crença de que divulgando o conhecimento cientificamente validado ele terá, eventualmente, que ser levado em consideração, independentemente de qualquer conexão pessoal ou administrativa entre o pesquisador e aquele que vai decidir. Galileu quase foi queimado vivo, mas suas idéias não puderam ser destruídas pelo fogo. Se há validade científica no pensamento de Keynes, no longo prazo todos serão keynesianos.

A um nível mais modesto e compatível com o tipo de pesquisa que nos cabe comentar, se uma investigação revela malversação de fundos no SUS (Sistema Único de Saúde), estamos diante de uma pergunta crucial. Será que a divulgação da pesquisa criará mal-estar, discussão e resultados que não poderão ser ignorados? Será inevitável que acabe prevalecendo o bom senso e a razão demonstrados por suas conclusões?

Como tentaremos demonstrar adiante, neste mesmo capítulo, há um modelo simples, linear e racional de comunicação de resultados de pesquisa. Por tudo o que sabemos, na melhor das hipóteses, é simplista, e, na pior, totalmente ingênuo e distanciado da realidade.

Pesquisa dirigida ou solta no mundo?

Por ser este um assunto pouco estudado, vale a pena explorá-lo mais sistematicamente. Procederemos criando dois 'tipos ideais' de comunicação dos resultados da pesquisa aos tomadores de decisão. No primeiro caso, estão as pesquisas encomendadas e entregues diretamente a quem quer ver uma pergunta respondida. No segundo, estão as pesquisas sem destinatário certo, publicadas na esperança de que serão lidas e de que poderão influenciar alguém. Adiante examinaremos uma série de questões que afetam o efetivo 'consumo' de pesquisas.

Tomemos inicialmente as pesquisas encomendadas e que visam selecionar e reunir o conhecimento existente em determinada área. O objetivo da investigação seria explicitamente informar o processo de tomada de decisão ou chamar a atenção para problemas que carecem de cuidados. Poderíamos presumir a existência de um canal preferencial de informação saindo do pesquisador e indo diretamente para o centro de decisão. Potencialmente, esse seria um mecanismo bastante eficiente para influenciar a estrutura das decisões. A comunicação é feita diretamente ao centro de poder. Uma divulgação mais ampla do conteúdo do relatório pode ser, às vezes, dispensada, ou isso pode ficar a cargo das autoridades que aprovem ou implementem as sugestões. Essa opção de divulgar 'monopolisticamente' os resultados de pesquisa tem, em si, valor político para o centro de decisões. O conhecimento carreia força e prestígio para seu detentor. Ademais, o caráter direto e de divulgação restrita dos relatórios permite um tom mais franco e o tratamento sem circunlóquios de problemas mais delicados.

Quando o governo encomenda à Embrapa (Empresa Brasileira de Pesquisa Agropecuária) um estudo sobre formas de combater o bicudo-do-algodoeiro, é bem provável que o relatório seja lido com atenção pelas equipes especializadas do ministério. Esse é um caso simples, sem ideologia e cujos resultados dificilmente estarão a serviço de algum grupo adversário. Não é necessário que muitos leiam o relatório, bastam aqueles que tomarão decisões a respeito.

Porém, são exatamente essas características que tornam vulnerável esse tipo de pesquisa. Se há uma falha no mecanismo de comunicação ou se os relatórios atingem apenas centros politicamente impotentes ou ineficazes, a perda então pode ser total, pois ninguém os lerá.

O governo federal dos Estados Unidos encomendou uma pesquisa acerca dos resultados de alfabetizar filhos de imigrantes apenas em inglês ou incluir nessa fase também a língua dos pais. Tratava-se de uma pesquisa visando reforçar a política do governo de alfabetizar apenas em inglês. Acontece que os resultados mostraram exatamente o reverso, e os pesquisadores que assinaram os estudos têm grande reputação no meio. O que fez o governo? Pediu outra pesquisa, que novamente não dá respaldo à política de alfabetização apenas em inglês. Não podendo suprimir essas pesquisas, o governo tenta não publicá-las, dizendo serem resultados ainda preliminares. Mas, pelas características políticas do país, há muitas reclamações exigindo sua publicação.

Independentemente do que acontecerá com essas duas pesquisas, o relato mostra, em primeiro lugar, a tentativa do governo de justificar suas políticas por meio da pesquisa. Em segundo lugar, como a pesquisa não deu respaldo às políticas, que o governo tenta bloquear os resultados, por contradizerem suas posições. Em terceiro lugar, mostra as dificuldades que tem um governo democrático de manipular informações de acordo com sua conveniência.

Vejamos outro caso, em que os resultados da pesquisa contrariam os interesses ou a política do destinatário. A informação atinge um canal obstruído e não há mecanismos alternativos de propagação.

As escolas técnicas federais têm sido acusadas — inclusive por mim — de haverem se tornado instituições elitistas. Elas selecionam competitivamente alunos muito talentosos, mas, dada a fragilidade do ensino fundamental público, a seleção acaba levando a elas alunos de classe social muito alta, já que são escolas muito boas. É curioso notar que, quando tais críticas começaram a se avolumar, não apareceram quaisquer pesquisas medindo o nível social dos alunos das escolas técnicas federais. O Senai e o Centro Estadual de Educação Tecnológica Paula Souza, de São Paulo, realizaram pesquisas demonstrando que, de fato, seus alunos eram bastante elitizados. Mas os dirigentes das escolas federais nada sabiam, nada haviam visto e não conheciam nenhuma pesquisa mostrando o status de seus alunos. Ou seja, a defesa do *status quo* consistiu em não produzir quaisquer informações que documentassem o nível social dos alunos. Nesse caso, não se trata de suprimir resultados de pesquisas, mas de impedir sutilmente que elas sejam realizadas ou ignorar alguma que porventura exista.

Os parágrafos anteriores sugerem que *a estrada que liga a produção da pesquisa ao seu consumidor final é cheia de gargalos e apresenta riscos de colisão*. Não há mecanismos fáceis, confiáveis ou previsíveis. Não se trata de dizer que a pesquisa não tem peso no processo de tomada de decisões, mas de registrar um alto grau de entropia no processo.

Voltemos agora ao nosso segundo tipo ideal, no outro extremo de complexidade do processo. Pensemos em um autor que simplesmente publica seus resultados em um periódico científico do ramo. É possível que o surgimento de uma pesquisa, ainda que tenha claras implicações de política (digamos, econômica ou educacional), não vá ter qualquer impacto que a ela possa ser imputável. O teste singelo de indagar se foram tomadas decisões adotando as prescrições do autor do trabalho pode revelar resultados flagrantemente negativos.

De fato, a maioria esmagadora das pesquisas que poderiam ter implicações para o processo de tomada de decisão permanece totalmente ignorada. Poderíamos mesmo desanimar diante de tamanha falta de impacto de estudos laboriosamente elaborados. Mais ainda há muitas implicações de pesquisas que parecem bastante razoáveis e que são aparentemente ignoradas.

Há aqui um ponto interessante que merece mais atenção. Às vezes, vemos a eficácia da pesquisa condicionada à existência de uma burocracia racional, do tipo weberiano, respondendo aos apelos da razão e aos princípios da eficiência. Ou seja, se a pesquisa mostra que algo anda mal, diz a razão que é preciso consertar isso. Mas se, pelo contrário, a decisão é política, em um regime arbitrário e opaco, a pesquisa seria um exercício inócuo e de nenhuma conseqüência.

Realmente, *a observação do impacto das pesquisas sociais sobre as políticas públicas mostra que a inocuidade é muito freqüente*. Pesquisa que traz notícia ruim é ignorada. Pesquisa que contraria as políticas vigentes não é considerada. É isso que os resultados colecionados por Berelson e Steiner nos dizem.

Realizei um bom número de pesquisas estimando os custos de diferentes níveis de ensino, sobretudo nos anos 70. Ora, essas pesquisas traziam más notícias, pois mostravam desperdícios, distorções e disfunções graves no ensino público. Seu impacto foi rigorosamente nulo. Não havia qualquer ressonância de tais idéias, nem no governo nem nos que se opunham a ele. Levar em conta essas pesquisas tinha um custo político. Somente na segunda metade dos anos 90 os custos da educação passam a ser um tema em que se presta atenção.

Esse é um ponto fundamental. *A sociedade tem uma atenção seletiva* e não possui radares que varejam o espaço intelectual à busca de pesquisas potencialmente importantes. Há os temas da moda, sendo muito difícil chamar a atenção para temas que apontam em outras direções. Assim sendo, *um autor pode estar rigorosamente certo e suas idéias não encontrarem qualquer ressonância na sociedade ou mesmo entre seus pares*. Como já se disse, *não há nada pior do que estar certo antes da hora*.

Não conhecemos a *alquimia que leva um não-tema* a se transformar em tema. Pode ser a reputação de seus principais advogados. No caso, grandes órgãos internacionais, como o Banco Mundial, podem ter esse poder de criar agendas — embora isso possa levar até dez anos. Pode ser a *multiplicação de pesquisas indicando resultados semelhantes*. Mas o que sabemos é que, de repente, alguma idéia nova vai se tornar tema de política e de discussão. As pesquisas vigentes naquele momento terão mais visibilidade e podem até ter influência nas decisões tomadas. Como conclusão intermediária, parece muito mais razoável para o pesquisador supor que *há uma loteria quanto ao impacto de sua pesquisa* do que tomar uma posição cética e achar que não terá impacto. Se os resultados forem fortes e o tema estiver no primeiro plano, há boas chances de que a pesquisa tenha algum impacto.

Examinamos a seguir como as pesquisas podem, indiretamente, influenciar decisões. Suponhamos que um administrador, em posição de tomar decisões, tendo diante de si um conjunto de alternativas, não busque senão aquela que lhe traga o máximo de vantagens pessoais. Não obstante, se os ganhos e as perdas para ele de cada alternativa forem alterados, é razoável supor que ele possa tomar opções diferentes. As vantagens pessoais para o administrador, decorrentes da adoção de alguma alternativa, podem vir a ser aumentadas de modo a fazê-la mais atraente ou podem ser reduzidas a ponto de tornar proibitivo o custo político de escolhê-la.

Ou seja, a regra de decisão do ator político continuaria sendo egocêntrica, mas a alternativa que mais vantagens ou menos perdas lhe traz pode passar a ser outra. *Na medida em que as informações se acumulam, na medida em que lentamente o clima de opinião se transforma, o raio de manobra dos tomadores de decisão vai ampliando-se em certas direções e estreitando-se em outras*.

Um reitor de universidade federal pode achar que abrir mais cursos noturnos é uma política que traz consideráveis custos políticos para ele, em vista da resistência de seus professores. Contudo, diante de ameaças de imposição de cotas para alunos oriundos de escolas públicas ou cotas raciais, o curso noturno pode passar a ser visto como um mal menor. Se for adotado, reduz a pressão para a imposição das cotas.

Essas modificações nas condições em que se tomam decisões em geral seriam obtidas por mudanças no 'clima de opinião'. Não cabe neste trabalho aprofundarmo-nos na questão de saber de quem são as opiniões que contam. Mas, em qualquer situação concreta, o poder não é absoluto. Pelo contrário, há certos grupos cuja maneira de entender e reagir diante de questões sociais tem que ser considerada e levada em conta. *Na medida em que esses grupos definidores do clima de opinião são influenciados pelo contato com resultados de pesquisas, a estrutura de incentivos para o leque de decisões possíveis é modificada*.

Retomemos o exemplo. Estudos mostrando a sub-representação de alunos de famílias mais pobres no ensino superior podem chamar a atenção para o problema e, indiretamente, influenciar as políticas educativas. A ausência de pobres pode se tornar um tema incômodo. O mesmo se dá com estudos que mostram a situação dos negros nas escolas. De fato, à medida que se torna mais bem identificada uma falha gritante no sistema educacional, torna-se politicamente mais difícil para as autoridades governamentais ignorarem o problema.

Outro exemplo é fornecido pelas questões de qualidade da educação. Desde o início dos anos 90 vêm se acumulando resultados de testes internacionais, mostrando que o ensino fundamental brasileiro é desastrosamente fraco. Os ministros ignoraram ou desqualificaram a importância desses resultados. Mas a repetição consistente de resultados ruins já não pode mais ser ignorada. A opinião pública começa lentamente a entender a seriedade do problema. Hoje, quando o governo opta por não dar prioridade ao ensino fundamental, isso causa mais mal-estar do que antes. As decisões não mudaram, mas o preço político da opção de abandonar o ensino fundamental está aumentando.

Ainda *que se aceite o caráter político das decisões, há um clima de opinião que condiciona e delimita a gama de decisões que podem ser tomadas.* O favoritismo ou o 'cartorialismo' não é propriamente eliminado, mas cada vez mais restringe-se a certas áreas, aumentando o custo político de decisões na direção oposta. Ao se tornar mais transparente a situação, não fazer nada passa a ter um custo político mais alto.

Esse tipo de argumento justificaria a produção de pesquisas científicas de qualidade e, principalmente, sua apresentação e divulgação adequada. Sobretudo na área social, o impacto do conhecimento está baseado em um processo de capilaridade e propagação de informações, em que o nível ótimo de circulação seria o nível máximo.

Água mole em pedra dura...

Descrevemos dois tipos ideais que correspondem aos extremos das possibilidades de comunicação dos resultados de uma pesquisa aos pólos de decisão. Em um deles, há uma avenida direta ligando a pesquisa à implementação dos seus resultados. Em outro, os caminhos são tortuosos e podem não levar a lugar nenhum. De fato, não há qualquer garantia de que uma pesquisa, ou mesmo um conjunto de pesquisas, venha a ter qualquer influência sobre as decisões tomadas.[5]

Nos casos em que o segundo mecanismo corresponder ao único caminho de acesso aos centros de decisão, é forçoso reconhecer o impacto relativamente modesto que terá uma pesquisa ou um esforço individual. Uma ou outra pesquisa pode desencadear um processo de mudança, mas a maioria está fadada ao esquecimento. Nessa situação, em geral, *é necessário o acúmulo de grande número de resultados empíricos e razoavelmente convergentes antes que se possa identificar alguma mudança no clima de opinião.*

Freqüentemente, resultados isolados permanecem esquecidos ou abandonados até que o tema possa voltar a receber a atenção de pesquisadores. Conforme já mencionado, uma pesquisa prematura em termos da vigência do tema na literatura ou como tópico de discussão pública pode voltar a ser reconhecida, isto é, ser redescoberta por algum pesquisador. Nesse momento, então, soma-se ao acervo de resultados existentes. Muitos precursores são incompreendidos e ignorados até que o assunto de seu trabalho venha a receber uma massa crítica de esforço de investigação. Mas o oposto também pode acontecer. O assunto volta à tona, torna-se objeto de muitos estudos, mas o precursor permanece completamente esquecido ou ignorado. É o cenário mais triste para o autor.

Os desencontros entre produtores e consumidores de pesquisas

Há equívocos do lado dos próprios pesquisadores. Há outros erros resultantes de deficiências ou da falta de perspectivas daqueles que poderiam usar os resultados. E, finalmente, há uma série de características da própria pesquisa em ciências sociais que deve ser levada em consideração. Examinaremos cada um desses pontos.

Os pesquisadores nem sempre conduzem seus trabalhos de tal forma a maximizar a possibilidade de utilização dos resultados gerados — mantidas todas as exigências de rigor científico. A própria duração e envergadura da pesquisa pode depender das disponibilidades de tempo e de recursos e do estilo de trabalho da instituição. Algumas vezes, conta menos a natureza implícita do tratamento exigido pelo tema.[6] Inúmeros problemas somente podem ser resolvidos por pesquisas longitudinais que, por sua longa duração, jamais são realizadas.

Não podemos ignorar a impotência das pesquisas diante das dificuldades técnicas do tema. Recordando exemplo apresentado no Capítulo 2, continuamos não sendo capazes de demonstrar se há ou não um fator ligado à etnicidade na determinação da inteligência medida pelos testes. Simplesmente, o problema permanece difícil demais diante dos métodos existentes.

Tampouco podemos ignorar que muitos temas são excessivamente complexos e geram pesquisas com resultados ou interpretações conflitantes. Nesses temas, para cada pesquisa mostrando um resultado, há pelo menos uma outra mostrando o oposto. Muitas centenas de pesquisas sobre o impacto no aprendizado do número de alunos em sala de aula encontram resultados que não podem ser expressos em proposições simples e abrangentes. Depende do nível, do tipo de escola, do tipo de ensino, e por aí afora. Ou seja, como levar aos tomadores de opinião assuntos em que os pesquisadores não se põem de acordo.

E, naturalmente, há os assuntos em que determinada política tem impactos positivos e negativos. Alguns as acusam pelos aspectos negativos. Outros as defendem, tomando por base os aspectos positivos. Uma política de cotas raciais para o ensino superior acaba por favorecer a raça considerada discriminada, mas cria também uma quebra nas regras meritocráticas que secularmente vêm sendo defendidas para as universidades. Qual aspecto é mais importante?

Parte da responsabilidade pelo pouco uso que recebem muitos resultados de pesquisa está com os próprios consumidores. Há freqüentemente uma grande desconfiança por parte deles com relação aos pesquisadores.[7] Por não entenderem muito bem a linguagem, muitos se sentem intimidados e reagem com distanciamento e acusação de que os pesquisadores são excessivamente teóricos, não sendo seus resultados congruentes com 'a prática' — o que pode ser certo, às vezes, mas não todas as vezes. A falta de informação técnica impede muitas pessoas de entenderem os resultados de pesquisa. Pela mesma razão, muitas vezes espera-se das ciências sociais resultados, extrapolações e inferências que realmente não podem ser obtidas.

Também se desejam simplificações incongruentes com a complexidade do real, muito claramente percebida pelo pesquisador. As regularidades das ciências sociais são precárias, fugidias e válidas em condições muito bem delimitadas. Todavia, aqueles que tomam decisões querem regras simples, receitas imediatamente aplicáveis e fórmulas prontas.[8] Possivelmente, *somente se existir um mínimo de competência técnica por parte dos leitores a pesquisa passa a ser um instrumento útil na tomada de decisões.*

Independentemente de atitudes e da informação de produtores e consumidores do conhecimento científico, há uma série de características desse conhecimento que não pode ser ignorada quando discutimos seu impacto sobre a política. Quando realizamos uma pesquisa, tentamos estabelecer os contornos da realidade por meio de uma observação rigorosa e sistemática. O que podemos esperar da pesquisa é exatamente isso: uma base factual de maior confiança e com as probabilidades de enganos reduzidas e mais bem avaliadas. A pesquisa não pode impor decisões de política econômica, educacional ou o que seja. O que pode fazer é gerar uma base factual mais confiável a partir da qual essas decisões possam ser tomadas.[9]

O próprio método da ciência impõe limitações com relação àquelas perguntas que podem ser respondidas e àquelas generalizações que podem ser obtidas. Diante da multiplicidade de variáveis em ação, a estratégia usual do método científico é criar condições de observação em que se reduza o número de variáveis que atuam. Por conseguinte, será mais reduzida a possibilidade de uma análise científica quanto maior o número de variáveis que estiver em jogo em determinada situação. O poder e o rigor das conclusões científicas estão inversamente correlacionados com a complexidade do problema examinado.

Esse tipo de limitação preocupa relativamente pouco os pesquisadores que já se acostumaram e se conformaram com ela. Contudo, pessoas em posição de tomar decisões lidam com situações de alta complexidade, nas quais há muitas variáveis em jogo, elevado grau de associação entre as variáveis e problemas intratáveis de interação. Vale dizer que a ciência é mais impotente exatamente onde seria mais necessária.

É muito difícil avaliar o impacto de um programa de alfabetização de adultos sobre o nível de emprego. Contudo, é relativamente fácil avaliar o aprendizado obtido, ou mesmo prever esse aprendizado, com base em características exibidas pelos alunos ao entrarem no programa.

Temos que aceitar a realidade de que, embora obter respostas para o primeiro problema (descrito no parágrafo anterior) fosse mais importante do que no caso do segundo, é sobre ele que o método científico oferece respostas mais completas e confiáveis. Essa situação, mais uma vez, ilustra o princípio geral que tentamos demonstrar, isto é, *a pesquisa científica não oferece todas as respostas, e muitas das respostas que oferece, embora úteis, não se referem aos problemas mais importantes.*

Convencionalmente, espera-se que a evidência científica venha a oferecer um denominador comum de interpretações da realidade, eliminando dessa forma uma multiplicidade de versões falsas e algumas até mesmo fantasiosas. *A função da ciência seria reduzir o número de interpretações possíveis, bem como reduzir o número de explicações alternativas para o que está acontecendo.* Por exemplo, numa situação em que aumentam salários e aumentam preços, uma pesquisa bem cuidada a respeito de preços e orçamentos familiares pode nos dizer, com precisão, se o nível de consumo e bem-estar de determinada classe social evoluiu em sentido positivo ou negativo. Contudo, nem sempre a pesquisa científica gera consenso — nem sequer entre os próprios pesquisadores. É possível que determinado problema, depois de ser exaustivamente tratado por um grande número de pesquisadores, termine por tornar-se mais inconcluso e controvertido do que era antes. A pesquisa pode criar confusão e perplexidade, desapontando aqueles que esperavam ver nela uma fonte de consenso e disciplina intelectual para a resolução de questões sociais.[10]

Vejamos um exemplo. Tal como refletido pelos pareceres do antigo Conselho Federal de Educação, o problema da igualdade de oportunidades educacionais emergia como uma simples questão econômico-financeira.[11] Bastaria tornar a escola financeiramente acessível a todos para vermos equacionado e resolvido o problema. O desenvolvimento subseqüente do tema veio a complicar extraordinariamente sua verificação. Há explicações para a desigualdade em termos de desenvolvimento cognitivo, em termos de barreiras de comunicação pelas teorias da sociolingüística, em termos de incompatibilidades no domínio do desenvolvimento afetivo, em termos de conseqüências da desnutrição pregressa e de uma grande variedade de outras teorias alternativas para o rendimento desigual de crianças de níveis sociais distintos. O conhecimento científico criou desacordo crescente na própria base factual da questão de igualdade de oportunidades.

Não devemos, contudo, interpretar de maneira ingênua essa evolução do pensamento científico. Trata-se de uma questão de fases ou estágios da evolução do pensamento em determinada área. Maior disponibilidade de dados ou mais trato com determinados problemas pode destruir uma falsa simplicidade das interpretações anteriores. Contudo, após esse período de desintegração e multiplicação das explicações alternativas, os pesquisadores confiam que, eventualmente, novos denominadores comuns venham a emergir.

Mas, ao mesmo tempo em que a sedimentação de novos consensos acontece, outras questões que dormitavam no esquecimento emergem para o primeiro plano e apresentam novos desencontros, controvérsias e multiplicidade de explicações conflitantes. Ora, é assim que a ciência avança.

Ao terminar esta seção, gostaríamos de chamar a atenção para *a grande margem de aperfeiçoamento que é possível no processo de tornar mais úteis os conhecimentos gerados na pesquisa científica*. Há o avanço progressivo do conhecimento, gerando os novos consensos mencionados no parágrafo anterior. Além disso, *há uma grande margem de possibilidades não exploradas de tornar mais desimpedidos os canais de comunicação entre pesquisadores e usuários da pesquisa e de tornar mais eficaz a própria pesquisa*. É verdade que os problemas em todas as áreas tornam-se tecnicamente mais complexos, e as explicações, mais abstratas. Mas, ao mesmo tempo, aumenta o nível de educação da sociedade e também nossa capacidade de traduzir resultados técnicos em idéias de apreensão relativamente fáceis.

EXERCÍCIO DE APLICAÇÃO

Escolher um relatório de pesquisa ou um documento de política em alguma área. Conjeturar acerca da probabilidade de que as idéias propostas venham a ser aplicadas com êxito. Considerar:

- a sabotagem daqueles que terão algo a perder se as mudanças forem implementadas;
- a inércia da burocracia, se for o caso;
- os custos de pôr em prática a proposta.
- os benefícios que possam advir dela.

Notas

1 Bernard Berelson e Gary A. Steiner, *Human behavior: an inventory of scientific findings.* Nova York: Harcourt, Brace and World, 1964, p. 529-531.

2   Albert Einstein, *Como vejo o mundo*. São Paulo: Nova Fronteira, 2005. Edição original suíça de 1953.
3   Alfred Yates (ed.), *The role of research in educational change*. Palo Alto: Pacific Books, 1971, p. 64.
4   Ibid., p. 73-78.
5   Essa conclusão é compartilhada por dois trabalhos importantes na área: Alfred Yates (ed.), op. cit., p. 63; David Cohen e Michael Garet, "Reforming educational policy with applied social research", *Harvard Educational Review*, vol. 45, n. 1, fev. 1975, p. 19.
6   D. Cohen e M. Garet, op. cit., p. 25.
7   Ibid., p. 70-71.
8   Ibid., p. 14.
9   Ibid., p. 37.
10 Ibid., p. 27.
11 José Silvério Baia Horta, "O Conselho Federal de Educação e planejamento educacional no Brasil" (tese de mestrado). Departamento de Educação PUC/RJ, 1975, Capítulo 5.

CAPÍTULO 9

UM ROTEIRO DE PESQUISA

É com certa relutância que apresentamos a seguir um roteiro ou uma seqüência de fases da pesquisa. Enfaticamente advertimos o leitor para não o tomar literalmente, como uma receita fixa, imutável ou sagrada. A ordenação das etapas corresponde a uma seqüência natural de investigação em muitas pesquisas, mas não a uma seqüência imperativa em todas elas.

A importância de cada etapa varia de acordo com a natureza individual da pesquisa. Em particular, o espaço que devotamos aqui a cada uma delas de forma alguma reflete sua importância relativa — mas principalmente o fato de o tópico haver ou não sido tratado em outra parte deste trabalho.

Seguir à risca o roteiro aqui proposto certamente não garante qualidade, pois não é isso apenas que garante uma boa pesquisa. Não obstante, entendemos que tal roteiro pode ser bastante útil como um controle, uma lista de verificação, algo como um teste para verificar se esquecemos algo ou se estamos no caminho certo.

A idéia original e a seqüência das etapas utilizadas vêm diretamente do Capítulo 13 do manual de Julian Simon.[1] O leitor interessado no assunto poderá encontrar nesse livro não só a versão original do roteiro, mas o melhor trabalho que conhecemos sobre assuntos relacionados aos temas do presente livro.

Primeira etapa: "O que estou querendo descobrir?"

O pesquisador deve saber o que quer, mas não necessariamente no primeiro dia de seu trabalho. Descobrir isso deverá ser sua primeira tarefa. Em uma mesma área de investigação há inúmeros problemas interessantes, curiosos ou importantes. Cada um deles corresponde muitas vezes a uma pesquisa separada, que envolve opções de enfoque teórico, amostragem, coleta de dados e processamento que podem ser mutuamente exclusivas em relação às outras.

Suponha-se que estamos estudando o problema da baixa absorção da mão-de-obra no Brasil. Nessa categoria de indagações, que à primeira vista poderia parecer bastante específica, temos vários problemas. Podemos querer saber até que ponto a absorção da mão-de-obra pode ser realmente considerada baixa. Isso sugere uma comparação com o desempenho de outros países, possivelmente em um estudo de corte transversal. Podemos, talvez, estar interessados no efeito dos preços relativos dos fatores sobre a absorção da mão-de-obra. Isso já sugere um estudo de seus custos diretos e indiretos, bem como do custo de capital. Podemos estar interessados na rigidez da composição da oferta de mão-de-obra. Esse problema nos leva a examinar as condições de oferta da mão-de-obra especializada. A questão da rigidez institucional, por outro lado, nos levaria a uma pesquisa sobre o funcionamento da legislação trabalhista e as atitudes dos empresários. Um interesse na transferência de tecnologia indicaria também linhas de investigação diferentes.

No atual contexto da economia brasileira, todos esses problemas poderiam ser considerados importantes. O que em absoluto não significa que uma mesma equipe de pesquisa possa simultaneamente empreender sua investigação. É imprescindível que o pesquisador defina correta e realisticamente seu problema, optando por uma formulação suficientemente específica, tendo em vista sua experiência, suas qualificações, sua equipe de trabalho, os recursos disponíveis e os prazos.

Raramente uma idéia inicial pode se plasmar em uma pesquisa. A idéia inicial é o ponto de partida para examinar um conjunto de aspectos e de dimensões do assunto. É quase inevitável que seja vaga demais, prestando-se a muitas pesquisas e requerendo tomar a decisão sempre difícil de escolher com mais foco o que pode ser feito.

Não apenas isso, mas, ao lidar com uma idéia, mesmo que seja muito boa, dificilmente atinaremos da primeira vez com sua versão definitiva e polida. O tema da pesquisa toma corpo e foco por aproximações sucessivas. O que parecia claro revela-se ambíguo. O que parecia fácil encontra obstáculos intransponíveis. E há as inspirações súbitas, mostrando ser fácil o que parecia difícil.

Segunda etapa: A determinação dos objetivos do projeto

É preciso que se saiba sempre *por que estamos tentando responder a essa ou àquela pergunta*. A natureza da resposta depende do que queremos fazer com ela.

Se estamos simplesmente tentando entender a natureza do problema de absorção da mão-de-obra, a resposta poderá vir a ser um modelo teórico de desemprego estrutural. Se, por outro lado, estamos tentando formular uma política de industrialização para o Nordeste, buscamos uma resposta mais específica e concreta.

O tipo de instituto de pesquisa, às vezes sua filiação administrativa, pode ditar os tipos de resposta que se está buscando. Universidades estão classicamente voltadas para pesquisas menos preocupadas com resultados práticos; já institutos governamentais não podem se permitir tais devaneios. A incompreensão desse fato em diferentes escalões administrativos já causou atritos e decepções em equipes. Em mais de uma ocasião as chefias de pesquisa esperavam trabalhos de pouco fôlego e muita prescrição (mais no estilo do diagnóstico), enquanto os pesquisadores definiam suas pesquisas com elevadas ambições analíticas e grau de abstração muito grande.[2] Pelas mesmas razões, quando o governo contrata pesquisas com uma universidade, ele espera delas receitas práticas.

E não podemos nos esquecer: quem contrata tem o direito de escolher o que quer. Se o contratante não sabe bem ou se está equivocado — por exemplo, querendo uma resposta impossível —, cabe ao potencial contratado argumentar e tentar chegar a um melhor acerto. Cabe também a ele não aceitar um projeto que não gerará bons resultados.

Terceira etapa: A apreciação do impacto da pesquisa

O processo de seleção de um projeto de pesquisa envolve usualmente uma cadeia de opções em que, além de sua viabilidade, a importância dos resultados precisa ser considerada. *Que conseqüências poderão advir das conclusões e dos resultados da pesquisa?* Qual o valor da contribuição proposta? É pertinente enfatizar que esse tipo de avaliação dependerá, em parte, dos objetivos do instituto de pesquisa. Um modelo matemático de grande elegância pode ser de pouco valor para uma entidade pública, e um diagnóstico setorial pode ser considerado inútil para um programa de doutorado que precisa acumular publicações em periódicos científicos — para obter boas avaliações da Capes (Coordenação de Aperfeiçoamento de Pessoal de Nível Superior).

Quarta etapa: A escolha das variáveis empíricas

A maneira mais adequada de se abordar um problema, visando colocá-lo em perspectiva e discutir sua importância e suas implicações, não corresponde à maneira correta de tratá-lo em nível de investigação científica. Tanto a formulação analiticamente rigorosa das proposições relevantes quanto seu teste empírico exigem que o problema seja redefinido e que os conceitos sejam apresentados em forma de enunciados precisos e proposições empiricamente verificáveis.

Kerlinger caracteriza muito bem essa fase de transição quando fala da *transformação de um problema em um conjunto de perguntas que possam ser empiricamente respondidas*.[3] No bojo da pesquisa, passamos a lidar unicamente com conceitos empiricamente testáveis e definições operacionais. Uma definição operacional é um conjunto de instruções de como medir o conceito.

Esse é o passo mais crítico na evolução de um projeto depois da escolha do tema. Um problema é algo que qualquer pessoa pode entender e formular. O que vem a seguir é tradução desse problema em um conjunto de definições e instruções de como proceder. Aqui os conceitos afunilam-se, perdendo em riqueza e ganhando em operacionalidade. Aqui entramos no território da pesquisa científica.

Tomemos um exemplo. Independentemente da idéia filosófica que tenhamos a respeito do que seja qualidade da educação, em uma pesquisa empírica esse conceito tem que ser transformado em uma definição operacional. Em uma pesquisa que fiz, defini a qualidade da educação média oferecida pelo ensino médio como a proporção de formados de cada colégio que obtêm aprovação no vestibular.[4] Além de outras limitações, essa definição sacrifica duramente o sentido do que seja qualidade no ensino, tomando apenas um aspecto estreito e mecanicista da educação. Entretanto, esse exemplo é muito típico do estreitamento de sentido envolvido na passagem de uma definição geral para uma operacional. Não se trata de gostar de empobrecer os conceitos, mas da necessidade de fazê-lo.

Chega um momento na pesquisa em que passamos a formular o problema em termos de relações funcionais. Dizemos que há uma variável Y, que é funcionalmente determinada pelo nível das variáveis X, W e Z. Quando chegamos a formular o problema dessa maneira, atingimos então um nível bem mais avançado da pesquisa. Aqui começa a pesquisa; o que vem antes são os preliminares.

É nessa fase também que se processa mais um *estreitamento dos objetivos da pesquisa*, tendo em vista principalmente a viabilidade prática de concluí-la em tempo hábil. Orientadores de tese normalmente começam seu trabalho com os candidatos reduzindo o problema a uma dimensão viável. Os candidatos têm ambições incongruentes com suas reais possibilidades. Tipicamente, propõem-se a escrever a história da educação no Brasil e são subseqüentemente levados a escrever a história de um episódio importante, ocorrido em algum estado, durante um intervalo de cinco anos. É de enfatizar aos mais afoitos que esse tópico final pode materializar-se em uma contribuição importante — e quiçá clássica —, enquanto o tema inicial não permitiria senão uma abordagem inconseqüente e sem qualquer contribuição.

Contudo, esse papel moderador de ambições do orientador de teses universitárias nem sempre é bem recebido pelos alunos. Mas seria igualmente útil em institutos de pesquisas, onde se propõem, freqüentemente, projetos de pesquisas com excesso de ambição. Em suma, há muita tentativa de se fazer pesquisa sendo sabotada pelo excesso de ambições.

Quinta etapa: Quanto vale a precisão e qual é o custo do erro?

A natureza e a precisão dos dados tratados devem levar em consideração o uso previsto a ser dado aos resultados.[5] Custa muito mais gerar dados com menores margens de erro. Obviamente, o tamanho da amostra coletada tem uma relação matemática com a margem de erro das estimativas. Dados secundários são mais baratos, mas podem ter menos precisão por terem sido coletados com outros objetivos.

Se queremos avaliar a magnitude do desemprego em determinada área, para efeito de um diagnóstico socioeconômico, podemos contentar-nos com uma amostra que nos dê, digamos, um erro de mais ou menos 30 por cento. Se, por outro lado, estivermos tentando preparar um cadastramento a fim de calcular os custos de uma compensação para os desempregados, esse nível de precisão é totalmente inadequado.

Sexta etapa: A intimidade com o tema da pesquisa

O pesquisador deve adquirir um nível amplo e profundo de compreensão do assunto da pesquisa. Deve haver *não apenas familiaridade, mas intimidade com o assunto*. As relações de causa e efeito devem ser quase sentidas ou intuídas. Não basta ler os livros e artigos sobre a teoria subjacente. A intimidade é também com o mundo supostamente descrito por essa teoria.

W.A. Candil internou-se como paciente em um sanatório para doentes mentais a fim de melhor entender o funcionamento do local. Em geral, não consideramos imprescindíveis tais gestos extremos, mas queremos enfatizar o valor da experiência vivencial desejável.

Reginald Revans passou três meses com uma picareta nas mãos, enfiado em uma mina de carvão inglesa. Segundo ele, sem essa etapa não poderia estudar por que haveria uma diferença de produtividade entre diferentes minas de uma mesma companhia.

Tradicionalmente, os antropólogos somente concebem um estudo sério quando a pesquisa envolve o cientista 24 horas por dia. Contudo, os economistas, mais do que outros cientistas sociais, costumam ir para o extremo oposto. O resultado é que escrevem sobre assuntos a respeito dos quais conhecem muito pouco. Seu trabalho meramente relata testes estatísticos. Mas os resultados ressentem-se de uma real sensibilidade para o problema estudado. Inevitavelmente, arriscam-se a cometer erros grosseiros.

Já falamos antes que há um diálogo permanente entre o que dizem os dados e o que dizem as teorias. No meio da pesquisa, com números borbulhando em todas as direções, é a sedimentação da teoria na mente do pesquisador e a intimidade com o assunto e suas teorias que lhe dão o norte, evitando que se perca nos meandros das estatísticas. É o instinto com relação ao que dizem os dados que o impedem de se apaixonar por teorias fantasiosas.

Não entendemos que a prescrição para essa vivência seja a leitura exaustiva de tudo o que já se escreveu sobre o assunto. Isso não só é enfadonho como desnecessário e, às vezes, impossível. É necessário ler os trabalhos clássicos sobre o assunto e ter uma boa idéia a respeito do que foi feito na área — nesse caso particular, podemos aceitar uma definição prática de 'clássicos' como aqueles trabalhos que são sempre citados nos rodapés das pesquisas que estamos lendo e que são considerados as mais centrais na literatura.

É preciso especial atenção com a literatura recente. Por razões que nada têm de acidentais, se estamos explorando a fronteira do conhecimento, podemos esperar que colegas realizem trabalho semelhante. Podem complementar nosso esforço, abrindo portas, mostrando falsos caminhos. Mas podem também mostrar que não diremos nada novo ou relevante se seguirmos por esse ou aquele caminho. Ou então podem nos preceder com uma pesquisa que torna a nossa redundante. Começar com uma pesquisa que duplica outra é um perigo considerável para nossa carreira.

No fundo, é preciso pensar longamente sobre o problema, dormir com ele. Sonhar, se possível. O pesquisador não vive sua pesquisa em tempo parcial. Pelo contrário, rumina a pesquisa ao longo do dia. As boas idéias não podem ser programadas por um relógio de ponto; elas afloram naturalmente em seu próprio ritmo, que apenas parcialmente poderá ser comandado pelo pesquisador. Não importa muito se há veracidade na lenda da inspiração trazida pela maçã que Newton viu cair ou no episódio de Einstein andando de bicicleta e pensando no que é o tempo. As duas estão dizendo uma mesma coisa que parece verdadeira. O pesquisador fértil não liga seus instintos criativos em horas marcadas. Tampouco os desliga para o almoço. Exemplo semelhante é dado pela lenda de que, no Silicon Valley, o trabalho continua na hora do almoço e que, em particular, há uma pizzaria e um restaurante chinês onde teriam sido concebidos grandes avanços na informática.

Sétima etapa: A determinação dos obstáculos mais sérios na pesquisa

Na condução de uma pesquisa, há certos procedimentos cruciais e certos obstáculos mais importantes, cuja superação é vital para o bom termo da pesquisa. Por exemplo, pode haver dúvidas quanto à autorização para ter acesso a certos dados. Não se justifica construir um castelo de cartas que será assoprado por um burocrata que nega acesso a um arquivo de dados, seja ele magnético ou de papel empoeirado. Igualmente, pode haver dificuldades teóricas na formulação analítica do modelo a ser testado.

Essas dificuldades devem ser enfrentadas imediatamente. O pesquisador deve passar em revista seu roteiro de trabalho e tentar avaliar os problemas que poderão ser encontrados a cada passo. *Os obstáculos mais sérios deverão ser identificados para que possam ser tratados prioritariamente.*

Não se trata de manter a pesquisa encubada até que todos os problemas sejam resolvidos e os procedimentos possam ser detalhadamente transferidos para um documento — a nefanda 'proposta de pesquisa' ou os 'termos de referência'. Contudo, há certas fases cruciais cuja solução deverá ser pelo menos encaminhada antecipadamente.

Tomemos um exemplo. Em uma pesquisa de avaliação de um programa de desenvolvimento comunitário, é imprescindível a determinação prévia das definições operacionais a serem usadas na pesquisa de campo. O que é emprego? O que é desemprego? O que é renda familiar? Muitas vezes o próprio conceito não existe na mente dos entrevistados. Perguntado acerca da média de gastos por semana, um entrevistado disse: "Não se pode falar em 'média', pois um dia é mais e outro dia é menos". Trata-se de um campo de difícil trato, em que o sucesso da pesquisa depende fundamentalmente da capacidade de se resolver a contento tais problemas de definição.

Oitava etapa: A escolha dos métodos

Pelo menos *a priori*, determinado problema admite uma multiplicidade de métodos de tratamento. Não é sempre possível estabelecer antecipadamente qual o método mais indicado. Tampouco se pode, em geral, falar em métodos universalmente melhores ou mais perfeitos. Em cada caso, há que se decidir qual método ou combinação de métodos será mais adequado. Em princípio, todos têm suas vulnerabilidades. Uns dão menos informações, outros são de difícil aplicação, outros se prestam a interpretações espúrias, outros são vulneráveis a erros, e assim por diante.

A importância das opções metodológicas não é a mesma nas diversas fases da pesquisa. É preciso decidir entre moda, média e mediana. Talvez também entre tabelas de contingência e análises de regressão. Mas são decisões operacionais, em geral, de menores conseqüências. Há decisões mais fundamentais, que envolvem opções entre fazer um levantamento ou usar dados censitários, ou utilizar séries temporais ou transversais.

Comparando diversos métodos alternativos, devemos levar em consideração:

- a relevância das conclusões;
- a clareza e a limpidez dos resultados;
- o custo (que orçamento temos?);
- a precisão necessária;
- o tempo de duração previsto e permitido (por prazos e orçamentos);
- a disponibilidade de pessoal e de equipamento;
- os aspectos éticos.

Nona etapa: A preparação de uma descrição detalhada dos métodos de análise

O momento adequado para planejar todos os detalhes e rever todos os passos relevantes é anterior à coleta dos dados. Depois de iniciada a coleta, as mudanças podem tornar-se demasiado caras ou mesmo inviáveis. E as conseqüências dos erros podem ser muito graves.

Mas nem tudo é possível prever. É, portanto, muito importante conduzir pré-testes.[6] Verifique se o questionário funciona, verifique se as pessoas compreendem as perguntas ou se reagem negativamente a alguma delas. Planeje como os dados serão registrados ou arquivados. Estabeleça regras para a coleta ou a definição de conceitos, ainda que tenham que ser arbitrárias.

Só fazemos uma advertência aqui. Paralelamente ao processo lógico-científico de condução de uma pesquisa, há o equilíbrio emocional do pesquisador, especialmente o pesquisador menos experimentado.

Por falta de confiança e certa perplexidade diante do emaranhado de uma investigação, o início da pesquisa é psicologicamente traumatizante. Com freqüência, observamos as fases preparatórias estendendo-se indefinidamente e rompendo os cronogramas, sem que qualquer progresso real possa ser observado. O medo de errar impede o início da pesquisa. Mas não é aconselhável estender-se demasiado nos preparativos. Entre outras coisas, nem tudo é possível prever. Ainda que alguns enganos sejam cometidos, é preciso começar.

Décima etapa: A coleta dos dados

Não é assunto deste livro descrever o processo de coleta de dados. Não obstante, cabe recomendar bastante cuidado no processo de registro ou arquivamento dos dados coletados. Decisões arbitrárias tomadas no momento da coleta devem ser anotadas cuidadosamente. Fichas e tabelas, limpas e cuidadas, devem ser utilizadas. Uma anotação aparentemente clara hoje pode tornar-se indecifrável amanhã, quando já nos esquecemos do que querem dizer as diferentes parcelas incluídas em um cálculo ou qual das opções possíveis foi finalmente utilizada.

A melhor maneira de se evitarem erros de computação consiste em ter os dados organizados de tal forma que seja possível repetir as operações mais tarde. Se os resultados forem obtidos somando-se parcelas transcritas diretamente de diferentes pedaços de papel, será muito trabalhoso reunir de novo esses fragmentos e saber exatamente como recompor os cálculos.

A única coisa realmente previsível na coleta de dados é o fato de que ela toma sempre mais tempo do que se espera. Portanto, é preciso saber parar, saber ser parcimonioso na coleta. Nossa experiência pessoal de acompanhamento de trabalho de estudantes mostra que mais de três quartos do tempo é gasto na coleta de dados. A conseqüência é inevitável: não sobra tempo para uma análise, ainda que modesta, dos dados. Nos casos que presenciamos, para um mesmo gasto total de tempo, a pesquisa seria muito melhor se o estudante tivesse coletado a metade dos dados e gastado o dobro do tempo na análise.

Décima primeira etapa: A análise dos dados

A análise dos dados é o núcleo central da pesquisa, que sobreviverá ou afundará dependendo do que o autor consiga fazer nessa fase. Se o exame dos dados é falho, o restante da pesquisa perde o sentido, a introdução é inútil e as conclusões, pelo menos em princípio, constituem um *non sequitur*. As estratégias de análise e as ferramentas a serem usadas devem ser pensadas no momento do planejamento da pesquisa. No Capítulo 4 deste livro, vários tópicos importantes da análise dos dados foram examinados.

Décima segunda etapa: A redação do relatório de pesquisa

Para essa fase referimos ao leitor uma outra publicação do autor, *Estrutura e apresentação de trabalhos científicos*.[7]

EXERCÍCIO DE APLICAÇÃO

Tomar um projeto de pesquisa ou uma monografia que você terá que fazer. Aplicar as regras apresentadas anteriormente para seu planejamento. Redigir cada tópico de acordo com o que você já sabe sobre ele. Esse é um documento que não tem fim. Vai crescendo no tempo, à medida que você amadurece as idéias. Na verdade, ao fazer este exercício ao princípio do trabalho, vão ficando mais claras as etapas intermediárias e mais bem mapeadas as zonas de penumbra.

Figura 9.1   Etapas de um roteiro de pesquisa

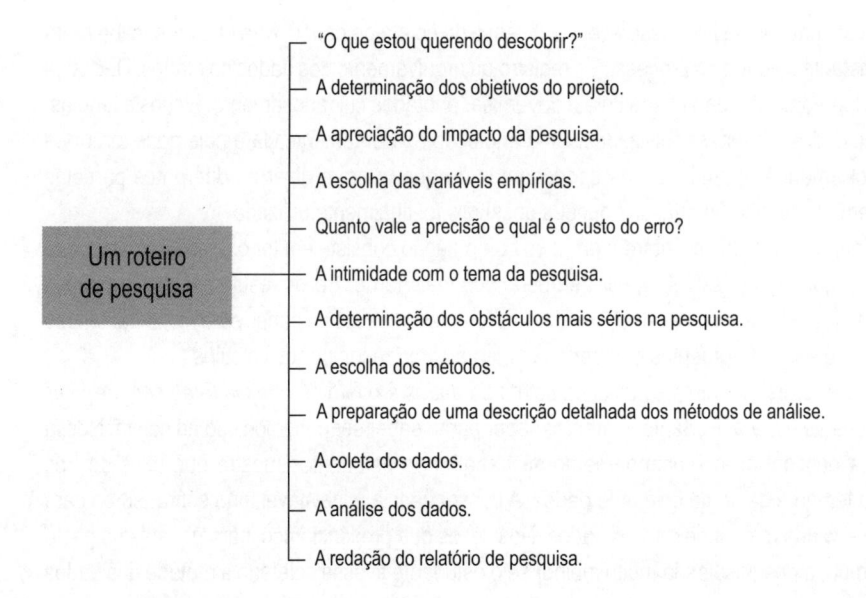

Um roteiro de pesquisa:
- "O que estou querendo descobrir?"
- A determinação dos objetivos do projeto.
- A apreciação do impacto da pesquisa.
- A escolha das variáveis empíricas.
- Quanto vale a precisão e qual é o custo do erro?
- A intimidade com o tema da pesquisa.
- A determinação dos obstáculos mais sérios na pesquisa.
- A escolha dos métodos.
- A preparação de uma descrição detalhada dos métodos de análise.
- A coleta dos dados.
- A análise dos dados.
- A redação do relatório de pesquisa.

Notas

1. Julian Simon, *Basic research methods in social science*. Nova York: Random House, 1969.
2. Para citar um exemplo, esperava-se de um técnico estrangeiro uma pesquisa pragmática visando orientar uma política de mão-de-obra na agricultura brasileira. Pautando-se pelo estilo de pesquisas então em voga nos periódicos, o técnico formulou um modelo de programação linear, utilizando uma função de produção Cobb-Douglas para toda a agricultura do Brasil. As implicações políticas que poderiam ser esperadas desse enfoque são muito vagas. Como conseqüência, a pesquisa teve que ser interrompida, criando considerável mal-estar no meio acadêmico.
3. F. Kerlinger, *Foundations of behavioural research*. Nova York: Holt, Rinehart e Winston, 1964, Capítulo 2.
4. Claudio de Moura Castro, "Eficiência e custos nas escolas de nível médio: um estudo piloto na Guanabara". Guanabara: Ipea, 1971.

5 Os cursos introdutórios de estatística às vezes referem-se ao problema de se estabelecerem níveis de confiança, por exemplo, para testar a resistência à ruptura de cordas de náilon. Enfatiza-se nessa ocasião que o nível de confiança dependerá do uso a ser dado ao material. Se for usado na construção de pára-quedas, a probabilidade de se aceitar um lote defeituoso deverá ser muito menor do que se as cordas se destinassem à fabricação de barracas de camping.
6 A esse respeito veja o Capítulo 4 deste trabalho.
7 Claudio de Moura Castro, *Estrutura e apresentação de trabalhos científicos*. São Paulo: McGraw-Hill do Brasil, 1976.

ÍNDICE

A
Aceleração da gravidade, 12, 39
Aleatoriedade, 136-139, 144
Ambição, 53, 68, 72, 81, 82, 103, 104, 140, 180
Ambição excessiva, 81-82
Amostra, 15, 59, 74, 83, 84, 93-95, 99, 102, 111, 118, 128, 129, 131, 133, 134, 136-139, 142, 144, 149, 157, 162, 180
Amostra aleatória, 111, 137, 138, 139
Amostragem, 13, 15, 19, 83, 102, 128, 129, 131, 135, 137-139, 148, 163
Análise
    da linguagem, 45, 47-48
    de regressão, 97, 182
    dos dados, 183, 184
    escassez de, 161-164
    estratégias de, 183
    multivariada, 34, 99
Aplicabilidade da pesquisa, 64
Aprendiz, 89
Arquivo de dados, 181
Arte de lidar, 106-158
Assepsia da ciência, 111
Assepsia lingüística, 38
Assunto das teses, 76, 80
Assunto e a técnica, 97
Autores de teses, 80-84
Auto-seleção, 138, 139, 149, 166

B
Base de dados, 15, 63, 74, 80, 102, 103
Biblioteca, 13, 15, 36, 100, 101, 146
Bom senso, 21, 37, 161, 168

C
Campanha de assepsia, 39
Caráter da pesquisa, 161
Cartorialismo, 172
Causação probabilística, 120-122
Ciência
    fronteiras da, 1
    natural, 1, 13
    positiva, 1, 53
    quantitativa, 17, 110
    social, 13, 98
Ciência-produto, 25
Cientista, 4, 6, 8, 13, 14, 16, 17, 19, 22, 25-28, 31, 36, 37, 41, 42, 44, 49, 51, 52, 56, 58, 78, 95, 100, 141, 143, 154, 155
Cientista solitário, 13

Círculo de Viena, 37, 38, 46, 49, 53
Clima de opinião, 85, 171, 172
Coleta de dados, 70, 89, 101, 102, 133, 135, 157, 162, 163, 177, 183, 184
Consumidores de pesquisas, 173-175
Consumo de pesquisa, 169
Continuidade interinvestigador, 12
Contribuição original, 70-71
Controle de qualidade, 3, 31, 32, 35, 73, 128, 161
Corpus, 47, 49, 55, 79
Criação científica, 30
Critérios de verificação, 44
Cronograma, 159, 160, 163, 183
Cultura cívica, 119

D
Dados
    agregados, 134-135, 144
    primários, 132-133, 144
    secundários, 132-133, 144
Definições operacionais, 61, 156, 179, 182
Definições precisas, 61
Dimensão negativa, 36
Descrição detalhada, 182-184
Desinformação e fraude, 144-156
Destinatário final, 167
Diagnóstico, 9, 10, 20, 70, 71, 73, 74, 138, 139, 161, 178-180
Diagrama de dispersão, 54, 100
Diálogo do método, 92-105
Dimensão
    negativa, 31, 36
    positiva, 31, 32, 35, 36
Discurso científico, 3, 30, 39- 42, 46, 48, 49, 84, 167
Discurso inteligente, 1, 2, 28
Discussões teológicas, 1
Distribuições
    assimétricas, 131, 149
    simétricas, 149
Divulgação
    científica, 167
    dados, 148
    pesquisa, 168
Duração da pesquisa, 133, 160-161

E
Educação, 3, 4, 8, 10, 11, 13, 17, 22, 34, 61, 63, 76, 77, 80, 81, 83, 85, 93, 98, 99, 102, 105, 107, 109, 116-119, 121, 130, 133-135, 148, 156, 157, 170, 172, 174-176, 179, 180, 185

Eficácia da pesquisa, 166, 170
Eficiência, 170
Empate técnico, 19, 118
Enunciados factuais, 39, 51
Epistemologia da ciência, 5, 36, 37
Escolaridade, 17, 63, 116, 185
Escolha da técnica estatística, 122-127
Escolha do tema, 60-74, 71, 76, 80, 84-86, 88, 89, 165, 167, 179
Escolha dos métodos, 182, 184
Estilos pessoais, 30, 33
Estudo agregado, 134
Estudo científico, 134
Estudo-piloto, 135-136
Estudos de caso, 134-135, 144
Excesso de dados, 136, 161-164

F
Falsificabilidade em princípio, 45-47
Fases da pesquisa, 33, 177, 182
Fatos e teorias, 21
Fertilidade lógica, 76, 95-97, 104
Filosofia, 2
Fluxograma de decisões, 126

G
Genealogia, 2
Gerânios, 124
Grupos de discussão, 113, 114

H
Hipótese sem teste, 130-132
Hipóteses escorregadias, 57
História da humanidade, 82-83

I
Ilusionismo com números, 150-151, 154
Impacto
    da ciência, 165
    da pesquisa, 166, 179, 184
    resultado da pesquisa, 165-175
Instituto de pesquisa, 71, 74, 178, 179
Intuição educada, 68
Investigação científica, 1, 6, 31, 63, 132, 179
Isolacionismo, 101-103
Isomorfismo, 124

J
Jargão técnico, 18, 19, 156
Juízos de valor, 1- 4, 23, 25, 40-44, 52, 53, 55, 68, 71, 137

L
Levantamento, 3, 68, 70, 72, 76, 78, 80, 101, 102, 133, 136, 137, 155, 182
Limitações do processo científico, 23-25
Linguagem, 1, 12, 16-19, 21, 25, 28, 38, 43, 45, 47, 48, 57, 71, 74, 119, 167, 168, 173
Linguagem da ciência, 16-19, 28
Lógica
    cuidada, 2
    da descoberta, 31, 35
    da descoberta escorreita, 2, 4
    da pesquisa, 159-164
    imperfeita, 6
    reconstruída, 31, 35, 59

M
Medida de confiança, 128-130
Memórias de um orientador, 75-91
Mentalidade científica, 4
Mentira estatística, 147-154
Mercantilização, 3
Metafísica, 6, 39, 40, 41, 122
Metapesquisa, 130
Método
    científico, 2, 30, 31, 32, 36-37, 39, 43, 44, 51, 58, 59, 69, 72, 100, 130, 154, 155, 168, 174
    dialético, 39
    no mundo, 49-54, 110
    qualitativo, 108
    quantitativo, 108, 112
Metodologia, 7, 31, 33, 36-48, 37, 102, 136, 163
Metodologia científica, 30-59
Metodologia como arma de destruição, 36-48
Métodos
    de análise, 23, 132, 182-183, 184
    de observação, 20-21, 28
    de pesquisa, 31, 88, 156
    sistemáticos, 20
Mistificação e ambigüidades, 155
Modelos, 23, 65, 67, 68, 78, 79, 81, 90, 96, 99, 101, 115, 116, 142, 150
Momento na pesquisa, 179
Multiplicação de pesquisas, 171

N
Natureza da ciência, 5-8, 28
Neutralidade da ciência, 43

O
Objetivo da pesquisa, 95, 162
Objetivos do projeto, 178, 184

Objeto de estudo, 6, 19, 49, 68, 82, 92-105, 110-113, 115, 121, 141, 144
Observação
    científica, 19-20, 19, 92
    cotidiana, 19
    empírica, 79
    leiga, 19
    participativa, 113, 114
    passiva, 112-113, 114
Opções metodológicas, 182
Operacionalismo, 49
Orçamentos e custos, 159-160
Ordenabilidade, 124
Orientação de teses, 81, 84-90, 159
Originalidade, 8, 25, 60, 61, 62, 63, 64, 143
Ortodoxia, 40, 128
Ortodoxia metodológica, 129, 130, 132, 157

P

Paradigmas metodológicos, 115
Parcimônia, 92-95, 142
Pensamento
    científico, 1, 72, 79, 175
    divergente, 104
    econômico, 6, 137, 141
    escorreito, 2
Pesquisa
    aplicada, 64-67
    básica, 64, 65
    bibliográfica, 101
    chata, 167-168
    científica, 4, 66, 68, 70, 71, 72, 172, 174, 175, 179
    científica básica, 4
    de campo, 96, 107, 159, 160, 182
    de cunho científico, 70, 71
    dirigida, 168-172
    educacional, 17, 61, 65
    etnográfica, 67
    explicativa, 72
    fundamental, 64-67
    no mundo profissional, 72-74
    pura, 65, 67, 72, 73
    qualitativa, 106, 106-114, 108-109, 114, 156
    quantitativa, 97, 106, 107, 108, 108-109, 113, 114, 115
    sem passado, 101-103
    sistemática, 17
Pesquisador, 6, 7, 13, 14, 16, 19, 21, 23, 25, 30, 33-36, 38, 42, 46, 47, 51, 52, 54, 55, 59, 60, 62, 64, 70, 72, 84, 89, 92-94, 97-114, 119, 121, 122, 128, 134, 135, 139, 140-143, 145, 154, 155, 160, 163, 164, 168, 169, 171-173, 177, 178, 180, 181, 183
Pesquisador 'indutivo', 33

Pesquisador médico, 113, 139-144
Pesquisador veterinário, 113, 139-144
Pesquisa-piloto, 136
Pesquisas
    descritivas, 71-72
    empíricas, 107
    históricas, 79
    nas ciências sociais, 1
    públicas, 70
Poder das idéias, 168
Poder de vulnerabilidade, 56-59
Poder, os limites e os abuso da ciência, 1-29
Policiamento da língua, 37, 39
Positivismo lógico, 37-39, 40, 44, 52, 59
Prática da pesquisa, 49, 63, 89, 110, 117, 130, 135, 136, 159, 161
Princípio
    científico, 35
    da replicabilidade, 58
Problemas
    científicos, 107
    de pesquisa, 59, 85
    éticos, 6, 52
Processamento de dados, 163
Processo científico, 2, 5, 6, 12-16, 17, 19, 23, 28, 37, 51-53, 61,68, 70, 72, 94, 102, 105, 128
Produção da pesquisa, 170
Projeto de pesquisa, 60, 63, 71, 104, 126, 160, 162, 179, 184
Projetos e planos, 67-70
Proposições
    científicas, 14, 23, 36, 42
    imprecisas, 44
    lógicas, 40
    suspeitas, 41
Proposta
    de pesquisa, 182
    de tese, 62
Propostas ou planos, 77
Provas científicas, 1
Provincialismo intelectual, 101-103
Pseudociência, 30, 35, 154-156
Publicação, 14, 15, 39, 55, 56, 59, 73, 76, 105, 139, 155, 156, 167, 169, 184
Publicações científicas, 15, 28, 167
Pureza factual da ciência, 39-44

Q

Quantificação, 110
Questionários, 34, 63, 78, 102, 103, 137, 140

R

Realismo e ambição, 103-104

Redação do projeto, 162
Regras da lógica, 2
Relatórios de pesquisa, 167, 184
Religiões místicas, 1
Replicabilidade dos resultados, 155
Resultado da observação, 44, 51
Resultados
    da ciência, 27, 58
    da pesquisa, 165-176
Revisão da literatura, 101, 163
Revoluções científicas, 78
Rigor científico, 3, 24, 116, 173
Rigor e lógica, 1, 2-5, 28
Roteiro de pesquisa, 116, 177-184

S
Selo de qualidade, 4, 58
Seqüência
    correta, 162
    natural, 162, 177
Sociologia dos cientistas, 25, 84
Suma teológica, 1, 2

T
Tamanho da amostra, 94, 95, 133, 136-139, 144, 180
Taquigrafia mental, 12
Tautologias, 40, 41, 42, 46, 57, 58
Taxonomia, 12, 63, 80
Técnica sofisticada, 98-100
Técnicas estatísticas, 93, 106, 116
Técnicos especiais, 98
Tema, 1, 2, 9, 13, 14, 24, 41, 43, 49, 50, 51, 60-64, 66, 70, 71, 75, 76, 78, 79, 80, 82-89, 95-97, 102, 104, 107, 109, 112-114, 116, 135, 155, 159, 164, 165, 167, 170-173, 175, 178-180, 184
Tema da pesquisa, 34, 60, 178, 180-181, 184
Tendência central, 118, 126
Teoria, 5-8, 10, 11, 13, 16, 18, 20- 22, 25, 26, 28, 31-34, 37, 45-47, 52, 54,-56, 58, 62, 64, 65, 71, 72, 74, 78-81, 86, 89, 92-98, 104, 108, 111, 114, 116, 121, 129, 130, 142, 144, 154, 165, 180, 181
    científica, 7, 45
    da baleia, 63, 84-89, 86-89
    amostragem, 13
Termo da pesquisa, 181
Termos de referência, 71, 159-162, 182
Tese, 8, 23, 34, 39, 55, 60, 62, 75-91, 96, 103, 104, 149, 152, 164, 176, 180
Teses
    de revisão da bibliografia, 76, 78
    didáticas, 76, 77
    do tipo 'levantamento', 76, 78

prático-teóricas, 77
teóricas, 77, 78
teórico-empíricas, 77, 79
Teste de hipótese, 129-132
Teste empírico, 5, 6, 7, 46, 155, 179
Testes estatísticos, 51, 128-130, 131, 180
Tipos
    de pesquisa, 63, 77, 109
    de trabalho, 60
    de variáveis, 123, 125
Tratamento dos dados, 33, 59, 115

U
Utopias, 69, 77

V
Vácuo editorial, 167
Validação dos resultados, 20
Vantagens
    comparativas, 69, 104
    pessoais, 171
Variáveis, 19, 34, 49, 64, 69, 71, 72, 78, 86, 92, 93, 99, 100, 103, 108, 110, 114-117, 119, 121, 123-131, 133, 135, 138, 139, 144, 149, 156, 163, 174, 179
    cardinais, 123, 126, 127
    categóricas, 123
    empíricas, 179-180, 184
    nominais, 123
    ordinais, 123, 124
    qualitativas, 123
    quantitativas, 123, 125
    sintéticas, 128
Verificabilidade em princípio, 45
Visão
    estatística, 122
    pragmática, 38